国家哲学社会科学基金项目
“中国省域碳生产率增长潜力研究”（批准号：17CJY023）

东北亚研究丛书

中国省域碳生产率增长潜力研究

Research on Growth Potential of Provincial Carbon Productivity in China

孙　猛／著

社会科学文献出版社
SOCIAL SCIENCES ACADEMIC PRESS (CHINA)

目　录

表目录

图目录

导 论

第一节 问题提出

改革开放以来，中国经济经历了约40年的高速增长。国家统计局数据库中的年度数据显示，1978~2020年GDP年均增长率为9.19%，其中有15年实现了两位数的增长。2011年以来，中国经济进入中低速增长阶段，2011~2020年GDP年均增长率为6.83%，但是依然高于同期世界经济2.39%的年均增长速度。中国经济的高速增长带来了较高的能源需求增长和较为严重的环境污染问题，高耗能、高排放的经济增长付出了较高的环境代价。尤其是21世纪的前十年，能源消费总量的年均增长速度高达9.39%，与同期GDP年均增长速度仅差1个百分点，个别年份的能源增速甚至超过了经济增速。例如，2004年GDP增长率为10.11%，而同年的能源消费总量增长率高达16.84%。[①] 尽管高速增长已使中国成为仅次于美国的世界第二大经济体，但是人均国民收入仍然处于中等收入国家行列，与发达国家相比仍有较大差距。因此，在稳定经济增长、提高发展质量和促进节能减排等方面，中国经济面临着转型发展的多重压力和挑战。

为了应对高耗能、高排放经济发展方式的不可持续性，中国政府提出了新发展理念，把绿色低碳发展作为加快经济转型发展的重要着力点，并将节能减排的目标纳入中长期规划之中。为了应对全球气候变化，助

---

① 根据国家统计局年度数据整理计算。

力各国联合减排，中国已经超额完成2020年单位GDP碳排放比2005年下降45%的目标。2021年，中国向《联合国气候变化框架公约》秘书处正式提交了更新的国家自主决定贡献目标，包括力争于2030年前碳排放达到峰值，努力争取在2060年前实现碳中和，2030年单位GDP碳排放比2005年下降65%以上。“碳达峰、碳中和”战略的实施，必然要求中国经济在节能减排与稳定增长之间进行权衡和协调。节能减排的目标约束既对中国的未来经济发展提出了重大挑战，同时也为绿色低碳转型提供了重要机遇。国务院发布的《2030年前碳达峰行动方案》明确指出，到2025年，非化石能源消费比重达到20%左右，单位GDP能耗比2020年下降13.5%，单位GDP二氧化碳排放比2020年下降18%，为实现碳达峰奠定坚实基础。这些战略目标和规划方案的提出表明，中国政府推动绿色低碳发展的坚定决心，把节能减排摆在前所未有的战略高度。

碳生产率是单位二氧化碳或碳当量排放的经济产出，与碳排放强度成倒数关系，但是二者的经济内涵存在较大差异。碳排放强度是一个相对减排指标，并不能反映效率的高低。碳生产率隐含了碳排放是经济生产过程中的一种稀缺要素或资源，包含了要素替代、生产效率等更多经济内涵，因此成为低碳经济发展的核心衡量指标。能源、碳排放不仅是经济发展规模和增长速度的刚性约束，也是经济发展的内生变量。在新古典框架内，全要素生产率被视为可持续增长的唯一源泉，但是技术进步偏向对要素替代方向的引导，也会使得要素替代与全要素生产率对可持续增长的作用出现背离。在联合生产技术框架内，碳排放作为非期望产出与在新古典框架内一样满足越少越好的原则，因此二者在碳生产率增长潜力及其驱动因素测度上表现出相似的特征。但是，联合生产技术框架能够揭示碳生产率和低碳经济绩效的更多无效率来源，多数文献认为更加符合实际生产过程。在节能减排约束下，低碳经济发展的主要内涵就是增长动力由要素驱动转向全要素生产率的提高。把节能减排作为加快经济低碳转型发展的重要着力点，意味着存在节能减排对碳生产率的提高机制，即节能减排对低碳要素结构优化和全要素生产率增长的倒逼机制，碳生产率成为连接节能减排与低碳发展之间的桥梁。

本书在前人研究的基础上，将能源、碳排放纳入新古典框架和联合生产技术框架进行理论分析，并运用参数和非参数方法对碳生产率的增长潜力开展多方面的经验研究。在理论上，本书系统研究了能源结构、要素替代以及全要素生产率对碳生产率增长的影响，有利于更加深刻地认识碳生产率的可持续增长内涵，全面了解低碳经济的演变规律、驱动因素、空间效应以及收敛机制等内容。在实践上，本书对碳生产率经济内涵和多重效应的揭示，能够为低碳转型发展的政策体系完善提供有益参考，为节能减排的地区协同发展提供必要的决策参考。

第二节 研究方法

一 非参数方法

宏观经济的应用生产率分析属于经济增长问题的实证研究范畴，本书主要采用非参数方法进行碳生产率的驱动因素分解和全要素生产率测算。因为非参数方法不需要选择特定形式的函数，也不需要对研究样本的无效率分布做限定假设，相对而言需要的假设较少，更加符合中国经济发展的现实。尤其是在处理多产出和非期望产出时，非参数方法具有更大的灵活性和适用性。

本书主要采用的非参数方法为对数平均迪氏指数法（Logarithmic Mean Divisia Index，LMDI）和数据包络分析法（Data Envelopment Analysis，DEA）。LMDI 的基本原理是采用对数平均函数确定权重，从而将研究对象分解为几个因素乘积或相加的形式，非参数化和完全分解的特征使其成为能源环境领域研究中常用的指数分解方法。DEA 从一组特定决策单元数据而不是特定函数形式出发，通过直接求解线性规划来确定前沿边界，实际位置与边界位置的距离即反映了一个决策单元的无效率程度。具体而言，在对碳生产率进行增长动力核算时，采用了 LMDI 与 DEA 相结合的分解方法，从理论与实证两个方面分析了碳生产率的动力来源和增长贡献。在评估碳生产率增长潜力和减排目标分配效率时，采用了非参数化的方向距离函数模型（DDF）、零和博弈 DEA 模型，不仅从理论上阐述了能源、碳排放的降耗减排机理，同时也从实证上评估了不同地区的碳生产率增长潜力和节能减排目标分配效率。

二 参数方法

本书在参数估计和因果推断方面采用了参数化的计量方法，主要包括面板数据模型和空间计量模型。具体而言，在估计中国碳生产率与碳排放的非线性演变轨迹时，采用了静态面板模型和动态面板模型的计量分析方法。在检验碳生产率的空间收敛机制与核心影响因素时，主要采用了空间杜宾模型（SDM）、空间滞后模型（SLM）和空间误差模型（SEM），重点分析了碳生产率的空间溢出效应，以及相关因素空间关联对碳生产率的影响。在评估低碳试点政策的碳生产率效应时，采用基于"反事实"策略的回归控制法（RCM）分析了试点省份碳生产率效应的异质性，采用基于共同趋势的双重差分模型（DID）检验了试点政策影响碳生产率的作用机制。

第三节 框架结构

本书在前人研究基础上，运用参数和非参数方法对中国省级碳生产率的增长潜力进行理论分析和经验研究，从而对中国经济的可持续增长和低碳转型发展的动力给予进一步的解答。本书的内容安排如下。

导论。主要就问题提出、研究方法和框架结构做了介绍。

第一章，中国省级碳排放清单编制。首先，采用部门法和参考法估算了中国各省份的碳排放清单，并比较了不同核算结果的差异；然后，利用部门法核算清单数据，进一步分析了中国碳排放的行业、能源以及省际分布特征。

第二章，中国碳生产率的区域差异演变。利用碳排放的部门法核算数据计算了各省历年的碳生产率，分析了碳生产率的区域差异、脱钩效应以及演变特征。首先，运用泰尔指数模型分析了碳生产率的区域差异及其演变；其次，运用脱钩指数模型分析了各省份碳生产率增长的脱钩效应；最后，基于环境库兹涅茨曲线（EKC）假说，检验了碳生产率的非线性演变轨迹。

第三章，动力转换与碳生产率增长分解。运用LMDI与DEA相结合的分解方法，对中国各省份碳生产率的增长动力和转换机理进行了分解分析。首先，基于投入产出理论提出了碳生产率增长的分解核算框架，并分析相关驱动因素的作用机理；其次，运用1997~2019年省级面板数据，测算分析了能源结构、资本替代、劳动替代以及全要素生产率对碳生产率增长的动力贡献及省际差异；最后，基于技术进步的内生性，分析了中国碳生产率增长动力的转换机理。

第四章，空间效应与碳生产率收敛趋势。在新古典经济增长理论框架内，分析了碳生产率的稳态增长条件，以及空间效应对碳生产率收敛的影响。首先，构建了一个包含空间溢出效应的碳生产率增长模型，并通过分析稳态均衡导出了碳生产率的空间收敛方程；其次，利用1997~2019年省级面板数据对碳生产率的空间收敛性进行了经验估计；最后，结合碳生产率动力分解模型，进一步检验了中国省级碳生产率收敛的异质性和作用机制。

第五章，碳生产率增长潜力与目标分配。运用联合生产技术DEA模型，评估了中国各省份的碳生产率增长潜力和相对减排目标的分配效率。首先，构建了用于评估碳生产率增长潜力的DDF模型，分析了能源排放约束下的节能减排机理；其次，利用2005~2020年的省级面板数据，测算分析了“十二五”“十三五”期间各省份的碳生产率增长潜力；最后，评估了不同省级减排方案的分配效率，并基于历史公平与效率公平原则，提出了两阶段的零和博弈分配方案。

第六章，产业发展、技术进步与碳生产率。利用2000~2019年的省级面板数据，借助面板空间计量技术检验分析了产业升级、产业集聚和技术进步对碳生产率的影响及其作用机制。首先，在理论分析的基础上，构建了产业发展、技术进步、全要素生产率对碳生产率影响的空间计量模型；其次，估计了基准模型并检验了产业升级、产业集聚和技术进步对碳生产率影响的稳健性；最后，基于 SBM 模型的技术效率测算结果，检验了全要素生产率的中介效应。

第七章，低碳试点政策的碳生产率提升效应。运用 RCM 和 DID 模型，评估了低碳试点政策对碳生产率的提升效应。首先，回顾总结了低碳规划试点和碳排放交易试点的政策内容和节能减排机制；其次，运用 RCM 评估了各省份低碳试点政策实施对碳生产率的处理效应，并进行了异质性分析；最后，进一步运用 DID 模型评估了两种政策的平均处理效应差异，并识别了可能的作用渠道。

结论与启示。总结了本书的主要结论，并提出了相应的政策建议。

第一章　中国省级碳排放清单编制

能源是经济和社会发展的基础，而化石能源依然在全球能源系统中占据主导地位，由此也成为人类活动产生碳排放的直接来源。从要素需求视角来看，科学核算生产活动中各类能源投入所产生的碳排放不仅是计算碳生产率的前提，同时也是评估低碳经济转型发展的重要参考指标。因此，本章主要对中国各省份能源碳排放清单的编制进行研究。

本章具体结构安排如下。第一节是关于碳排放概念界定与核算方法的简要介绍；第二节为本章清单编制方法的具体介绍；第三节为全国汇总清单的不同核算结果比较，以及排放结构的特征分析；第四节为基于本章核算结果的省级碳排放特征分析；第五节为本章主要结论。

第一节　碳排放核算概述

一　碳排放相关概念

温室气体（Greenhouse Gas，GHG）是指任何具有吸收地球表面发出的红外辐射并将其重新辐射回地球表面的气体。大气中温室气体浓度的变化会改变气候系统的能量平衡，吸收的红外辐射会导致地表与低层大气温度升高而产生温室效应（王明星等，2000）。许多过程会影响温室气体浓度，包括土壤、湿地、海洋等，它们在数百乃至数千年的时间尺度上运行。特别是工业革命以来，化石燃料燃烧向大气中排放的二氧化碳等温室气体逐年增加，大气温室效应也随之增强，人类活动排放的大量温室气体是导致全球气候变化的主要原因（IPCC，2006），气候变化及其影响已经成为当今世界面临的最严重环境问题之一（Feulner，2017）。IPCC 发布的第六次评估报告（AR6）进一步指出，随着人类产生的温室气体增加，地球气候系统受到了“明确”的影响，一系列十年的全球平均温度高于前十年的任何测量值，这些发展导致了陆地冰川退缩、北极海冰消失以及极端气候变化（IPCC，2022）。因此，人类必须改变能源利用方式、提高能源使用效率，从而减少温室气体排放以应对全球气候变化。

大气中重要的温室气体包含很多种，由于水蒸气（H_2O）与臭氧（O_3）的时空分布变化较大，所以在进行减量措施规划时一般不考虑这两种气体。在全球联合减排行动中，《京都议定书》附件 A 规定了需要控制的 6 种温室气体包括二氧化碳（CO_2）、甲烷（CH_4）、氧化亚氮（N_2O）、氢氟碳化物（HFCs）、全氟化碳（PFCs）和六氟化硫（SF_6）。其中，后 3 种气体造成温室效应的能力最强，但由于二氧化碳的含量多、占比高（约为 26%），所以其对全球升温的贡献最大，占所有温室气体总增温效应的 63%，在大气中的存留期最长可达 200 年。碳排放是关于温室气体排放的一个总称或简称，可简单地理解为二氧化碳排放。但是上述 6 种温室气体中有 4 种含有碳元素，它们的总增温效应占比更是高达 89%。因此，在一些文献的具体核算中，碳排放也通常被核算为含碳温室气体排放的碳元素总量。

二　碳排放核算方法

在全球碳循环研究中，化石能源消费、水泥生产和土地利用是已经确定的与人类活动有关的三个主要碳排放源，其中化石能源消费是最大的人为排放源，也是相关文献中关注最多的减排问题。目前，在国际环境统计工作中，碳排放核算与污染物排放的计算方法相似，主要采用直接测量法、物料衡算法和模型拟合法，这三种方法在实际使用过程中各有所长、互为补充。

1. 直接测量法

直接测量法也即实测法，主要通过环境监测手段，利用连续计量设施直接测量温室气体的流速、流量以及浓度等数据，借助这些测量数据便可以计算出相应温室气体的排放总量。直接测量法的基础数据主要来源于环境监测站，监测数据是通过科学、合理地采集和分析样本而获得的。例如，分布于各城市的空气质量监测站点，利用连续计量设施能够实时测量空气中的主要污染物浓度。

2. 物料衡算法

物料衡算法以质量守恒定律为基础，即在生产过程中投入的物料质量必须等于产出的物质质量。物料衡算法通过把生产工艺、生产管理、资源利用、环境治理与碳排放有效结合起来，能够系统而全面地把握整个生产过程中碳的产生和排放，核算方法更加科学有效。物料衡算法不仅适用于整个生产过程的总排放量核算，同时也适用于某一局部生产的碳排放核算。目前，大部分碳排放的估算工作和基础数据的获得是以物料衡算法为基础的，实践应用中以 IPCC 推荐的参考法和部门法最为常用。参考法是以表观能源消费乘以排放因子计算得到碳排放总量，部门法是以分部门分能源消费乘以排放因子汇总核算碳排放总量。

3. 模型拟合法

在研究生产和生活多个方面的复合系统时，碳排放的核算工作也将变得更为复杂，因此研究者往往采用模型拟合法来获得碳排放数据。针对所研究复杂系统的差异，学者们采用的模型也存在很大不同。比如森林、土壤的碳排放量较多采用生物地球化学模型进行模拟，能源系统的排放量主要采用能源排放模型进行模拟，进出口贸易中隐含碳的排放量主要采用投入产出模型进行模拟。

第二节　排放清单编制方法

从要素投入视角看，本章考察的碳排放为化石能源燃烧所产生的碳元素当量排放，数据集是根据 IPCC 基于行政边界的核算范围来估计的（IPCC，2006）。与能源相关的碳排放可以用部门法或参考法进行计算，接下来对清单编制方法涉及的能源数据和排放因子进行详细介绍。

一 与能源相关的部门法

根据 IPCC 的指导方针，部门碳排放根据化石能源的燃烧情况计算：

$$CE_{ij}=AD_{ij}\times NCV_i\times CC_i\times O_i \tag{1-1}$$

其中，CE_{ij} 为 j 部门 i 类化石能源燃烧产生的碳排放；AD_{ij} 为 j 部门对 i 类化石能源的实物消耗量；NCV_i 为 i 类化石能源的单位热值，即每一物理单位的化石能源燃烧所产生的热值；CC_i 为对应化石能源的单位热值含碳量；O_i 则为对应化石能源燃烧时的氧化效率。

历年《中国能源统计年鉴》公布了各省份的能源平衡表，最新的数据列出了能源统计系统中的 27 种化石能源。由于某些化石能源的消耗量较少且质量与其他相关能源类似，因此本章将这些化石能源合并为 18 种类型，分别为原煤、洗精煤、其他洗煤、煤制品、焦炭、焦炉煤气、其他煤气、其他焦化产品、原油、汽油、煤油、柴油、燃料油、其他石油制品、液化石油气、炼厂干气、天然气和液化天然气。其中，原煤、原油和天然气是最主要的一次能源，其余 15 种被归类为二次能源，它们是从一次能源中提取或加工的。能源平衡表中还分别列出了加工转换各环节的能源投入产出量以及各行业的终端能源消费量，因此本章进一步合并为能源加工转换、农林牧渔业、工业、建筑业、交通运输仓储和邮政业、批发零售和住宿餐饮业、其他行业以及居民生活八大部门。由此，便可以分别计算某一类型或全部类型的能源消费总量，以及分部门或部门加总的能源消费总量。能源消费总量为终端消费量、加工转换损失量和损失量三部分的加总。本章对海南和宁夏部分年份的能源实物消耗量缺失数据进行了插值处理，对个别填报异常值根据平衡关系进行了校正。由于 IPCC 默认的单位热值和含碳量因子比中国的实际调查值要高出约 40%（Liu et al.，2015），所以，本章采用的各类能源单位热值和折标煤系数来源于《综合能耗计算通则》（GB/T 2589—2020），含碳量和氧化率来源于《省级温室气体清单编制指南（试行）》（发改办气候〔2011〕1041 号）的建议值。其中，能源加工转换部门的燃煤氧化率为该指南建议值 90%和 72%的加权平均，根据全国能源平衡表中加工转换部门的火电用煤占比，权重因子分别取 0.7 和 0.3。表 1-1 列举了本章采用的分部门、分能源类型的排放因子。

表 1-1　能源类型及排放因子

能源类型	NCV_i	CC_i	O_i							
			A	B	C	D	E	F	G	H
原煤	0.2093	26.37	0.85	0.75	0.85	0.85	0.75	0.75	0.75	0.75
洗精煤	0.2638	25.41	0.85	0.75	0.85	0.85	0.75	0.75	0.75	0.75
其他洗煤	0.0837	25.41	0.85	0.75	0.85	0.85	0.75	0.75	0.75	0.75
煤制品	0.1758	33.56	0.85	0.75	0.85	0.85	0.75	0.75	0.75	0.75
焦炭	0.2847	29.42	0.90	0.90	0.90	0.90	0.90	0.90	0.90	0.90
焦炉煤气	1.6747	13.58	0.99	0.99	0.99	0.99	0.99	0.99	0.99	0.99
其他煤气	0.3768	13.58	0.99	0.99	0.99	0.99	0.99	0.99	0.99	0.99
其他焦化产品	0.3809	29.42	0.90	0.90	0.90	0.90	0.90	0.90	0.90	0.90
原油	0.4187	20.08	0.98	0.98	0.98	0.98	0.98	0.98	0.98	0.98
汽油	0.4312	18.90	0.98	0.98	0.98	0.98	0.98	0.98	0.98	0.98
煤油	0.4312	19.60	0.98	0.98	0.98	0.98	0.98	0.98	0.98	0.98
柴油	0.4271	20.20	0.98	0.98	0.98	0.98	0.98	0.98	0.98	0.98
燃料油	0.4187	21.10	0.98	0.98	0.98	0.98	0.98	0.98	0.98	0.98
其他石油制品	0.3516	20.00	0.98	0.98	0.98	0.98	0.98	0.98	0.98	0.98
液化石油气	0.5024	17.20	0.99	0.99	0.99	0.99	0.99	0.99	0.99	0.99
炼厂干气	0.4606	18.20	0.99	0.99	0.99	0.99	0.99	0.99	0.99	0.99
天然气	3.8979	15.32	0.99	0.99	0.99	0.99	0.99	0.99	0.99	0.99
液化天然气	0.5150	17.20	0.99	0.99	0.99	0.99	0.99	0.99	0.99	0.99

注：A 至 H 分别为能源加工转换、农林牧渔业、工业、建筑业、交通运输仓储和邮政业、批发零售和住宿餐饮业、其他行业以及居民生活。

资料来源：NCV_i 来源于《综合能耗计算通则》；CC_i 和 O_i 来源于《省级温室气体清单编制指南（试行）》。

此外，为了避免重复计算，本章将工业生产用作化学原料以及输送过程损失量均从化石能源排放中去除。对于能源加工转换过程中产生的碳排放，除了火电和供热，其他能源加工转换过程涉及的碳排放很少，采用统一折算因子会高估实际排放（Shan et al.，2018）。尤其是山西、内蒙古等能源加工转换过程化石燃料消耗较大的省区，采用统一折算因子会高估这些省区的能源消费量及相关碳排放量。然而，不同地区加工转换过程的排放因子难以获得，因此，本章根据《中国能源统计年鉴》修订的最新历年能源消费总量数据和平衡表中核算的能源消费总量数据计算了整体的平均调整因子，并基于此对能源加工转换过程的排放因子进行了等比例缩放。上述处理主要基于以下两点考虑：第一，各地区化石能源品质和能源加工技术存在显著差距，采用统一排放因子核算未能反映地区能源消耗的禀赋差异；第二，在当前中国经济转型发展阶段下，工业依然是各地区的能耗大户和主要排放源，因此能源加工转换差异成为造成统一排放因子核算偏误的重要原因。

二　与能源相关的参考法

参考法是一种自上而下的简单估算法，使用一个国家或地区的能源供应数据来计算主要化石能源燃烧产生的排放量，可以在相对容易获得的能源供应统计数据基础上应用。IPCC（2006）建议同时采用部门法和参考法来估算化石能源燃烧产生的碳排放，采用参考法估算的排放（以下简称“参考排放”）可用于验证和支持采用部门法估算的排放（以下简称“部门排放”）。由于参考排放是根据化石能源的生产边界核算的，所以这里只考虑原煤、原油和天然气三种一次化石能源。因为在碳元素平衡的假设下，上述三种一次化石能源供给中的碳元素含量与前文 18 种化石能源消费总量中的碳相同。参考排放的计算公式如下：

$$CE_i = AD_i \times EF_i \tag{1-2}$$

其中，AD_i 和 EF_i 分别是相应化石能源的表观消费量和综合排放因子。综合排放因子与部门法相同，只是这里的燃煤氧化率选取了《省级温室气体清单编制指南（试行）》建议的平均值 85%。同时，为了反映地区差异，参考排放因子依然采用部门法的思路进行了调整缩放。此外，原煤、原油和天然气的表观消费量根据能源平衡表计算得出，具体如下：

$$表观消费量 = 生产量 + 调入量 - 调出量 + 进口量 - 出口量 - 库存增减量 \tag{1-3}$$

第三节　全国排放特征分析

一　不同核算结果的比较

为了验证部门排放，本章同时估算了参考排放，并通过省份加总来获得全国的碳排放数据。部门排放和参考排放的区别在于计算化石能源的消耗方式不同，部门排放通过能源转换和终端消费计算，而参考排放是通过能源生产和贸易数据来计算的。图 1-1 比较了部门排放和参考排放，后者比前者的碳排放量高出 2.3%~9.5%。两种估算方法之间的差异可以从三个方面来解释：一是参考法没有排除加工转换过程中的能源损失；二是参考法没有排除能源储运和原材料使用过程中的二次能源损耗；三是能源平衡表中的生产和消费存在平衡差异，省份加总后的统计误差会有所扩大。综上所述，正是由于未考虑二次能源消耗，而中国各省份之间的能源贸易又特别频繁，所以参考排放不能反映省级行政区域乃至全国的真实碳排放量。

此外，本章还进一步与国内外知名机构发布的碳排放清单进行了比较，主要包括中国碳核算数据库（CEADs）、国际能源署（IEA）、全球大气研究排放数据库（EDGAR）、全球碳预算数据库（GCB）以及美国能源信息署（EIA）。从图 1-1 可以看出，CEADs 和 IEA 估算的中国碳排放数据与本章的部门排放清单较为接近，而 EDGAR、GCB 和 EIA 估算的数据则明显高于本章的估算结果。这一方面是由于 IPCC 提供的默认排放因子远高于中国的真实值；另一方面是由于中国省份之间的能源品质和能源技术存在显著差异，采用统一排放因子会带来较大的统计误差。

基于本章的部门法估算结果，接下来进一步考察中国碳排放总量的时间变化趋势。从图 1-1 的变化趋势来看，1997~2019 年中国碳排放演变大致呈现三个阶段性特征。1997~2000 年为缓慢增长阶段，受亚洲金融危机的影响，中国经济增长速度有所迟滞，这一时期的经济规模尚不够壮大，因此碳排放的总量扩张也较为缓慢。1997 年，全国化石能源消

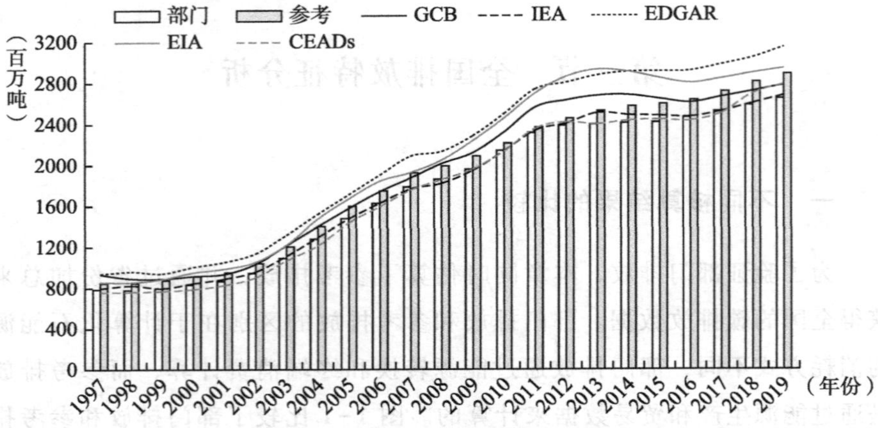

图 1-1 1997～2019 年碳排放核算与其他机构清单的比较

资料来源：部门排放和参考排放为笔者估算得到，GCB、IEA、EDGAR、EIA、CEADs 的碳排放数据摘自相应的官网数据库。

耗产生的碳排放总量为 7.86 亿吨，到 2000 年增至 8.32 亿吨，平均每年增排 1533 万吨左右。自 2001 年中国加入世界贸易组织（WTO）并深入参与国际分工后，中国经济增长迎来黄金十年。随着经济体量的不断壮大，碳排放总量扩张也显著提速，这一时期为碳排放的快速增长阶段。以外向型经济为导向，中国在国际产业链分工体系中长期处于较低地位，经济发展质量不高，高增长常常伴随高能耗，粗放型增长方式十分明显。2001 年，全国碳排放总量仅为 8.67 亿吨，但是到 2011 年猛增至 23.15 亿吨，平均每年增排接近 1.45 亿吨，为上一阶段年均增量的 9 倍以上。[①] 随着全球宏观经济走向低迷，中国经济也自 2012 年开始步入中高速增长通道，加之国家自主减排目标约束倒逼国内经济转型发展，这一时期的碳排放总量扩张进入了平缓增长阶段。2012 年，全国碳排放总量为 23.85 亿吨，2019 年排放规模增至 26.44 亿吨，平均每年增排 3700 万吨，不到上一阶段年均增量的 1/3，碳排放增速明显趋缓。[②] 根据环境库兹涅茨曲线假说，随着经济发展水平的不断提高，碳排放的边际增量将逐渐降低并最终越过拐点由正转负，碳排放与经济发展之间在长期内呈现倒“U”

① 资料来源：根据部门法结果整理计算。
② 资料来源：根据部门法结果整理计算。

形变化关系。当前中国碳排放年均增量由过去黄金十年的1.45亿吨显著降至3700万吨，边际增速明显降低，这意味着未来十年中国的碳排放将逐渐达到峰值并越过拐点而进入低碳转型发展阶段。

二　行业结构与能源结构

经济活动中的高含碳能源和高耗能产业是碳排放的重要驱动因素，接下来本部分从行业结构和能源结构视角进一步分析中国碳排放的分布特征和演变趋势。表1-2和图1-2分别为1997~2019年中国碳排放的分行业和分能源演变特征。

从行业分布来看，能源加工转换和工业一直是中国碳排放最大的两个部门，所占比重高达81%~85%，其中能源加工转换部门的碳排放比重为37%~51%，工业部门的碳排放比重为31%~45%。其次是交通运输仓储和邮政业、居民生活，这两大部门的历年碳排放量占比均为3%~8%。农林牧渔业、建筑业、批发零售和住宿餐饮业以及其他行业的碳排放规模相对较小，历年占比均不超过3%。2019年，能源加工转换和工业的碳排放量分别为13.42亿吨和8.38亿吨，所占比重分别为50.7%和31.7%；交通运输仓储和邮政业、居民生活的碳排放量分别为2.04亿吨和1.23亿吨，占比分别为7.7%和4.6%；农林牧渔业、建筑业、批发零售和住宿餐饮业以及其他行业的碳排放量分别为0.31亿吨、0.28亿吨、0.39亿吨和0.39亿吨，占比均不足2%。从时序演变特征来看，虽然表1-2中各部门的碳排放量扩张与图1-1中的排放总量变化趋势较为相似，但是各部门的排放占比却出现不同程度的分化。其中，能源加工转换过程的碳排放所占比重呈波动上升趋势，工业碳排放所占比重呈波动下降趋势，两部门排放占比的增减分化趋势在近年来尤为明显，但是二者之和未呈现明显下降态势。交通运输仓储和邮政业的碳排放比重缓慢上升，居民生活部门则呈现缓慢下降趋势，两部门合计排放的历年占比均超过了10%。农林牧渔业、建筑业、批发零售和住宿餐饮业以及其他行业的碳排放占比均较为稳定，合计排放占比最高的年份也未超过7%。因此，包含能源加工转换的工业部门依然是当前中国碳排放的主要来源。

表 1-2 1997~2019 年中国分行业碳排放量核算结果

年份	能源加工转换		农林牧渔业		工业		建筑业		交通运输仓储和邮政业		批发零售和住宿餐饮业		其他行业		居民生活	
	总量（百万吨）	占比（%）	总量（百万吨）	占比（%）	总量（百万吨）	占比（%）	总量（百万吨）	占比（%）	总量（百万吨）	占比（%）	总量（百万吨）	占比（%）	总量（百万吨）	占比（%）	总量（百万吨）	占比（%）
1997	304.3	38.7	20.2	2.6	342.3	43.6	5.5	0.7	29.6	3.8	7.6	1.0	13.5	1.7	62.6	8.0
1998	295.6	37.9	22.1	2.8	346.1	44.3	6.5	0.8	32.6	4.2	7.9	1.0	14.7	1.9	55.0	7.0
1999	315.4	39.6	21.2	2.7	339.0	42.6	6.5	0.8	34.8	4.4	8.4	1.1	12.7	1.6	57.5	7.2
2000	340.0	40.9	20.7	2.5	345.1	41.5	7.6	0.9	39.8	4.8	9.3	1.1	13.8	1.7	56.0	6.7
2001	374.8	43.2	21.7	2.5	334.6	38.6	8.8	1.0	46.2	5.3	10.1	1.2	13.9	1.6	56.9	6.6
2002	418.2	44.3	22.3	2.4	361.2	38.2	9.4	1.0	51.2	5.4	10.6	1.1	14.2	1.5	57.8	6.1
2003	504.7	46.4	20.8	1.9	405.3	37.2	8.5	0.8	59.2	5.4	14.0	1.3	13.8	1.3	61.8	5.7
2004	614.4	48.1	21.3	1.7	461.6	36.1	10.5	0.8	70.5	5.5	15.0	1.2	15.6	1.2	68.0	5.3
2005	670.2	45.4	28.6	1.9	561.0	38.0	13.0	0.9	94.4	6.4	19.8	1.3	16.4	1.1	73.8	5.0
2006	740.6	45.6	29.3	1.8	624.6	38.5	13.9	0.9	104.5	6.4	21.4	1.3	17.8	1.1	72.3	4.5
2007	805.2	45.1	29.3	1.6	703.2	39.4	14.2	0.8	116.5	6.5	23.4	1.3	19.1	1.1	74.0	4.1
2008	803.8	43.2	27.2	1.5	756.0	40.7	15.6	0.8	127.8	6.9	27.8	1.5	25.7	1.4	75.4	4.1
2009	830.7	42.5	28.1	1.4	802.6	41.0	17.5	0.9	135.9	6.9	32.7	1.7	28.6	1.5	79.8	4.1
2010	923.3	43.1	29.6	1.4	854.3	39.9	22.8	1.1	149.2	7.0	36.0	1.7	32.1	1.5	93.1	4.3
2011	998.9	43.2	32.3	1.4	920.0	39.7	24.6	1.1	161.8	7.0	40.1	1.7	34.2	1.5	103.0	4.5
2012	1001.5	42.0	34.8	1.5	958.6	40.2	25.2	1.1	172.4	7.2	43.7	1.8	38.0	1.6	111.0	4.7
2013	1093.9	45.6	32.7	1.4	895.3	37.4	25.1	1.0	163.3	6.8	40.6	1.7	45.5	1.9	100.5	4.2

续表

年份	能源加工转换		农林牧渔业		工业		建筑业		交通运输仓储和邮政业		批发零售和住宿餐饮业		其他行业		居民生活	
	总量（百万吨）	占比（%）	总量（百万吨）	占比（%）	总量（百万吨）	占比（%）	总量（百万吨）	占比（%）	总量（百万吨）	占比（%）	总量（百万吨）	占比（%）	总量（百万吨）	占比（%）	总量（百万吨）	占比（%）
2014	1075.6	44.7	33.6	1.4	909.8	37.8	26.0	1.1	172.7	7.2	41.5	1.7	44.5	1.8	105.2	4.4
2015	1085.6	45.0	34.9	1.4	881.9	36.5	26.5	1.1	180.1	7.5	45.2	1.9	47.4	2.0	113.4	4.7
2016	1154.0	46.9	35.6	1.4	848.3	34.5	27.4	1.1	189.7	7.7	43.8	1.8	47.7	1.9	114.4	4.6
2017	1206.5	47.9	36.9	1.5	842.0	33.4	28.3	1.1	196.6	7.8	44.1	1.8	43.6	1.7	122.8	4.9
2018	1304.3	50.6	32.0	1.2	814.2	31.6	27.5	1.1	199.1	7.7	40.2	1.6	39.9	1.5	122.5	4.7
2019	1342.0	50.7	31.1	1.2	838.3	31.7	27.6	1.0	204.3	7.7	39.1	1.5	39.2	1.5	122.7	4.6

资料来源：根据部门法核算结果整理。

此外，中国以煤炭为主的能源禀赋是造成碳排放居高不下的另一个重要原因。图 1-2 描述了中国碳排放能源占比的演变轨迹，其中煤炭为原煤及煤制品的化石能源合计，石油为原油及油制品合计，天然气包含液化天然气。1997 年，全国煤炭消耗产生的碳排放占比高达 82.6%，石油排放占比 16.1%，天然气排放占比仅为 1.4%。2019 年，煤炭、石油和天然气消耗产生的碳排放比重分别为 76.1%、17.8%和 6.1%。相比于 1997 年，煤炭排放占比下降了 6.5 个百分点，石油排放占比提高了 1.7 个百分点，天然气排放占比提高了 4.7 个百分点。从图中的能源结构演变趋势也不难看出，煤炭排放占比呈缓慢下降趋势，其下降的部分几乎被天然气排放所替代，而石油排放占比在整个考察期内保持相对稳定。以单位化石能源产生的碳排放量来计算，煤炭是石油的 1.14 倍，是天然气的 1.48 倍[①]，天然气的碳排放量要远远低于煤炭和石油。因此，对于中国以煤炭为主的能源消费现状，"煤改气" 的替代方案对碳排放的达峰目标发挥了重要作用。

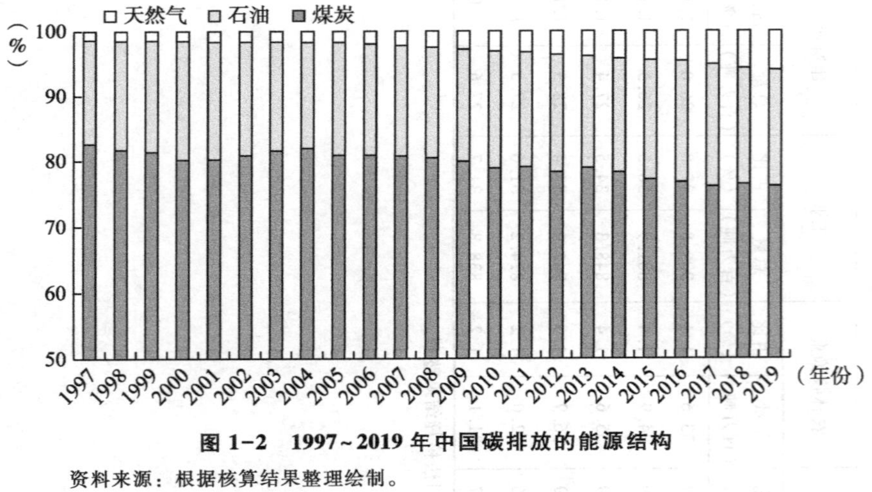

图 1-2 1997~2019 年中国碳排放的能源结构

资料来源：根据核算结果整理绘制。

① 根据《省级温室气体清单编制指南（试行）》建议的平均值计算。

第四节　省级排放特征分析

一　省级排放的总体差异

省级碳排放的总体差异主要从累计排放和演变特征两个方面来考察。利用部门排放估算结果，图 1-3 和图 1-4 分别展示了 1997～2019 年中国 30 个省（区、市）的累计碳排放特征和时序演变趋势。通过比较不难发现，中国省份间的碳排放存在显著差异。

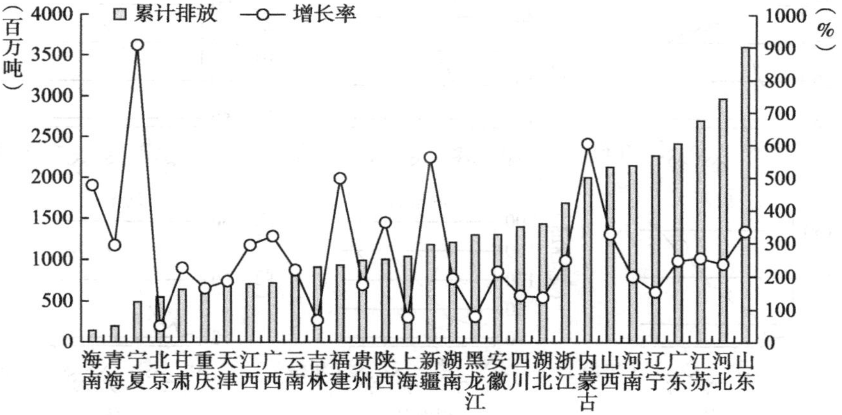

图 1-3　1997～2019 年中国 30 个省（区、市）累计碳排放量及其增长率

资料来源：根据核算结果整理绘制。

从累计排放来看，海南、青海和宁夏的累计碳排放量均小于 5 亿吨；北京、甘肃、重庆、天津、江西、广西、云南、吉林、福建和贵州的累计排放量为 5 亿～10 亿吨；陕西、上海、新疆、湖南、黑龙江、安徽、四川和湖北的累计排放量为 10 亿～15 亿吨；浙江的累计碳排放为 16.93 亿吨；内蒙古、山西、河南、辽宁、广东、江苏、河北和山东为 20 亿～40 亿吨。其中，海南累计排放最少，仅为 1.41 亿吨；山东累计排放最多，高达 36.04 亿吨。从碳排放增长率来看，北京最低，宁夏最高，1997～2019 年北京增长了 50%，而宁夏则高达 906%，后者是前者的 18 倍之多。具体到增长率区间分布，北京、吉林、上海和黑龙江的增长率均低于100%；湖北、四川、辽宁、重庆、贵州、天津、湖南和河南的增长率为100%~200%；安徽、云南、甘肃、河北、广东、浙江、江苏、青海和江西的增长率为200%~300%；广西、山西、山东、陕西、海南、福建、新疆、内蒙古和宁夏的增长率均高于300%。综上分析可以看出，累计碳排放量大的省份增长率不一定高，这说明碳排放与经济规模、产业结构和能源结构等因素密切相关。在给定条件下，经济规模扩大会带来等比例碳排放扩张，而产业低碳化和能源清洁化则会降低碳排放，最终的碳排放量是多种因素综合作用的结果。

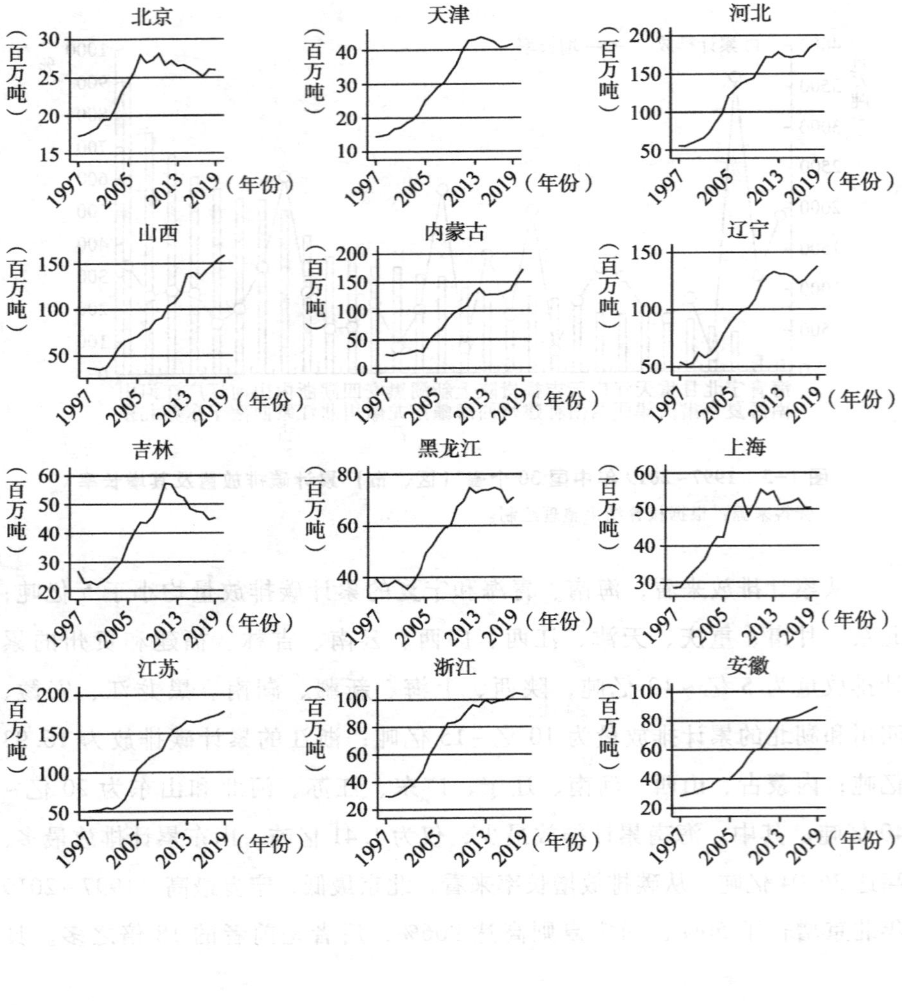

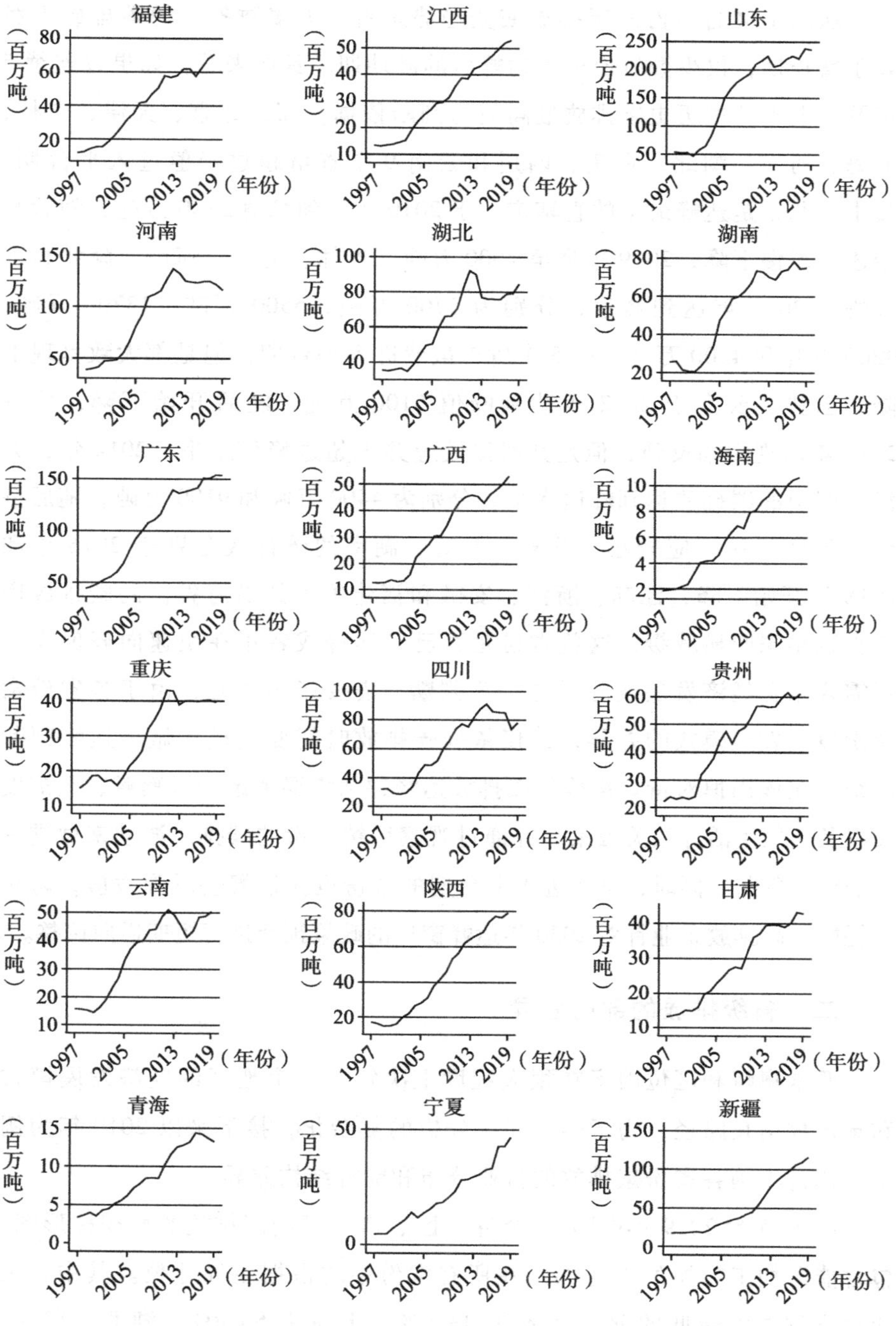

图 1-4 1997~2019 年中国 30 个省（区、市）碳排放演变趋势

资料来源：根据核算结果整理绘制。

从图 1-4 各省份的碳排放演变趋势来看，大多数省份的碳排放仍然处于增长期，仅少数省份进入达峰后的波动期。具体来看，如果以连续 5 年及以上未超过历史碳排放最高值为判断依据，那么北京、天津、吉林、上海、河南、湖北、重庆、四川和云南 9 个省市越过峰值进入平台期。其中，北京是达峰最早的直辖市，于 2010 年达到峰值 2800 万吨，随后开始逐年缓慢下降，2019 年降至 2600 万吨。吉林、上海、河南、湖北和重庆均于 2011 年达到峰值，分别为 5700 万吨、5500 万吨、13700 万吨、9200 万吨和 4300 万吨，这 5 个省市虽然进入平台期，但是都大致呈现下降的态势。云南于 2012 年达到峰值 5100 万吨，随后开始下降，虽然 2016 年出现大幅反弹，但是其回弹效应并未超过峰值水平。2014 年，天津和四川的碳排放达到峰值水平，分别为 4400 万吨和 9100 万吨，随后持续下降且反弹效应较小。此外，青海、湖南的碳排放分别于 2016 年和 2018 年开始下降，江苏、浙江、安徽和福建等东部沿海省份的碳排放增速在近年来明显减缓，这些省份是否已经达峰或者正在快速向峰值靠近还需要结合经济发展实际做进一步判断。需要指出的是，由于各省份发展阶段、发展模式的差异，仅仅依据碳排放时间变化模式做出达峰判断的结论应该谨慎对待。准确的碳排放达峰评估需要考虑能源禀赋、经济发展以及居民生活等相关因素，并通过观察后续年份的碳排放波动来做进一步的综合判断。同时，确实进入平台期的省份也应该警惕反弹效应，防止高耗能、高排放企业针对 2030 年达峰窗口的政策预期进行短期逆向调整。

二　省级排放的部门差异

要素禀赋和区位因素在很大程度上决定了一个地区的经济发展模式和碳排放增长路径，为了避免问题分析的复杂化，接下来以 2019 年为例重点探讨中国各省份碳排放的行业分布和能源结构差异。

图 1-5 为 2019 年中国 30 个省（区、市）部门碳排放的堆积柱形图，包含能源加工转换的工业部门在所有省份中均占据主导地位。其中，工业总排放占比最低的北京达到了 43.6%，上海为 56.8%，湖北、湖南、四川和贵州均接近 70%，黑龙江、广东、海南、重庆、云南和青海均位

于70%～80%，其他省份的工业总排放占比则均超过了80%。从具体行业占比排名来看，北京、上海占比排名前两位的行业均为能源加工转换、交通运输仓储和邮政业；河北、江西、湖南、四川、云南和青海排名前两位的均为工业和能源加工转换；其他省份的能源加工转换均排在首位，紧随其后的是工业。大多数省份交通运输仓储和邮政业的排放占比排名第三位，只有北京、天津、河北和甘肃4个省市居民生活的占比超过了交通运输仓储和邮政业而排在第三位。农林牧渔业、建筑业、批发零售和住宿餐饮业以及其他行业的排放占比在所有省份中均处于较低水平，这与全国的碳排放部门分布较为相似。因此，持续推进工业部门的节能降耗、优化交通运输业的能源结构，依然是各省份进一步实现节能减排的主要发力点。

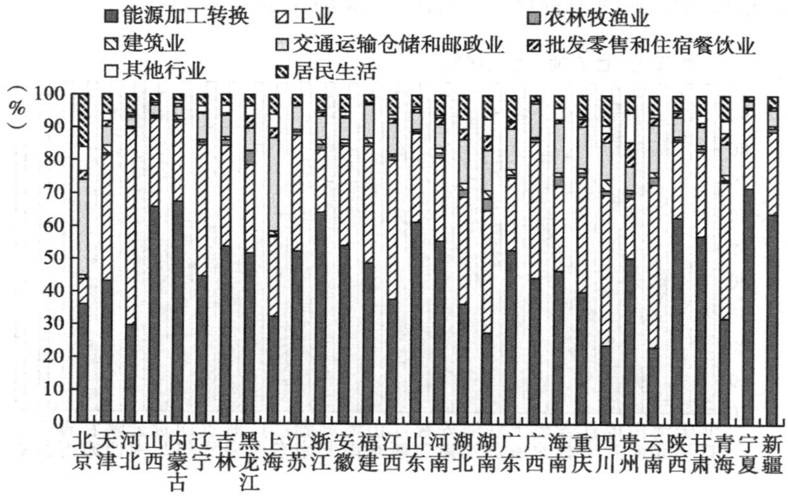

图1-5　2019年中国30个省（区、市）各部门排放占比

资料来源：根据核算结果整理绘制。

从能源排放分布来看，图1-6各省份能源排放占比堆积柱形图进一步揭示了中国整体以煤炭为主的能源消费状况，大多数省份的煤炭排放均占有较高的比重。具体而言，北京的能源低碳化转型走在所有省份前列，2019年煤炭排放占比已经降至3.7%；上海和海南的煤炭排放占比均低于50%，分别为41.4%和42.2%；天津、广东和四川的煤炭排放比重都较为接近60%，分别为56.6%、59.9%和57.7%；其他省份的煤炭排放占比都要远远大于60%，宁夏甚至高达95.8%。石油排放占比最高的是北京，其次为上海，分别为54.6%和48.8%；海南、广东和辽宁的石油排放占比分别为35.2%、32.5%和30.3%；天津、浙江、福建、湖北、湖南、四川和云南的石油排放占比均为20%~30%；吉林、黑龙江、江苏、安徽、江西、山东、河南、广西、重庆、贵州、甘肃、青海和新疆的石油排放占比均为10%~20%；河北、山西、内蒙古、陕西和宁夏的石油排放占比均不到10%。天然气排放占比超过10%的省市为北京、海南、青海、四川、天津和重庆，分别为41.7%、22.6%、19.1%、17.0%、14.5%和13.9%，其他省份则均不到10%。综上所述，从大多数省份的能源排放状况来看，实现“碳达峰、碳中和”目标，需要进一步提升低碳能源和清洁能源的消费比重、加强煤炭利用的技术创新。

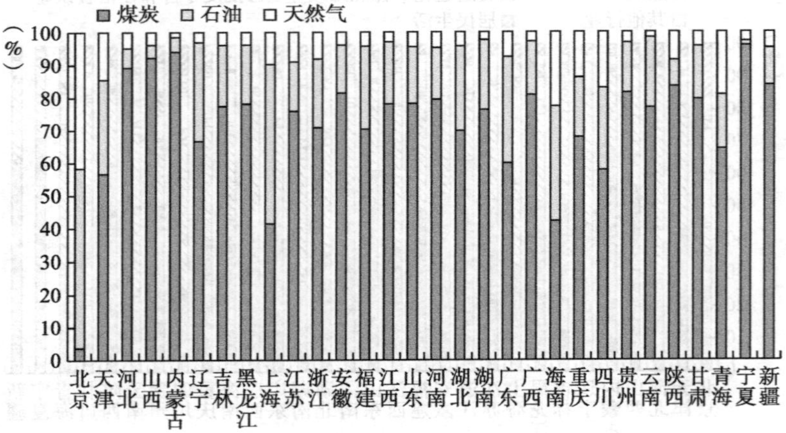

图1-6 2019年中国30个省（区、市）能源排放占比

资料来源：根据核算结果整理绘制。

第五节 本章小结

本章采用部门法估算了中国的省份碳排放清单，并进一步分析了全国以及各省份碳排放的演变趋势和分布差异，主要结论如下。

第一，进入21世纪以来，中国碳排放与经济增长同步，经历了快速增长的黄金十年后增速开始放缓，未来年份即将达到排放峰值。经济活动中的高耗能产业结构和高含碳能源利用会显著加剧碳排放，因此工业部门的快速扩张、以煤炭为主的消费状况成为全国碳排放的重要驱动因素。2019年，能源加工转换和工业产生的碳排放分别为13.42亿吨和8.38亿吨，在总排放中的比例分别为50.7%和31.7%，二者合计占比超过了80%。碳排放的能源构成中，煤炭、石油、天然气的排放占比分别为76.1%、17.8%和6.1%。

第二，中国省级碳排放的差异非常显著。1997~2019年，累计排放量最少的海南为1.41亿吨，最多的山东则高达36.04亿吨；排放增长率最低的北京仅为50%，而最高的宁夏则达到了906%。从演变趋势来看，大多数省份的碳排放仍然处于增长期，仅北京、天津、吉林等少数省份进入达峰后的平台期。准确的碳排放达峰评估需要综合考虑能源禀赋、经济发展和居民生活等相关因素，确实进入平台期的省份应该警惕反弹效应。

第三，碳排放降低在很大程度上取决于产业低碳化和能源清洁化所达到的努力程度。从部门差异来看，能源加工转换和工业在所有省份的部门排放中均占据主导地位，其次是交通运输仓储和邮政业。从能源构成来看，北京的煤炭排放占比已经降至3.7%，上海和海南分别为41.4%和42.2%，其他省份都在50%以上。石油排放占比超过50%的仅为北京，其他大多数省份主要集聚在10%~20%。天然气排放占比超过10%的只有为北京、海南、青海、四川、天津和重庆6个省市。因此，持续推进工业节能降耗、提升低碳能源消费比重、加强煤炭利用技术创新，依然是实现“碳达峰、碳中和”目标的关键所在。

第二章　中国碳生产率的区域差异演变

21世纪以来，中国的经济规模与碳排放均呈现快速扩张趋势，但是二者的增速表现出明显不同，这可以用碳强度或者碳生产率的动态变化特征来描述。碳强度指单位产出的碳排放量，主要强调经济活动的减排努力；碳生产率为单位碳排放的产出，更加重视对碳要素的有效利用。虽然二者在数量上存在对应关系，但是所强调的经济内涵有所差异。因此，本章重点对省级碳生产率的区域差异、脱钩效应和演变特征进行研究。

本章具体内容安排如下：第一节是关于碳生产率的概念界定以及相关研究的文献综述；第二节借助泰尔指数模型分析碳生产率的区域差异及其演变；第三节利用脱钩指数模型进一步分析各省份碳生产率增长的脱钩效应；第四节基于环境库兹涅茨曲线假说检验了碳生产率的非线性演变轨迹；第五节为本章的主要结论。

第一节　碳生产率的概念辨析

一　单要素碳生产率

碳生产率通常是单要素碳生产率的简称，主要根据要素投入与产出之间的关系来度量碳排放资源的利用效率。碳生产率为一个国家或地区在一段时期的GDP与二氧化碳排放量之比，等于二氧化碳排放强度的倒数，反映了单位二氧化碳排放所产生的经济效益（Kaya and Yokobori，1998）。成功的气候变化行动必须支持稳定温室气体和保持经济增长的目标，即每单位碳当量排放所产出的GDP必须有明显增长（Beinhocker et al.，2008）。因此，碳生产率指标更适合在宏观上对一个国家或地区的低碳经济发展绩效进行评价，提高碳生产率是实现二氧化碳减排与经济增长之间协调发展的有效途径。

虽然碳生产率与碳排放强度在数量上呈现倒数关系，但是二者存在本质上的区别。从经济学视角出发，碳排放可理解为一种隐含在能源和物质产品中的要素投入，碳生产率衡量了一个经济体消耗单位碳排放资源所带来的相应产出，可以同劳动生产率和资本生产率相比较（潘家华、张丽峰，2011）。随着全球联合减排行动的全面推进，碳排放空间是比劳动、资本等更为稀缺的生产要素。与碳生产率相比，碳排放强度是从环境角度出发，强调碳排放作为产出的附属物及其对环境造成的影响，没有考虑经济发展所面临的碳排放约束条件。碳排放强度是评价一个国家或地区的能源政策以及减排效果的合适指标（Sun，2005），但是容易忽视节能减排对产出造成的影响。碳生产率揭示了低碳排放与经济增长之间的关系，成为评价低碳经济发展的核心指标（付加锋等，2010）。

碳生产率指标具有定义直观、计算简单、容易应用等优点，不但在研究中被学者们广泛使用，而且在实践中也成为各国政府和世界组织制定低碳可持续发展政策的重要依据（Fernando and Hor，2017）。然而，碳排放只是生产过程中的一种投入要素，碳生产率只是揭示了碳排放与产出之间的简单比例关系，没有考虑资本与劳动对产出的贡献以及要素之间的替代作用，并不能反映经济单元实际排放量与最优排放量之间的差异。此外，碳排放也是要素投入在生产过程中伴随的非期望副产品，将其作为投入要素来刻画实际生产过程是否准确尚未达成共识。因此，单要素碳生产率在低碳效率评价和减排目标制定中存在较大的局限性。

二　全要素碳生产率

单要素碳生产率所度量的产出效率并未分离出其他要素的贡献，因此，一些文献进一步引入其他要素的影响进而提出了全要素碳生产率的概念。全要素碳生产率是将资本和劳动等生产要素同时纳入新古典生产理论框架内，综合考虑了碳排放与多种要素之间的替代效应。不难看出，全要素碳生产率实质上属于生产效率的范畴，它是除要素投入以外的技术进步、效率改善和规模效应对产出增长的贡献。值得注意的是，全要素碳生产率依然是整个经济的综合生产率，为了区别于未包含碳排放的传统全要素生产率定义，文献中通常称其为全要素碳生产率，本章也继续沿用这一名称。

在实践应用中，为了清晰识别生产效率对经济增长的贡献，人们往往对全要素碳生产率的动态变化趋势更加感兴趣，因此将其分为静态生产率和动态生产率，这一划分也同样适用于单要素碳生产率。其中，静态全要素碳生产率为某一给定时期产出与要素总投入之比，也就是测定时期的生产率绝对水平，属于技术效率的范畴；动态全要素碳生产率为两个时期静态生产率的比例关系，属于增长绩效的范畴，通常用 Malmquist 生产率指数、Luenberger 生产率指数以及二者的结合来测算全要素碳生产率的增长（Färe et al.，1994）。

在方法论上，实践中通常借助生产前沿分析技术来测算全要素碳生产率，主要有随机前沿分析（SFA）和数据包络分析（DEA）两种方法。由于 DEA 方法具有不依赖生产函数形式、模型设定更为灵活等优点，近年来大多数研究是建立在此方法之上（Zhou et al.，2008）。上述方法主要以碳排放作为投入要素进行测算，虽然碳排放可以理解为能源和物质产品中隐含的投入要素，但是其同样也是生产要素消耗伴随的非期望产品。因此，近年来更为广泛使用的方法是联合生产技术框架，进一步将期望产出和非期望产出的强处置性和弱处置性区分开来，引入了减少非期望产出需要付出成本的弱处置性约束（Chung et al.，1997；Tone，2004）。联合生产技术框架与碳排放作为投入一样，满足越少越好的要求，而且具有良好的环境经济含义，因而得到更多研究者的青睐。

第二节　碳生产率的区域差异分析

一　泰尔指数模型

泰尔指数（Theil Index）或者泰尔熵标准是根据信息理论中的熵概念

来计算收入不平等而得名（Theil and Uribe，1967）。为了衡量中国省级碳生产率发展的非均衡性，泰尔指数可定义为如下形式：

$$T = \frac{1}{n}\sum_{i=1}^{n}\frac{cp_i}{cp}\ln\frac{cp_i}{cp} \tag{2-1}$$

其中，T 为描述碳生产率省际差异的泰尔指数，cp_i 为 i 省份的碳生产率水平，cp 为全国的平均碳生产率水平，n 为所考察的省份个数。

为了比较不同区域经济活动的碳生产率差异，还可以进一步分解为区域间差异和区域内差异。按照东部、中部、西部地区分组，泰尔指数分解模型可进一步表示为：

$$T_b = \sum_{k=1}^{3}\frac{n_k}{n}\cdot\frac{cp_k}{cp}\ln\frac{cp_k}{cp} \tag{2-2}$$

$$T_w = \sum_{k=1}^{3}\frac{n_k}{n}\cdot\frac{cp_k}{cp}\cdot T_k \tag{2-3}$$

$$T_k = \frac{1}{n_k}\sum_{i=1}^{n_k}\frac{cp_i}{cp_k}\ln\frac{cp_i}{cp_k} \tag{2-4}$$

$$T = T_b + T_w \tag{2-5}$$

其中，T_b、T_w 分别为描述碳生产率区域间差异和区域内差异的泰尔指数，T_k 为 k 地区碳生产率差异的泰尔指数，cp_k 为 k 地区的平均碳生产率水平，对应省份个数为 n_k，其他变量的含义与式（2-1）相同。进一步，可以计算出区域内差异的贡献率（D_w）和区域间差异的贡献率（D_b）为：

$$D_w = \frac{T_w}{T}, D_b = \frac{T_b}{T} \tag{2-6}$$

碳生产率数据根据前文估算的碳排放和统计年鉴中的省级 GDP 进行计算，GDP 数据统一折算为 2000 年可比价格，碳生产率单位为万元/吨。根据国家统计局数据库的统计划分，东部地区包括北京、天津、河北、辽宁、上海、江苏、浙江、福建、山东、广东、海南 11 个省市；中部地区包括山西、吉林、黑龙江、安徽、江西、河南、湖北、湖南 8 个省份；西部地区包括内蒙古、广西、重庆、四川、贵州、云南、西藏（数据缺失，未统计）、陕西、甘肃、宁夏、青海、新疆 12 个省（区、市）。

二　分解结果分析

在分析区域差异之前，首先对各省份的增长状况进行描述，图 2-1 显示了 2019 年中国 30 个省（区、市）的碳生产率以及 1997～2019 年的累计增长趋势。从 2019 年碳生产率的柱形图来看，碳生产率高于 4 万元/吨的为北京、上海和广东 3 个省市，低于 1 万元/吨的为内蒙古、新疆、山西和宁夏 4 个省区，其他省份均集中分布在 1 万元/吨～4 万元/吨的区间内。其中，碳生产率最高的北京达到了 7.09 万元/吨，最低的宁夏仅为 0.37 万元/吨，两极差异非常显著。从累计增长的折线图来看，北京、上海、重庆、四川、湖北、贵州、吉林、黑龙江和湖南的累计增长率均超过了 200%，安徽、河南、江苏、天津、广东、浙江、云南、甘肃、江西、辽宁、青海和陕西处于 100%～200%的区间，河北、山东、广西、内蒙古、福建、山西、海南和新疆处于 0～100%的区间，宁夏为累计负增长。其中，最高和最低的依然为北京和宁夏，累计增长率分别为 410%和-23%。不难看出，无论是碳生产率水平还是累计增长水平，中国省级碳生产率的差异都非常明显。

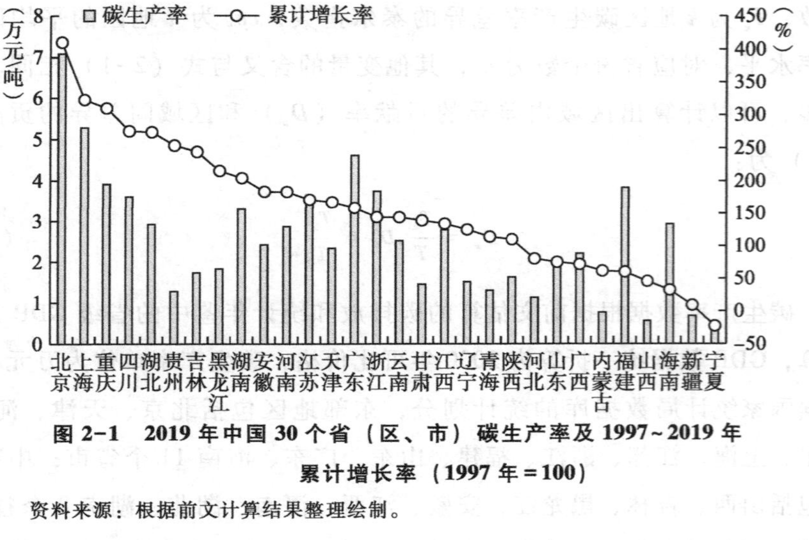

图 2-1　2019 年中国 30 个省（区、市）碳生产率及 1997～2019 年累计增长率（1997 年=100）

资料来源：根据前文计算结果整理绘制。

本节利用泰尔指数模型进一步计算和分解了东部、中部、西部碳生产率的总差异、区内差异、区间差异以及各自的贡献率，计算结果如图2-2和表2-1所示。通过比较三大区域的碳生产率泰尔指数可以发现，东部、中部、西部呈现不同的变化特征。东部地区呈现先下降后上升的趋势，区域内的省级碳生产率差异先缩小后扩大，拐点出现在2002年。中部地区大致呈现先上升后下降再上升的“N”形变化特征，仅2001~2003年的数值高于东部地区，其他年份均是三大区域中最低的，说明中部地区内部的碳生产率差异最小。西部地区的泰尔指数与中部地区呈现相似的变化特征，只是拐点出现的年份要相对滞后，同时自2010年开始的上升速度要远远快于其他两个地区，地区内部的碳生产率整体差异也最大。此外，结合1997~2019年累计碳排放和累计GDP不难发现，东部地区以占全国47.2%的碳排放生产出57.5%的GDP，中部地区用27.7%的碳排放生产23.9%的GDP，西部地区用25.1%的碳排放仅生产18.6%的GDP，东部地区的整体碳排放效率最高，中部地区接近全国平均水平，西部地区最低。这一方面表明中部、西部地区内部的经济发展水平存在较大差异，另一方面也表明中部、西部地区因承接东部地区的碳排放转移等原因，整体效率较低（潘家华、张丽峰，2011）。

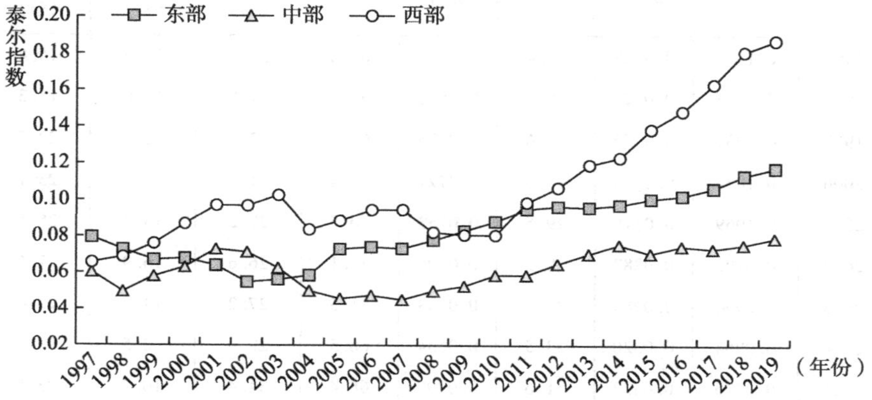

图2-2　1997~2019年东部、中部、西部碳生产率的泰尔指数变化趋势

资料来源：笔者计算整理。

从表2-1可以看出，全国总的泰尔指数大致呈先降后升的“U”形变化特征，2005年以来各省份之间的碳生产率差异非常明显且表现出不断扩大的趋势。碳生产率的总体差异主要由区域内差异造成，区域间差异的整体贡献相对较小，二者在考察期内的平均贡献率分别为68.2%和31.8%。在区域内差异中，东部地区差异对总体差异的贡献率为26.6%~36.6%；西部地区为15.8%~29.5%；中部地区为9.5%~16.9%。从极差比较来看，中部地区差异的贡献率最低且较为稳定，东部地区最高且波动范围大于中部，西部地区差异的贡献率仅次于东部且波动范围最大。从整体变化趋势来看，以2003年和2010年为拐点，中国碳生产率的区内差异贡献率呈现上升→下降→上升的演变趋势，而区间差异贡献率则呈现与区内差异贡献率相反的动态变化特征。上述变化趋势说明，国家西部大开发、中部崛起和东北振兴等区域发展战略在第一阶段实施中，区域内部差距显著缩小，但是区域间的差距在不断扩大；在第二阶段实施中，区间差异贡献率的缩小趋势非常明显，但是区内差异贡献率加速扩大，进而推动了整体差异的进一步扩大。

表2-1　1997~2019年碳生产率的区域差异及其分解

年份	总差异	区间差异		区内差异		东部贡献率（%）	中部贡献率（%）	西部贡献率（%）
		数值	贡献率（%）	数值	贡献率（%）			
1997	0.1142	0.0427	37.4	0.0715	62.6	35.5	11.4	15.8
1998	0.1085	0.0420	38.7	0.0666	61.3	34.0	10.0	17.3
1999	0.1032	0.0357	34.6	0.0675	65.4	32.3	12.7	20.5
2000	0.1054	0.0334	31.6	0.0721	68.4	31.7	13.6	23.1
2001	0.1069	0.0316	29.5	0.0753	70.5	29.2	15.8	25.5
2002	0.0992	0.0287	28.9	0.0705	71.1	26.6	16.9	27.6
2003	0.0994	0.0285	28.7	0.0709	71.3	27.2	14.7	29.4
2004	0.0954	0.0320	33.5	0.0634	66.5	29.9	12.5	24.1
2005	0.1036	0.0327	31.6	0.0709	68.4	34.4	10.3	23.6
2006	0.1078	0.0343	31.8	0.0735	68.2	33.9	10.2	24.1
2007	0.1094	0.0368	33.6	0.0726	66.4	33.3	9.5	23.5
2008	0.1129	0.0404	35.8	0.0725	64.2	34.6	10.3	19.3

续表

年份	总差异	区间差异		区内差异		东部贡献率（%）	中部贡献率（%）	西部贡献率（%）
		数值	贡献率（%）	数值	贡献率（%）			
2009	0.1189	0.0436	36.7	0.0753	63.3	35.3	10.4	17.6
2010	0.1239	0.0446	36.0	0.0793	64.0	36.2	11.0	16.9
2011	0.1322	0.0448	33.9	0.0874	66.1	36.6	10.2	19.3
2012	0.1396	0.0481	34.4	0.0915	65.6	35.4	10.9	19.3
2013	0.1402	0.0446	31.8	0.0956	68.2	34.6	11.9	21.6
2014	0.1423	0.0439	30.8	0.0984	69.2	34.5	12.7	22.0
2015	0.1431	0.0398	27.8	0.1033	72.2	35.1	11.7	25.4
2016	0.1505	0.0430	28.6	0.1074	71.4	34.3	11.7	25.4
2017	0.1573	0.0444	28.2	0.1129	71.8	34.3	11.0	26.5
2018	0.1599	0.0383	24.0	0.1216	76.0	35.1	11.4	29.5
2019	0.1658	0.0398	24.0	0.1260	76.0	35.2	11.6	29.2

注：东部、中部、西部的贡献率分解权重为区域内省份碳生产率合计与所有省份碳生产率合计之比。

资料来源：笔者计算整理。

第三节　碳生产率的脱钩趋势分析

一　脱钩指数模型

由于碳生产率指标是同一时期内经济产出与碳排放之比，这里用 G 表示经济产出，C 表示碳排放量，cp 表示碳生产率，gv 表示经济增长率，cv 表示碳排放增长率，i 和 t 分别表示地区和年份，那么有以下关系成立：

$$cp_{it} = \frac{G_{i,t-1}}{C_{i,t-1}} \times \frac{1 + gv_{it}}{1 + cv_{it}} = cp_{i,t-1} \times \frac{1 + gv_{it}}{1 + cv_{it}} \tag{2-7}$$

不难看出，碳生产率的变化趋势取决于经济产出和碳排放的相对增长速度。为了更好地反映增长与减排的发展方向和变化规律，本章进一步利用脱钩指数模型来刻画碳生产率的动态调整、变化程度以及发展规律（Tapio，2005）。脱钩指数是一种动态相对数，等于碳排放增长率除以同期产出增长率，计算公式为：

$$d_{it} = \frac{cv_{it}}{gv_{it}} = \frac{\Delta C_{it}/C_{i,t-1}}{\Delta G_{it}/G_{i,t-1}} \tag{2-8}$$

式中，d 为碳生产率的脱钩指数，ΔC 和 ΔG 分别表示碳排放和经济产出的增加值，其他符号与式（2-7）的定义相同。由于考察期内各省份的 GDP 增长率均大于 0，所以根据脱钩指数的大小和方向将其分为三种类型以便于分析。其中，脱钩指数小于 0 时为强脱钩，大于 0 且小于等于 1 时为弱脱钩，大于 1 时则为负脱钩。三种脱钩类型也正好对应着不同的减排阶段：强脱钩对应绝对减排阶段，此阶段的经济增长率为正，碳排放增长率为负，碳生产率的增长动力主要来自碳排放的绝对减排效应；弱脱钩对应相对减排阶段，此阶段的经济增速大于碳排放增速，碳生产率增长依赖经济规模的快速扩大来实现；负脱钩对应累积排放阶段，此阶段的碳排放增速要大于经济增速，碳生产率因排放规模扩大更快而处于下降态势。

二　实证结果分析

首先分析碳生产率脱钩状态的区域发展特征，1998~2019 年东部、中部、西部地区的脱钩指数见表 2-2。从整个考察期来看，尽管三大区域的脱钩指数在个别年份有所波动，但是总体还是呈现先上升后下降的变动趋势，表现出弱脱钩→负脱钩→弱脱钩的发展特征。21 世纪初期的脱钩指数东部>中部>西部，近年来的脱钩指数东部<中部<西部，说明东部地区的脱钩速度更快、中部次之、西部最慢，这也体现了东部、中部、西部地区的经济发展水平差异。

1998~1999 年，由于亚洲金融危机的波及和百年不遇大洪水的破坏，中国各地经济受到了不同程度的影响，能源消耗明显减少，碳排放也相应下降，这一阶段的脱钩状态主要由外部冲击造成。2003~2005 年，三大区域均处于负脱钩状态，碳生产率处于下降态势，碳排放进一步进入快速积累阶段，尚未进入减排通道，这与该阶段全国重化工业的快速发展是吻合的，高耗能、高排放产业的迅猛发展导致碳排放增速明显快于经济增速。之后，三大区域脱钩指数均呈现不同程度的下降，脱钩趋势明显增强。但是从数值来看，大多数年份仍为弱脱钩状态，三大区域整体依然处于相对减排阶段，碳生产率增长主要依赖经济增速大于碳排放增速来驱动，这与“十一五”规划以来全国实施能源强度减排目标的约束机制相吻合。2012 年以来，受全球经济低迷影响，中国经济增速也明显放缓，并进入了转型发展阶段。这一阶段国家进一步强化了能源消耗强度和能源消费总量的双控目标，加之“碳达峰、碳中和”战略的实施，一系列节能减碳政策的出台推动了各地区碳生产率的持续提升，碳排放与经济增长的脱钩趋势逐渐增强。

表 2-2　1998~2019 年东部、中部、西部地区脱钩指数

年份	东部		中部		西部	
	脱钩指数	脱钩状态	脱钩指数	脱钩状态	脱钩指数	脱钩状态
1998	-0.0233	强脱钩	-0.3054	强脱钩	0.0821	弱脱钩
1999	0.4713	弱脱钩	-0.0625	强脱钩	0.0164	弱脱钩
2000	0.5381	弱脱钩	0.5190	弱脱钩	0.2926	弱脱钩
2001	0.4654	弱脱钩	0.4436	弱脱钩	0.3863	弱脱钩
2002	0.8022	弱脱钩	0.8830	弱脱钩	0.9142	弱脱钩
2003	1.3085	负脱钩	1.2662	负脱钩	1.4128	负脱钩
2004	1.5203	负脱钩	1.0034	负脱钩	1.7321	负脱钩
2005	1.4655	负脱钩	1.0897	负脱钩	1.0201	负脱钩
2006	0.6735	弱脱钩	0.8842	弱脱钩	0.8259	弱脱钩
2007	0.5559	弱脱钩	0.7767	弱脱钩	0.9714	弱脱钩
2008	0.2530	弱脱钩	0.3719	弱脱钩	0.5601	弱脱钩
2009	0.3657	弱脱钩	0.3877	弱脱钩	0.6882	弱脱钩
2010	0.8216	弱脱钩	0.8031	弱脱钩	0.5714	弱脱钩
2011	0.6402	弱脱钩	0.6754	弱脱钩	0.7958	弱脱钩
2012	0.1276	弱脱钩	0.1810	弱脱钩	0.6719	弱脱钩
2013	0.0152	弱脱钩	0.0491	弱脱钩	0.1099	弱脱钩
2014	-0.0323	强脱钩	0.0265	弱脱钩	0.2327	弱脱钩
2015	0.1319	弱脱钩	-0.0713	强脱钩	-0.0236	强脱钩

续表

年份	东部		中部		西部	
	脱钩指数	脱钩状态	脱钩指数	脱钩状态	脱钩指数	脱钩状态
2016	0.1209	弱脱钩	0.2618	弱脱钩	0.4499	弱脱钩
2017	0.1103	弱脱钩	0.3233	弱脱钩	0.6852	弱脱钩
2018	0.6289	弱脱钩	-0.0563	强脱钩	0.2827	弱脱钩
2019	0.2050	弱脱钩	0.2329	弱脱钩	0.8178	弱脱钩

资料来源：笔者计算整理。

接下来考察中国各省份碳生产率的脱钩发展趋势。为了平滑个别年份的波动影响，本部分将考察期划分为1998~2005年、2006~2014年和2015~2019年三个阶段，脱钩指数采用各阶段碳排放和GDP平均增长率来计算，结果如表2-3所示。

表2-3 中国30个省（区、市）不同阶段的脱钩状态与演变趋势

省（区、市）	1998~2005年	2006~2014年	2015~2019年	类别编号	脱钩趋势
北京	0.3773	0.1128	-0.0694	1	弱脱钩→弱脱钩→强脱钩
天津	0.7038	0.5315	-0.1873	1	弱脱钩→弱脱钩→强脱钩
河北	1.0985	0.4598	0.2749	2	负脱钩→弱脱钩→弱脱钩
山西	0.8468	0.8890	0.4962	3	弱脱钩→弱脱钩→弱脱钩
内蒙古	1.0514	0.6628	1.0602	4	负脱钩→弱脱钩→负脱钩
辽宁	0.6996	0.4694	0.2994	3	弱脱钩→弱脱钩→弱脱钩
吉林	0.4916	0.4433	-0.5508	1	弱脱钩→弱脱钩→强脱钩
黑龙江	0.3516	0.4895	-0.1483	1	弱脱钩→弱脱钩→强脱钩
上海	0.4541	0.2490	-0.0424	1	弱脱钩→弱脱钩→强脱钩
江苏	0.8296	0.4478	0.2231	3	弱脱钩→弱脱钩→弱脱钩
浙江	0.9048	0.4271	0.1740	3	弱脱钩→弱脱钩→弱脱钩
安徽	0.4410	0.6848	0.2252	3	弱脱钩→弱脱钩→弱脱钩
福建	1.2923	0.6188	0.3452	2	负脱钩→弱脱钩→弱脱钩
江西	0.8173	0.5296	0.4794	3	弱脱钩→弱脱钩→弱脱钩
山东	1.3601	0.3831	0.3731	2	负脱钩→弱脱钩→弱脱钩
河南	0.9689	0.4431	-0.1621	1	弱脱钩→弱脱钩→强脱钩
湖北	0.4913	0.4055	0.2753	3	弱脱钩→弱脱钩→弱脱钩

续表

省（区、市）	1998~2005 年	2006~2014 年	2015~2019 年	类别编号	脱钩趋势
湖南	0.9753	0.3428	0.2273	3	弱脱钩→弱脱钩→弱脱钩
广东	0.7960	0.4379	0.2796	3	弱脱钩→弱脱钩→弱脱钩
广西	1.0299	0.6508	0.4791	2	负脱钩→弱脱钩→弱脱钩
海南	1.2144	0.8024	0.4676	2	负脱钩→弱脱钩→弱脱钩
重庆	0.5011	0.5313	−0.0257	1	弱脱钩→弱脱钩→强脱钩
四川	0.5969	0.5761	−0.3593	1	弱脱钩→弱脱钩→强脱钩
贵州	0.7716	0.3708	0.1783	3	弱脱钩→弱脱钩→弱脱钩
云南	1.2360	0.3217	0.2592	2	负脱钩→弱脱钩→弱脱钩
陕西	0.6240	0.8090	0.4798	3	弱脱钩→弱脱钩→弱脱钩
甘肃	0.7237	0.5675	0.2547	3	弱脱钩→弱脱钩→弱脱钩
青海	0.8088	0.7323	0.1150	3	弱脱钩→弱脱钩→弱脱钩
宁夏	1.6382	0.8467	1.2900	4	负脱钩→弱脱钩→负脱钩
新疆	0.7993	1.1615	0.8530	5	弱脱钩→负脱钩→弱脱钩

资料来源：笔者计算整理。

根据三个阶段的脱钩状态转换，可以将各省份划分为 5 种脱钩发展类型：北京、天津、上海、吉林、黑龙江、河南、重庆和四川呈现弱脱钩→弱脱钩→强脱钩的发展特征（编号 1），碳生产率增长动力逐渐由相对减排向绝对减排转变；河北、福建、山东、广西、海南和云南的发展趋势为负脱钩→弱脱钩→弱脱钩（编号 2），先后经历了累积排放的碳生产率下降和相对减排的持续提升，近年来的脱钩指数进一步降低；山西、辽宁、江苏、浙江、安徽、江西、湖北、湖南、广东、贵州、陕西、甘肃和青海表现为弱脱钩→弱脱钩→弱脱钩的发展特征（编号 3），这些省份的经济增速和碳排放增速均比较快，因此长期处于弱脱钩状态；内蒙古和宁夏呈现负脱钩→弱脱钩→负脱钩的发展特征（编号 4），近年来的碳排放增速出现大幅反弹，碳生产率持续增长受到不同程度的限制；新疆呈现弱脱钩→负脱钩→弱脱钩的发展特征（编号 5），中间经历了较长的碳排放积累期，碳生产率处于持续下降的态势，2015~2019 年的脱钩指数要明显大于 1998~2005 年，相对减排的发展尚处于起步阶段。

第一章以连续5年及以上未超过历史碳排放最高值为判断依据，得出北京、天津、上海、吉林、河南、重庆、四川、湖北和云南9个省市进入达峰平台期。以时间变化模式为判断标准容易受短期波动的影响，而平均脱钩指数则能够平滑这一短期波动影响。由于强脱钩指数为负意味着经济增速为正、碳排放增速为负，所以可进一步以2015~2019年是否为强脱钩状态来判断各省份的达峰状况。根据表2-3的结果可知，北京、天津、上海、吉林、河南、重庆、四川和黑龙江在近5年处于强脱钩状态，碳排放进入持续降低的达峰平台期。从两种评价结果的交集省份来看，北京、天津、上海、吉林、河南、重庆和四川的碳排放有较高的概率已经达峰，而其他省份的评价结果仍需谨慎对待，尚需进一步观察。

第四节　碳生产率与碳排放的演变

一　库兹涅茨假说

根据环境库兹涅茨理论，污染物排放与经济发展水平之间存在倒“U”形曲线关系（Grossman and Krueger，1991）。那么，从环境角度考虑，碳排放的库兹涅茨曲线假说也可能成立，即碳排放在经济发展的初始阶段会加速积累，当经济发展越过某一拐点后则会显著减速。为了刻画中国碳排放的演变轨迹，这里设定如下碳排放与经济发展的面板模型：

$$\ln cb_{it} = \alpha_0 + \alpha_1 \ln py_{it} + \alpha_2 \ln pys_{it} + \varepsilon_{it} \tag{2-9}$$

其中，下标i和t分别表示省份和年份，$\ln cb$为碳排放量的自然对数，$\ln py$、$\ln pys$表示取对数后的人均GDP及其二次项，α_0、ε分别为面板回归方程的截距项和残差项。α_1、α_2分别表示经济发展水平影响碳排放的一次项和二次项系数，当α_1大于0、α_2小于0时倒“U”形曲线关系成立。

从生产角度考虑，碳是一种主要隐含在能源产品中的要素投入，投入越大产出越大，而且满足边际产出递减规律。但是，随着经济发展水平的提升，人们对环境价值更加重视，绿色低碳技术创新动力会进一步增强，因此碳要素投入不可能无限制地增加，而是达到某一拐点之后开始下降。碳生产率随着经济发展水平的提高呈现正“U”形变化特征，可以通过估计如下模型来刻画碳生产率的演变轨迹：

$$\ln cp_{it} = \beta_0 + \beta_1 \ln py_{it} + \beta_2 \ln pys_{it} + e_{it} \tag{2-10}$$

式中，ln*cp* 为碳生产率的自然对数，β_0、e 为截距项和残差项。β_1、β_2 分别为一次项和二次项系数，当 β_1 小于 0、β_2 大于 0 时碳生产率演变的正“U”形关系成立。

根据王萱和宋德勇（2013）提出的阶段划分法，结合碳生产率演变轨迹，碳排放随着经济发展大致经历排放积累期、相对减排期和绝对减排期三个阶段，具体如图 2-3 所示。其中，碳排放积累期位于碳生产率拐点的左侧，此时的经济发展处于较低水平，碳排放会随着收入水平的不断提高而快速增加，碳生产率也因此不断下降。介于碳生产率拐点值和碳排放拐点值之间的为相对减排期，此时的经济发展水平有了较大提升，碳排放增长速度有所放缓，更快的经济增长速度开始推动碳生产率显著提升。碳排放拐点的右侧为绝对减排期，此时的经济发展处于较高水平，碳排放越过峰值后开始不断下降，经济增长与碳排放实现了强脱钩，绝对减排动力主导了碳生产率的持续增长。

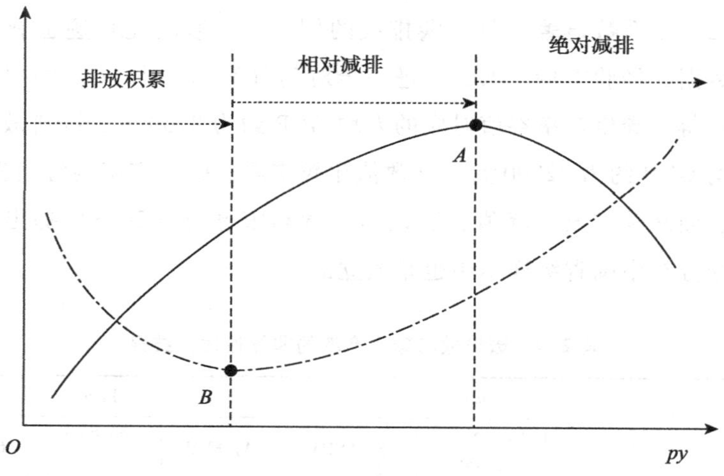

图 2-3　碳排放演变轨迹的三阶段划分

二 省级演变轨迹

首先采用面板个体固定效应模型（FEM）进行估计，然后基于动态面板的系统矩估计（SYS-GMM）来克服遗漏变量的内生性问题（Bond，2002）。当研究的样本为长面板数据时，比如截面单元较少或数量相对固定的省级面板数据，GMM 估计可能并不是最有效的。根据 Bruno（2005）的做法，进一步采用基于 Bootstrap 偏差纠正的最小二乘虚拟变量（LSDV）估计来克服数量较少的问题。采用 1997~2019 年的省级面板数据，表 2-4 展示了碳生产率和碳排放的 FEM、SYS-GMM 以及 LSDV 估计结果。估计结果显示，人均 GDP 一次项和二次项系数在列（1）至列（6）中至少在 5%的水平下显著，而且系数的绝对值在考虑内生性影响后明显变小，这说明采用动态面板模型估计方法获得的结果更为稳健。列（2）报告的扰动项差分存在一阶序列相关但不存在二阶序列相关，说明经验方程适宜采用 SYS-GMM 进行估计；Hansen 检验结果不拒绝原假设，即所有工具变量都是外生的，不存在过度识别问题。因此，接下来以 LSDV 的估计结果进行分析。在碳生产率估计方程中，人均 GDP 的一次项系数显著为负、二次项系数显著为正，说明碳生产率的正“U”形演变轨迹在省级面板数据中获得验证。同理，碳排放估计方程的一次项系数显著为正、二次项系数显著为负，碳排放的倒“U”形演变轨迹也获得了省级面板数据的经验支持。那么，进一步对列（3）和列（6）的拐点值近似求解可得，碳生产率谷值对应的人均 GDP 约为 8100 元，碳排放峰值对应的人均 GDP 约为 22000 元。从数值比较来看，碳生产率的谷值先出现，之后才会迎来碳排放的峰值，这说明王萱和宋德勇（2013）提出的碳排放阶段划分在中国省级样本中也是成立的。

表 2-4 碳排放与碳生产率的非线性估计结果

变量	ln*cb*			ln*cp*		
	(1) FEM	(2) SYS-GMM	(3) LSDV	(4) FEM	(5) SYS-GMM	(6) LSDV
ln*py*	2.2263***	0.5862***	0.5911***	-1.7594***	-0.3079**	-0.2589***
	(11.83)	(6.63)	(7.19)	(-9.27)	(-2.30)	(-3.31)

续表

变量	lncb			lncp		
	(1) FEM	(2) SYS-GMM	(3) LSDV	(4) FEM	(5) SYS-GMM	(6) LSDV
lnpys	-0.0801*** (-8.22)	-0.0305*** (-7.11)	-0.0310*** (-7.21)	0.1094*** (11.12)	0.0166** (2.28)	0.0144*** (3.53)
L. lncb (L. lncp)		0.9811*** (99.15)	0.9878*** (67.37)		0.9899*** (46.24)	0.9781*** (77.65)
常数项	-5.6590*** (-6.26)	-2.5805*** (-6.51)		16.1636*** (17.73)	1.5468* (1.92)	
AR (1)		-3.31***			-3.26***	
AR (2)		-1.06			-0.67	
Hansen		28.24			28.15	
N	690	690	690	690	690	690

注：*、**和***分别对应10%、5%和1%的显著性水平，括号内为t统计量。L. 表示滞后一期。

由于上述模型估计的拐点值实际是各省份的平均水平，以此为标准来评估各省份的碳排放阶段特征可能存在偏误。此外，考虑到资源禀赋、地理特征、收入水平等因素差异，面板数据的估计结果并不一定适用于个别地区，因为拐点左侧的低收入省份发展特征并不能保证被有效捕捉，这也进一步加强了对相似特征乃至特定地区进行额外研究的必要性（Furuoka，2015）。因此，这里进一步结合碳排放与碳生产率的时间变化模式对各省份所处的发展阶段进行识别。具体做法是选取各省份1997~2019年碳生产率最低点和碳排放最高点作为阶段划分的拐点，考察期的两端年份视为短期波动并分别去掉3个年份周期，也就是说拐点取值必须介于2000~2016年的闭区间内。各省份当前所处阶段以及从相对减排到绝对减排的识别结果见表2-5，其中考察期之前便进入相对减排的省份，起始年份统一用1997年代替。

表2-5 中国30个省（区、市）的碳排放发展阶段

省（区、市）	2019年		从相对减排到绝对减排				
	所处阶段	碳生产率	起始年份	碳生产率	结束年份	碳生产率	经历年数
北京	3	7.0874	1997	1.3887	2010	3.5182	13+

续表

省（区、市）	2019 年		从相对减排到绝对减排				
	所处阶段	碳生产率	起始年份	碳生产率	结束年份	碳生产率	经历年数
天津	3	2.3388	1997	0.8760	2014	1.7576	17+
河北	2	1.1281	**2005**	0.5950	/	/	/
山西	2	0.5612	1997	0.3851	/	/	/
内蒙古	2	0.7621	1997	0.4716	/	/	/
辽宁	2	1.5172	1997	0.6757	/	/	/
吉林	3	1.7360	1997	0.5046	2011	0.8549	14+
黑龙江	3	1.8394	1997	0.5830	2016	1.5155	19+
上海	3	5.2803	1997	1.2498	2011	2.7954	14+
江苏	2	3.4075	1997	1.2576	/	/	/
浙江	2	3.7480	1997	1.5370	/	/	/
安徽	2	2.4220	1997	0.8547	/	/	/
福建	2	3.8395	**2005**	1.9633	/	/	/
江西	2	2.7869	1997	1.1931	/	/	/
山东	2	2.0025	**2005**	0.9450	/	/	/
河南	3	2.8703	1997	1.0139	2011	1.2828	14+
湖北	3	2.9275	1997	0.7841	2011	1.3655	14+
湖南	2	3.3000	1997	1.0844	/	/	/
广东	2	4.6173	1997	1.7876	/	/	/
广西	2	2.2099	1997	1.2882	/	/	/
海南	2	2.9332	**2003**	1.7119	/	/	/
重庆	3	3.9157	1997	0.9562	2011	1.6809	14+
四川	3	3.6083	1997	0.9627	2014	2.1210	17+
贵州	2	1.2823	1997	0.3627	/	/	/
云南	3	2.5200	**2006**	0.9278	2012	1.3465	6
陕西	2	1.6320	1997	0.7788	/	/	/
甘肃	2	1.4558	1997	0.6102	/	/	/
青海	3	1.3035	1997	0.6101	2016	0.9859	19+
宁夏	2	0.3743	**2003**	0.2820	/	/	/
新疆	2	0.6773	**2014**	0.6442	/	/	/

注：碳生产率单位为万元/吨；考察期之前进入相对减排的，起始年份统一用 1997 年表示。“2”“3” 分别表示“相对减排阶段”和“绝对减排阶段”。

资料来源：笔者计算整理。

从阶段划分结果来看，截至2019年，30个省（区、市）均越过了碳生产率的拐点值，进入或通过了碳排放的相对减排阶段。北京、天津、吉林、黑龙江、上海、河南、湖北、重庆、四川、云南和青海11个省市率先跨过了碳排放的峰值，其他省份仍然未走出相对减排阶段，碳排放尚有一定的增加空间。相对减排阶段是一个承上启下的关键阶段，北京、江苏、湖南、广东、陕西等省市早在1997年以前就进入了相对减排阶段，海南、宁夏于2003年，河北、福建、山东于2005年，云南于2006年，新疆最晚到2014年才迈出相对减排的步伐，其间经历了较长时间的碳排放积累。从第二阶段经历的时间长短来看，云南仅用6年，北京超过13年，吉林、上海、河南、湖北和重庆均超过14年，天津、四川为17年以上，黑龙江、青海则长达19年以上。其中，云南相对减排所经历的时间最短，这主要得益于其丰富的绿色资源储备和独特的自然地理特征，在绿色转型发展中充分利用了这些要素禀赋优势，进而实现了碳排放第二阶段的快速跨越。从时间变化模式来看，进入绝对减排期的省份近年来碳排放波动频繁，依然处于达峰后的平台波动期，这些省份应该进一步夯实节能减排绩效、稳固转型发展成果。处于相对减排期的大多数省份近年来碳排放增长势头依然迅猛，应该充分发挥转型发展规划的引导作用和节能减排政策的约束作用，降低碳排放增速，积极探索稳定可行的碳排放达峰路径，助力低碳经济的绿色可持续发展。

第五节 本章小结

本章采用泰尔指数、脱钩指数以及环境库兹涅茨曲线理论，对1997~2019年中国30个省（区、市）的碳生产率区域差异、脱钩趋势以及演变轨迹进行了详细考察，并从多个视角得出了丰富的经验结论。

第一，中国省级碳生产率的区域差异显著，时序上呈现先降后升的“U”形演变特征。2019年，北京、宁夏不仅是碳生产率最高和最低的区市，同时也是自1997年以来累计增长率最高和最低的区市，二者的碳生产率分别为 7.09 万元/吨、0.37 万元/吨，累计增长率分别为 410%和-23%。从三大区域比较来看，东部地区的整体碳排放效率最高，中部地区接近全国平均水平，西部地区最低。全国省级碳生产率总的泰尔指数大致呈先降后升的“U”形变化特征，总体差异主要由区域内差异造成，区域间差异的整体贡献相对较小，二者在考察期内的平均贡献率分别为68.2%和31.8%。在区内差异中，东部地区的贡献率最高，西部地区次之，中部地区最低。随着国家西部大开发、中部崛起和东北振兴等区域发展战略的进一步实施，2010 年以来的区间差异贡献率明显缩小，但是区内差异贡献率在显著扩大。

第二，中国各省份的碳生产率整体虽然处于弱脱钩状态，但是脱钩趋势的演变路径存在显著差异。1997～2019 年，三大区域的脱钩指数总体呈现先上升后下降的变动趋势，表现出弱脱钩→负脱钩→弱脱钩的发展特征，东部地区的脱钩速度更快、中部次之、西部最慢。从各省份的脱钩演变趋势来看，大致可以分为 5 种类型：北京、天津、上海、吉林、黑龙江、河南、重庆和四川为弱脱钩→弱脱钩→强脱钩，河北、福建、山东、广西、海南和云南为负脱钩→弱脱钩→弱脱钩，山西、辽宁、江苏、浙江、安徽、江西、湖北、湖南、广东、贵州、陕西、甘肃和青海为弱脱钩→弱脱钩→弱脱钩，内蒙古和宁夏为负脱钩→弱脱钩→负脱钩，新疆为弱脱钩→负脱钩→弱脱钩。由于北京、天津、上海、吉林、河南、重庆、四川和黑龙江在近 5 年处于强脱钩状态，所以这些省市已经进入了碳排放持续降低的达峰平台期。

第三，中国省级碳排放与碳生产率随着经济发展水平的提高表现出非线性演变轨迹，碳排放演变呈现阶段性特征。基于 1997～2019 年中国 30 个省（区、市）的面板数据估计结果，碳生产率与人均 GDP 之间呈现正“U”形关系，碳排放与人均 GDP 之间呈现环境库兹涅茨曲线的倒“U”形关系。前者估计的拐点的人均 GDP 数值要小于后者，碳生产率的谷值先出现，而碳排放的峰值后出现，这意味着碳排放存在排放积累期、相对减排期和绝对减排期三个阶段的发展特征。截至 2019 年，30 个省（区、市）均进入或通过了碳排放的相对减排阶段，北京、天津、吉林、黑龙江、上海、河南、湖北、重庆、四川、云南和青海 11 个省市率先跨过了碳排放的峰值。从时间变化模式来看，进入绝对减排期的省份近年来依然处于达峰后的平台波动期，这些省份应该进一步夯实节能减排绩效、稳固转型发展成果。处于相对减排期的大多数省份近年来增长势头依然迅猛，应该充分发挥转型发展规划的引导作用，积极探索稳定可行的碳排放达峰路径。

第三章　动力转换与碳生产率增长分解

在全球气候变化风险日益加剧的背景下，在保持经济稳定增长的同时促进温室气体减排是全世界各国的共同行动目标，而提高碳生产率则成为实现二者之间协调发展的有效路径（He et al.，2010）。因为碳生产率指标具有更为丰富的经济内涵，它衡量了单位碳要素投入所带来的相应产出。碳生产率不仅是低碳经济增长来源的主要分析工具，也是政府制定长期可持续发展政策的重要依据。中国如何科学合理地实现碳达峰目标，需要对要素替代方向和全要素生产率等动力因素的作用机制有更为深刻的认识，这对探索稳增长、促减排的绿色高质量发展路径具有重要意义。因此，本章重点对省级碳生产率的驱动因素进行分解，并进一步分析增长动力的转换机理。

本章具体内容安排如下：第一节提供了关于碳生产率驱动因素分解的理论和实证方面的文献综述；第二节提出本章的碳生产率分解框架，并分析相关驱动因素的作用机理；第三节为碳生产率增长动力的分解核算与区域差异分析；第四节基于技术进步的内生性理论，从理论和实证两个方面分析了碳生产率增长动力的转换机理与区域差异；第五节为本章的主要研究结论。

第一节　文献综述

一　单要素碳生产率分解

根据方法学的不同，现有文献最常采用参数回归和非参数分解对碳生产率的驱动因素进行识别。

参数回归主要是基于经验方程的计量参数估计和检验，进而分析相关因素对碳生产率的影响。大量研究表明，产业发展对碳生产率的影响是异质性的，而且在不同国家或地区的表现也不完全相同。例如，加拿大的混凝土行业（Adesina，2020）、中国的冶金行业（Benjamin and Lin，2020），这些行业的广泛增长对碳生产率提高产生了负面影响。中国长三角地区的工业发展是高效的，工业增长有利于提高省级碳生产率（Zhu and Zhang，2021）。此外，先前的研究支持发展中国家城市化与碳生产率之间的 EKC 假说，并表明发展中国家的城市化仍处于碳生产率下降、碳排放增加的阶段（Martínez-Zarzoso and Maruotti，2011）。诚然，任何温室气体排放的增加都会影响减排技术的发展（Su and Moaniba，2017）。因此，在可持续发展背景下，技术进步成为降低能源强度的主要因素（Sun et al.，2021；Wurlod and Noailly，2018）。近年来，随着空间计量技术的广泛应用，越来越多的文献在分析碳生产率影响因素时强化了对溢出效应的考察。最近的一项研究表明，中国省级碳生产率的缓慢提高具有显著的空间溢出效应，产业发展和城市化的影响模式具有同质性（Wu et al.，2021）。另一项类似研究识别了 GDP、城市化率、产业结构、能源结构、能源强度、技术创新、开放水平和外国直接投资对碳生产率的多重影响，并提出经济和能源相关的减排措施仍然是实现中国各省碳强度减排目标的关键（Xue et al.，2020）。

非参数方法常采用指数分解分析（Index Decomposition Analysis，IDA）对碳生产率的驱动因素进行分离。其中，对数平均迪氏指数法以不留残差、简化解释、分解公式一致等优点，在实际中的应用最为广泛（Ang，2015）。从现有碳生产率的 LMDI 分解文献来看，通常以能源效率、能源结构、产业结构、空间结构等技术因素和结构因素的分解最为常见（张永军，2011；刘晨跃、徐盈之，2016；李珊珊、罗良文，2018；姚晔等，2018），而要素投入、效率改善等生产因素却非常少见，其原因在于指数分解方法难以有效反映投入产出关系的具体实现机制（林伯强、杜克锐，2013）。最近的一些文献在 LMDI 基础上结合了其他方法进行研究，Wen

和 Li（2020）将 LMDI 方法与光谱聚类方法相结合描述了中国 30 个省（区、市）工业碳排放因素的时空差异，其中能源强度和人均 GDP 在抑制和促进工业二氧化碳排放方面发挥着主导作用。通过考虑电力转让消耗的会计原则，Chen 等（2018）估算了中国电力行业的碳生产率，并基于区域和行业的需求视角对电力碳生产率进行了 LMDI 分解，结果显示，电力行业的环境经济效率虽然为负，但是对其他产业的规模效应影响要大于技术影响。Niu 等（2021）在常规分解分析基础上结合聚类分析，进一步探讨了中国各省份碳生产率的增长潜力，启示政策制定者应以优化产业结构和降低能源强度为重点推进可持续发展，并充分考虑省域的异质性。

二　全要素碳生产率分解

关于碳生产率文献的另外一种研究视角是在全要素框架内考察多种要素使用的综合生产效率，主要包括数据包络分析（Data Envelopment Analysis，DEA）和随机前沿分析（Stochastic Frontier Analysis，SFA），其中以 DEA 的非参数方法在环境效率评价中的应用最为广泛。碳排放在 DEA 模型中被视为投入要素或非期望产出（Ramanathan，2005；Nakano and Managi，2010），模型的最优解通常被用来衡量碳排放效率（Zhou et al.，2021）。基于不同生产技术的多期 DEA 效率指数，还可以通过构造生产力指数来测度全要素生产率，并可进一步分解为技术效率、规模效率和技术进步等（Sueyoshi et al.，2017；Kumar and Jain，2019）。尽管基于联合弱可处置性的非期望产出设定似乎更加符合实际，但是陷入了好坏产出同比例增减的“黑箱”困境，无法具体揭示坏产出的减少机制，而且也难以与单要素碳生产率的经济内涵进行有效衔接。在全要素框架内，DEA 技术无须对生产函数的形式和分布进行设定，能够避免较强理论约束所产生的估计偏差。然而大多数文献是以单期的生产单元分别来构造技术参照集，从而使得技术进步在时序内不具备连续可比性（Oh，2010），这容易误判驱动因素影响生产率的变化模式。此外，一些引入碳排放约束的 DEA 文献仍然将效率指数称为碳生产率，这种概念混用不利于学界对“单要素”和“全要素”在生产率测量上的本质区分（Shen et al.，2021）。尽管单要素碳生产率没有考虑资本、劳动和其他因素，但是基于投入产出原理可以建立要素之间的连接，全要素碳生产率本身就是单要素碳生产率的一个驱动因素。

综观已有研究，大多数文献只是单独探讨单要素碳生产率或全要素碳生产率，并没有进一步详细考察二者之间的相互关系和作用机理。有鉴于此，本章试图在以下两个方面进行扩展：第一，在理论分析上，立足于投入产出关系视角，构建了IDA方法与DEA模型相结合的综合分解框架，进一步将单要素碳生产率与能源结构、要素替代、全要素生产率统一起来，厘清了多种动力因素对碳生产率增长的作用机制，并重点分析了技术进步引致增长动力转换的内生机理；第二，在实证分析上，进一步结合中国经济结构转型和宏观政策调整，深入探讨了要素替代与技术进步对低碳经济高质量发展的作用机理和协同路径，为中国推动碳生产率增长、完成碳强度减排目标、实现低碳经济转型发展提供决策参考。

第二节　碳生产率驱动因素的分解框架

一　碳生产率的初步分解

首先，根据碳生产率的定义，对Kaya恒等式（Kaya，1989）进行变换：

$$cp_t = \frac{Y_t}{C_t} = \frac{E_t}{C_t} \times \frac{Y_t}{E_t} = e_t \times y_t \tag{3-1}$$

其中，cp_t 表示第 t 期的碳生产率，Y 为国内生产总值，C 为碳排放，E 为能源消费。e 为单位碳排放的能源消费，反映能源结构变化对碳生产率的影响；y 为单位能源产出，反映能源效率变化对碳生产率的影响。进一步采用LMDI（Ang and Liu，2001）对式（3-1）进行转换可以得到如下分解形式：

$$cpc_{t+1} = \frac{cp_{t+1}}{cp_t} = \frac{e_{t+1}}{e_t} \times \frac{y_{t+1}}{y_t} = ec_{t+1} \times yc_{t+1} \tag{3-2}$$

$$\Delta cp_{t+1} = cp_{t+1} - cp_t = \frac{cp_{t+1} - cp_t}{\ln(cp_{t+1}/cp_t)}\ln\frac{e_{t+1}}{e_t} + \frac{cp_{t+1} - cp_t}{\ln(cp_{t+1}/cp_t)}\ln\frac{y_{t+1}}{y_t} \tag{3-3}$$

其中，式（3-2）和式（3-3）乘法和加法分解形式可以相互转化，得到乘法形式的某一因素效应就可以得到对应的加法形式的该因素效应，反之亦然。

尽管能源效率也可以做进一步的 LMDI 分解，但是容易带来重叠因子计算，以及无法有效反映投入产出机制的问题。由于能源效率为单位能源投入的经济产出，所以进一步引入变量 k、l 分别表示单位能源的资本投入和劳动投入，由此可构建紧凑型投入产出关系 $y_t = f(k_t, l_t)$，并可借助 DEA 技术再次分解。

假定考察具有可比的 n 个省份生产单元（DMU），每个 DMU 均使用单位能源的投入要素 k 和 l，获得单位能源产出 y，那么基于第 t 期的技术生产可能集就可以表示为 $P_t = \{(k_t, l_t, y_t) \mid (k_t, l_t) \rightarrow y_t\}$。为了实现 DMU 各期效率值的连续可比性，采用全局参比的 DEA 模型（Pastor and Lovell，2005）。假定有 T 个时期，全局生产可能集可定义为所有单期的生产可能集的并集，即有 $P_g = P_1 \cup P_2 \cup \cdots \cup P_T$。由此，以产出为导向的距离函数（Farrell，1957）可以通过下述规划模型来估计：

$$d(k_{it}, l_{it}, y_{it}) = \max\theta_{it}$$

$$\text{s.t.}\begin{cases} \sum_{t=1}^{T}\sum_{i=1}^{n}\lambda_{it}y_{it} \geqslant y_{it}\theta_{it} \\ \sum_{t=1}^{T}\sum_{i=1}^{n}\lambda_{it}y_{it} \leqslant k_{it} \\ \sum_{t=1}^{T}\sum_{i=1}^{n}\lambda_{it}y_{it} \leqslant l_{it} \\ \lambda_{it} \geqslant 0 \end{cases} \tag{3-4}$$

上述规划模型是在投入既定的条件下，用产出增长的最大程度来测量生产单元无效率的状况。模型最优解 θ_{it} 表示 t 时期 i 省份与生产可能边界的产出距离，其值越大说明产出可以增长的幅度越大，效率越低，一

般采用 $1/\theta_{it}$ 表示效率值。上述线性规划模型求解的是规模报酬不变（CRS）的产出距离函数，进一步增加权重约束 $\sum_{t=1}^{T}\sum_{i=1}^{n}\lambda_{it}=1$ 即为规模报酬可变（VRS）的 DEA 模型。

令 d_c^g 为 CRS 条件下的产出导向距离函数，那么给定省份在第 t 期要素投入所对应的全局最优产出则为 $\bar{y}_t(k_t,\ l_t)=y_t\times d_c^g(k_t,\ l_t,\ y_t)$，由此可以得到 t 期至 $t+1$ 期的单位能源产出增长分解式为：

$$yc_{t+1}=\frac{d_c^g(k_t,l_t,y_t)}{d_c^g(k_{t+1},l_{t+1},y_{t+1})}\times\frac{\bar{y}_{t+1}(k_{t+1},l_{t+1})}{\bar{y}_t(k_t,l_t)}=tfp_{t+1}\times xc_{t+1} \tag{3-5}$$

其中，yc、xc、tfp 分别表示能源生产率变化、要素替代效应和全要素生产率。这里的全要素生产率被定义为相邻两期的全局技术效率之比，要素替代效应则为全局最优产出之比。进一步将式（3-5）代入式（3-2）可得如下分解式：

$$cpc_{t+1}=ec_{t+1}\times xc_{t+1}\times tfp_{t+1} \tag{3-6}$$

式（3-6）分解结果表明，碳生产率增长动力主要来源于三个部分：一是能源结构调整，即低碳能源对高碳能源替代所引致的碳排放增量减少；二是全要素生产率，即相邻两期全局技术效率改善所引致的单位能源产出提高；三是要素替代效应，即在全局共同前沿技术水平下，由要素累积替代变化所引致的最优产出增长。

二 要素替代的再次分解

虽然式（3-6）测度了全要素生产率、要素替代以及能源结构对碳生产率的推动作用，但是并不知道资本和劳动对能源替代的贡献程度。借鉴陈俊（2018）的单期技术分解思路，本章在全局技术框架内对要素替代效应做进一步分解，并分别简称为资本替代效应和劳动替代效应。根据式（3-5）可知，要素替代效应为要素替代变化所引致的前沿面最优产出的变化，具体分解原理如图 3-1 所示。

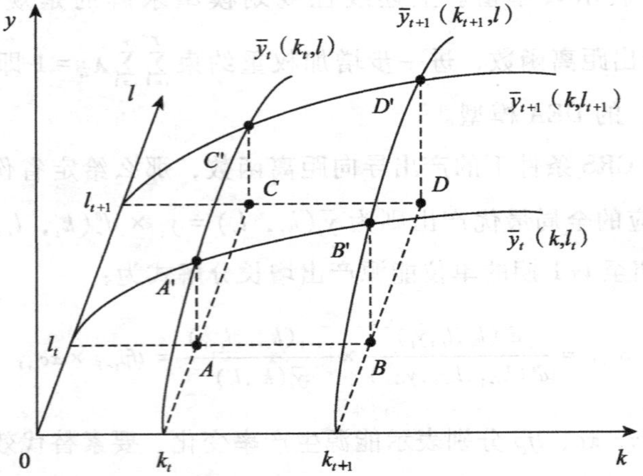

图 3-1　要素替代效应的进一步分解

在图 3-1 中，投入由 t 期的 A 点移动至 $t+1$ 期的 D 点；$\bar{y}_t(k, l_t)$ 为劳动替代固定为 l_t 时，资本替代变化对应的全局最优产出前沿；$\bar{y}_t(k_t, l)$ 则为资本替代固定为 k_t 时，劳动替代变化对应的全局最优产出前沿。那么，投入 A、B、C、D 对应的最优产出分别为 $\bar{y}_t(k_t, l_t)$、$\bar{y}_t(k_{t+1}, l_t)$、$\bar{y}_{t+1}(k_t, l_{t+1})$ 和 $\bar{y}_{t+1}(k_{t+1}, l_{t+1})$。在劳动替代固定为 l_t 时，资本替代调整所引致的最优产出由 A'点移动至 B'点，即：

$$kc_{t+1} \mid l_t = \frac{\bar{y}_t(k_{t+1}, l_t)}{\bar{y}_t(k_t, l_t)} \tag{3-7}$$

同样，在劳动替代固定为 l_{t+1} 时，资本替代调整所引致的最优产出由 C'点移动至 D'点，最优产出变化为：

$$kc_{t+1} \mid l_{t+1} = \frac{\bar{y}_{t+1}(k_{t+1}, l_{t+1})}{\bar{y}_{t+1}(k_t, l_{t+1})} \tag{3-8}$$

同理可推出，当资本替代分别固定为 k_t 和 k_{t+1} 时，劳动替代调整所引致的最优产出变化可分别由 A'点移动至 C'点和 B'点移动至 D'点来刻画，即：

$$lc_{t+1} \mid k_t = \frac{\bar{y}_t(k_t, l_{t+1})}{\bar{y}_t(k_t, l_t)} \tag{3-9}$$

$$lc_{t+1} \mid k_{t+1} = \frac{\bar{y}_{t+1}(k_{t+1}, l_{t+1})}{\bar{y}_{t+1}(k_{t+1}, l_t)} \tag{3-10}$$

为了避免固定要素参照的随意性，本章选取两期参照下的几何平均值来测算资本替代效应和劳动替代效应，于是有：

$$kc_{t+1} = \left[\frac{\bar{y}_{t+1}(k_{t+1}, l_{t+1})}{\bar{y}_{t+1}(k_t, l_{t+1})} \times \frac{\bar{y}_t(k_{t+1}, l_t)}{\bar{y}_t(k_t, l_t)}\right]^{1/2} \tag{3-11}$$

$$lc_{t+1} = \left[\frac{\bar{y}_{t+1}(k_{t+1}, l_{t+1})}{\bar{y}_{t+1}(k_{t+1}, l_t)} \times \frac{\bar{y}_t(k_t, l_{t+1})}{\bar{y}_t(k_t, l_t)}\right]^{1/2} \tag{3-12}$$

其中，*kc*、*lc* 分别表示资本替代效应和劳动替代效应。此外，由全局 DEA 模型的前沿面投影性质可知，相同要素投入生产单元在共同前沿面上的最优产出也相同，即有 $\bar{y}_t(k_{t+1},\ l_t) = \bar{y}_{t+1}(k_{t+1},\ l_t)$、$\bar{y}_t(k_t,\ l_{t+1}) = \bar{y}_{t+1}(k_t,\ l_{t+1})$。不难验证，资本替代效应与劳动替代效应之积正好等于要素替代的累积总效应，也就是等式 $kc_{t+1} \times lc_{t+1} = xc_{t+1}$ 成立。进一步将要素累积效应分解式（3-11）和式（3-12）代入式（3-6），便可以进一步得到碳生产率的四重增长动力分解方程为：

$$cpc_{t+1} = ec_{t+1} \times kc_{t+1} \times lc_{t+1} \times tfp_{t+1} \tag{3-13}$$

三　变量选取与数据说明

基于数据的可获得性和统一口径，本章选取 1997~2019 年全国 30 个省（区、市）（西藏和港澳台地区除外）的面板数据作为研究样本，共计 690 个观测值。涉及的 5 个变量指标均可根据基础统计数据予以构造，具体说明如下。

产出变量分别为碳生产率和单位能源产出，其中后者可根据因式分解结构定义为中间产出变量。碳生产率变量为地区 GDP 与能源消费碳排放之比，单位能源产出变量则为地区 GDP 与能源消费总量之比。碳排放数据为本书之前章节估算的部门法排放清单，地区 GDP 指标采用平减指数调整为 2000 年可比价格，能源消费指标采用化石能源的标准煤消费总量来测度，相关基础数据主要来源于国家统计局的地区数据库和历年的

《中国能源统计年鉴》。

化石能源结构可视为分解函数中的直接投入变量，这里用碳生产率与单位能源产出之比来测度，其含义为单位碳排放所消耗的化石能源数量，数值越大说明能源消费结构的低碳化程度越高。单位能源的资本投入和劳动投入为 DEA 模型的输入变量，二者均根据相应的存量指标与能源消费之比来构造。其中，资本投入采用物质资本存量表示，具体细节以单豪杰（2008）的方法为参照，采用 10.96%的折旧率对资本存量进行永续盘存核算，同时以固定资产投资价格指数将其平减至以 2000 年为基期的可比序列。劳动投入采用全社会从业人员总量来测度，包括城镇从业人员和农村从业人员，相关数据来源于各省份统计年鉴。各变量的描述性统计结果如表 3-1 所示。

表 3-1　各变量的描述性统计结果

变量	含义	单位	观测数	平均值	标准差	最小值	最大值
cp	碳生产率	万元/吨	690	1.5369	0.9629	0.2820	7.0874
y	单位能源产出	万元/吨标煤	690	0.8166	0.4298	0.1880	2.5104
e	单位碳排放能耗	—	690	1.8388	0.2919	1.2716	3.1824
k	单位能源资本投入	万元/吨标煤	690	2.0484	1.2320	0.3461	7.0053
l	单位能源劳动投入	人/吨标煤	690	0.2936	0.1882	0.0503	1.0537

第三节　动力分解结果与区域差异分析

一　整体动力构成与阶段变迁

根据式（3-13）的分解原理对各省份的碳生产率增长动力进行了分解核算，利用 GDP 进行加权可以测度全国整体的动力构成与阶段变迁。测算结果显示，1997 年全国碳生产率水平为 1.134 万元/吨，2019 年累计增长了 1.967 万元/吨，年均增速为 4.68%。为了平滑个别年份增长突变对趋势识别的影响，进一步根据式（3-3）转换为加法形式的累积增长效应，结果如图 3-2 所示。总体来看，1997~2019 年中国碳生产率累积总效应呈正向增长态势，能源结构效应、资本替代效应、劳动替代效应以及全要素生产率这四重动力的构成变化，决定了碳生产率增长的演化路径和阶段特征。

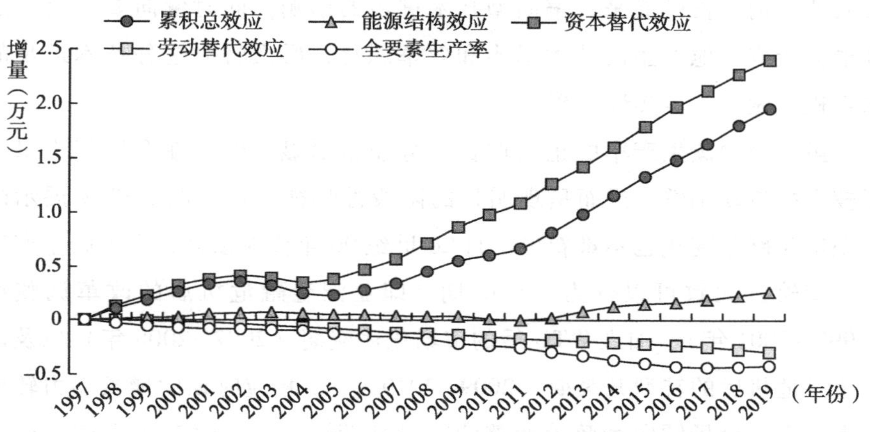

图 3-2　1997~2019 年中国碳生产率及其动力因素的累积增长效应

资料来源：根据分解结果整理绘制。

从增长动力构成来看，资本替代效应和能源结构效应对全国碳生产率增长起到了正向的驱动作用，其中，资本替代效应的主导性动力作用最为明显。1997~2019 年，资本替代效应共推动 2.412 万元的碳生产率水平提升，累计贡献率高达 122.62%，因此全国整体属于典型的资本替代驱动型的碳生产率增长模式，这也与中国的资本驱动型经济增长方式具有一致性，二者之间的差别在于能源要素的过快积累会导致碳生产率增长滞后于产出增长。能源结构效应体现了低碳能源替代高碳能源对碳排放增量的抑制作用，然而中国“以煤为主”的能源禀赋却制约着整体的低碳化调整进程，因此能源结构效应在此期间仅仅推动了碳生产率水平提高 0.264 万元，累计贡献率也只达到 13.42%，致使能源结构调整的驱动效应居于次要地位。劳动替代效应和全要素生产率对整体碳生产率增长起到了抑制作用，但是二者的减量效应还不足以抵消资本替代和能源结构的增量效应。1997~2019 年，劳动替代效应引致碳生产率累计下降了 0.292 万元，累计贡献率为-14.84%，相比于资本要素对能源要素的替代，以能源替代劳动的产业结构调整则会抑制整体碳生产率水平的提升。全要素生产率的变化与劳动替代效应具有相似性，其致使碳生产率累计下降 0.418 万元，累计贡献率达到-21.25%。根据经济增长理论，抑制因素的趋同性变化与低碳经济的技术进步偏向不无关系，不同要素投入的此消彼长可能来自偏向型技术进步的影响，同时偏向要素投入过度也会造成其他类型的技术退步和效率恶化，后文将对这种技术进步的内生机理做进一步实证考察。

虽然全国碳生产率的正向增长态势非常明显，但是在个别年份出现了较大的波动调整，进而呈现明显的阶段性特征，这从图 3-2 所展示的累积增长路径变化也不难看出。自 20 世纪 90 年代末以来，中国碳生产率的演变轨迹大致可以分为三个时期，即亚洲金融危机后的改革调整期（1997~2001 年）、加入 WTO 后的市场化适应期（2002~2008 年）以及国际金融危机后的转型升级期（2009~2019 年），相应时期的增长动力转换无不体现出市场倾向和政策调整的阶段性变迁。三个时期碳生产率增长动力的年均效应核算结果见表 3-2。

表 3-2 中国碳生产率增长动力转换的阶段性特征

单位：%

阶段	指标	碳生产率增长	能源结构效应	资本替代效应	劳动替代效应	全要素生产率
1997~2001 年	年均增长率	6.74	1.13	7.71	-0.45	-1.65
	贡献率	100.00	16.77	114.45	-6.69	-24.52
2002~2008 年	年均增长率	0.69	-0.42	3.14	-1.04	-0.99
	贡献率	100.00	-60.74	452.63	-149.64	-142.25
2009~2019 年	年均增长率	5.93	1.06	5.96	-0.51	-0.59
	贡献率	100.00	17.85	100.54	-8.53	-9.87

资料来源：笔者计算整理。

具体而言，第一阶段为亚洲金融危机后的改革调整期，碳生产率累计增长持续向高位拉升，年均增速为 6.74%。资本替代效应是该阶段低碳经济增长的主导性动力，贡献率高达 114.45%；能源结构效应为第二大动力，年均贡献份额也达到 16.77%。这一时期以去产能和国企改革为重点的一系列政策调整助推了低碳经济的快速增长，但是下岗分流冲击和能源消耗提速加快了能源密集型产业对劳动密集型产业的替代，致使劳动替代效应对碳生产率增长呈现微弱的抑制作用，而这种粗放型的增长方式也为全要素生产率的持续恶化埋下了隐患。

第二阶段为加入 WTO 后的市场化适应期，也是中国经济实现两位数增长的黄金期。但是这一阶段的外向型经济主要向国际分工体系下的产业链末端聚集，从而进一步加剧了粗放型增长方式，致使整体碳生产率的年均增速仅为 0.69%，累积增长轨迹以 2005 年为拐点先降至低位后快速回升，这主要得益于 2006 年能源强度约束政策对其过快积累的限制。尽管这一时期的资本和劳动积累速度都在向高位攀升，但是能源消费提速更快，致使产业结构向资本密集型调整的趋势明显迟缓，而劳动密集型产业被能源密集型产业替代的进程却显著加快。资本替代效应引致的年均增长率较上一时期显著下滑至 3.14%，但是成为该阶段碳生产率增长的唯一动力。能源结构效应由正转负，劳动替代效应进一步走低，全要素生产率虽有所改善却未能扭转持续恶化态势，三者分别引致碳生产率年均损失 0.42%、1.04%和 0.99%。

第三阶段为国际金融危机后的转型升级期，碳生产率年均增长率显著回升至 5.93%，但是受 2011 年经济增长进入下行通道的影响，其增速逐年下滑的趋势也开始显现。从增长动力来看，资本替代效应虽然依旧发挥着主导性作用，但是贡献份额却较上一期回落至 100.54%，且有逐年下降的趋势。能源结构调整的动力效应在这一阶段进一步显现，贡献份额强势增加到 17.85%，且逐年上升趋势明显。劳动替代效应和全要素生产率的下降趋势均有所改善，二者分别引致碳生产率年均下降了 0.51%和 0.59%。

二　区域增长动力差异及成因

首先从三大区域[①]差异来看，1997~2019 年，东部地区的碳生产率累

① 东部地区包括北京、天津、河北、辽宁、上海、江苏、浙江、福建、山东、广东和海南 11 个省市；中部地区包括山西、吉林、黑龙江、安徽、江西、河南、湖北、湖南 8 个省份；西部地区包括内蒙古、广西、重庆、四川、贵州、云南、西藏（数据缺失，未统计）、陕西、甘肃、青海、宁夏和新疆 12 个省（区、市）。

计增量最大，其次是中部和西部，累计增量分别为 2.24 万元、1.74 万元和 1.48 万元（见图 3-3）。从增长动力构成来看，资本替代效应在三大区域的碳生产率增长中均占据主导地位，累计增量分别为 2.50 万元、2.40 万元和 2.12 万元，东部最高、中部次之、西部最低。能源结构效应在考察期内对碳生产率的增长也都表现为累积正效应，但是东部大于西部，中部最小，累计增量分别为 0.37 万元、0.18 万元和 0.13 万元。劳动替代效应和全要素生产率的累积效应在三大区域中均表现为抑制作用，也就是说存在劳动对能源的反向替代倾向，以及生产效率的普遍损失。

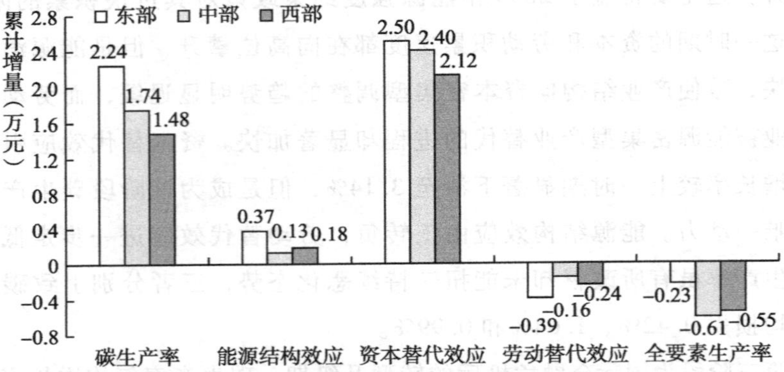

图 3-3　东部、中部、西部地区碳生产率驱动因素的累积增长差异（1997~2019 年）

资料来源：笔者整理绘制。

表 3-3 展示了 30 个省（区、市）的碳生产率累积增长核算结果，而无论是从绝对水平还是相对增速来看，地区间的差距都十分显著且呈现扩大趋势。通过计算表 3-3 第 2、3 列的离散程度指标可知，碳生产率绝对水平的变异系数由 1997 年的 49.9%增至 2019 年的 58.3%，北京的累积增长速度最快，宁夏是唯一出现负增长的省份，前者是后者的 6.62 倍，其原因主要来自地区间低碳经济增长方式的显著差异。

表 3-3　中国 30 个省（区、市）碳生产率驱动因素的累积增长指数

省（区、市）	cp_{1997}	cp_{2019}	T_cpc	T_ec	T_kc	T_lc	T_tfp
北京	1.389	7.087	5.104	1.292	3.087	0.977	1.309
天津	0.876	2.339	2.670	1.182	3.126	0.876	0.825

续表

省（区、市）	cp_{1997}	cp_{2019}	T_cpc	T_ec	T_kc	T_lc	T_tfp
河北	0.626	1.128	1.801	1.076	3.197	0.843	0.621
山西	0.385	0.561	1.457	0.705	3.749	0.882	0.625
内蒙古	0.472	0.762	1.616	1.075	3.904	0.688	0.559
辽宁	0.676	1.517	2.246	0.995	3.066	0.876	0.841
吉林	0.505	1.736	3.440	0.988	8.366	0.930	0.448
黑龙江	0.583	1.839	3.155	1.013	4.345	0.918	0.781
上海	1.250	5.280	4.225	1.398	2.374	0.903	1.410
江苏	1.258	3.407	2.709	1.157	2.910	0.801	1.004
浙江	1.537	3.748	2.438	1.280	2.246	0.838	1.013
安徽	0.855	2.422	2.834	1.008	3.682	0.911	0.838
福建	2.399	3.840	1.601	0.912	2.957	0.836	0.710
江西	1.193	2.787	2.336	1.161	3.277	0.861	0.713
山东	1.145	2.003	1.749	1.047	2.717	0.793	0.776
河南	1.014	2.870	2.831	1.119	4.992	0.953	0.532
湖北	0.784	2.928	3.734	1.202	4.926	0.872	0.723
湖南	1.084	3.300	3.043	1.142	3.737	0.904	0.789
广东	1.788	4.617	2.583	1.245	2.814	0.882	0.835
广西	1.288	2.210	1.716	1.037	4.030	0.868	0.473
海南	2.216	2.933	1.324	1.016	1.375	0.815	1.162
重庆	0.956	3.916	4.095	1.275	3.160	0.866	1.174
四川	0.963	3.608	3.748	1.301	3.580	0.906	0.888
贵州	0.363	1.282	3.535	0.963	6.409	0.955	0.600
云南	1.034	2.520	2.437	1.118	4.585	0.913	0.520
陕西	0.779	1.632	2.096	0.944	3.871	0.806	0.712
甘肃	0.610	1.456	2.386	0.939	3.968	0.936	0.684
青海	0.610	1.303	2.137	1.537	3.618	0.788	0.487
宁夏	0.486	0.374	0.771	0.953	2.093	0.746	0.518
新疆	0.621	0.677	1.090	0.871	2.151	0.806	0.722

注：变量 cp_{1997}、cp_{2019} 分别为 1997 年和 2019 年的碳生产率绝对水平，单位是万元/吨；其他变量依次对应碳生产率、能源结构、资本替代、劳动替代和 TFP 的累积增长指数。

资料来源：笔者计算整理。

资本替代效应在所有省份中均表现为主导性作用，而且远远高于其他动力效应，其中吉林、海南两省分居首位和末位，前者累积增长效应是后者的 6.08 倍。与资本替代效应相反，所有省份的劳动替代效应均表现为缓慢的恶化趋势，但是地区差异相对较小，大多数省份的累积增长指数在 0.8 以上，最高的北京与最低的内蒙古相差也不到 0.3。1997～2019 年，所有省份的资本能源比、劳动能源比增长轨迹与其对应的替代效应完全吻合，体现了全国整体以资本密集型快速替代能源密集型、能源密集型逐步替代劳动密集型的产业结构调整趋势，这与张成等（2014）基于参数生产函数的分解结果相一致，二者此消彼长的转换特征体现了技术进步的偏向性影响。能源结构调整的正向驱动效应并未统一出现在所有省份，而是呈现明显的正负两极分化特征。北京、天津、上海、青海、内蒙古等 21 个省（区、市）的能源结构效应实现了显著的正向增长，宁夏、新疆、山西等 9 个省区则出现了不同程度的恶化，其中累积增长效应最高的青海达到了 1.537，而最低的山西却仅为 0.705。全要素生产率的地区差异同样表现为突出的两极分化特征，在此期间实现累积正向驱动效应的仅有北京、上海、江苏等少数东部发达省市，而大多数地区的全要素生产率要远远小于资本替代效应，低碳经济的内涵式增长动力显著不足。其中，全要素生产率动力效应表现最佳的是上海，恶化程度最为严重的是吉林，累积增长指数分别为 1.410 和 0.448。综上可知，虽然中西部大多数省份在绿色转型发展中的后发优势更为明显，但是只表现为要素替代效应的边际优势，全要素生产率依然远低于东部发达省份，其要素替代与全要素生产率的协同发展显著滞后，成为当前阶段推动低碳经济高质量发展的工作重点。

从差异演变来看，动力因素在地区间的分化趋势决定了碳生产率增长的趋异效应，这可以通过考察相关指标变异系数的时间分布特征进行验证（见图 3-4）。首先，碳生产率累积增长的变异系数在 1998～2019 年表现为波动上升趋势，正是增长速度演变的累积效应致使碳生产率绝对水平的地区差距同样在逐年扩大。能源结构、资本替代、劳动替代和全要素生产率的累积增长效应分化均呈现扩大趋势，但是整体变异程度存在显著差异，由此构成了碳生产率地区增长差异的动力效应成因。其中，劳动替代效应的变异程度在2007年之前呈快速上升趋势，而之后的演化路径则趋于平稳，整体变异增幅相对较小。能源结构效应的地区分化程度在2003年陡然加剧，这主要由河北、山西、宁夏等少数省区高碳能源消费的大幅反弹所致。资本替代效应的地区差异仅在中国加入WTO的最初几年有所下降，总体依然呈现扩大趋势，而且整个考察期的变异程度始终高于能源结构效应和劳动替代效应。全要素生产率的地区差异同样经历了不断扩大的演进路径，总体变异程度与资本替代效应相当，只是其波动性更小、持续性更强。截至2019年，地区碳生产率累积增长的变异系数已上升至39.25%，其中能源结构、资本替代、劳动替代和全要素生产率的累积增长变异系数也分别提高到15.65%、37.28%、7.52%和31.69%。总体而言，中国低碳经济增长的地区差异主要归因于资本替代效应和全要素生产率，其次是能源结构效应，而劳动替代效应的贡献并不大。

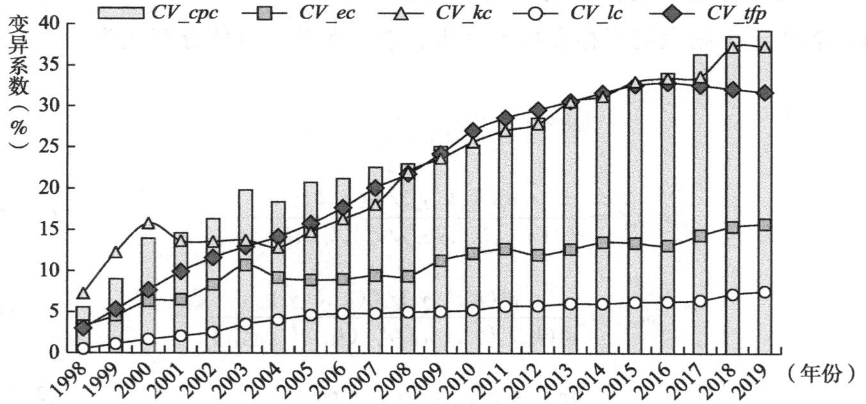

图3-4　1998~2019年中国省级碳生产率驱动因素的累积增长差异演变

注：*CV*为变异系数。

资料来源：笔者计算整理绘制。

第四节　增长动力转换机理与区域差异

一　技术进步的内生机理

理论上，全要素生产率的增长可以归结为技术进步、技术效率和规模效率的改进，而技术进步又会通过影响要素边际产出来改变投入结构，进而推动要素替代与效率改善之间的动力转换。因此，本节通过在全局DEA框架内集成单期DEA的方式对全要素生产率做进一步分解，重点考察技术进步引致碳生产率增长动力转换的内生机制。

令 d_c^t、d_v^t 分别表示给定生产单元在CRS和VRS条件下的单期产出距离函数，由此将技术进步定义为生产单元向单期前沿面和全局前沿面的移动距离之比，技术效率和规模效率则定义为生产单元在单期DEA技术参照下的相应效率改善程度，比值大于1时表明存在技术进步和效率改善，若小于1则表明不存在技术进步和效率改善。具体分解式为：

$$tec_{t+1} = \frac{d_v^t(k_t, l_t, y_t)}{d_v^{t+1}(k_{t+1}, l_{t+1}, y_{t+1})} \tag{3-14}$$

$$sec_{t+1} = \frac{d_c^t(k_t, l_t, y_t)/d_v^t(k_t, l_t, y_t)}{d_c^{t+1}(k_{t+1}, l_{t+1}, y_{t+1})/d_v^{t+1}(k_{t+1}, l_{t+1}, y_{t+1})} \tag{3-15}$$

$$tpc_{t+1} = \frac{d_c^g(k_t, l_t, y_t)/d_c^t(k_t, l_t, y_t)}{d_c^g(k_{t+1}, l_{t+1}, y_{t+1})/d_c^{t+1}(k_{t+1}, l_{t+1}, y_{t+1})} \tag{3-16}$$

$$tfp_{t+1} = tec_{t+1} \times sec_{t+1} \times tpc_{t+1} \tag{3-17}$$

全要素生产率对碳生产率增长的贡献并不仅仅局限于直接效应，同时还会通过技术进步的偏向性影响要素投入的规模和结构。因此，技术进步与要素禀赋的匹配程度才是决定其推动碳生产率增长的关键所在，这种内生性机制在市场失衡条件下的偏差，便会引致要素驱动与效率改善出现此消彼长的变化。基于此，进一步引入偏向性指数来考察技术进步的具体方向，并将资本替代偏向指数 kpc 和劳动替代偏向指数 lpc 定义如下：

$$kpc_{t+1}=\left[\frac{d_c^g(k_t,l_t,y_{t+1})/d_c^{t+1}(k_t,l_t,y_{t+1})}{d_c^g(k_{t+1},l_t,y_{t+1})/d_c^{t+1}(k_{t+1},l_t,y_{t+1})}\right]^{1/2}\times\left[\frac{d_c^g(k_t,l_{t+1},y_{t+1})/d_c^{t+1}(k_t,l_{t+1},y_{t+1})}{d_c^g(k_{t+1},l_{t+1},y_{t+1})/d_c^{t+1}(k_{t+1},l_{t+1},y_{t+1})}\right]^{1/2} \quad (3-18)$$

$$lpc_{t+1}=\left[\frac{d_c^g(k_t,l_t,y_{t+1})/d_c^{t+1}(k_t,l_t,y_{t+1})}{d_c^g(k_t,l_{t+1},y_{t+1})/d_c^{t+1}(k_t,l_{t+1},y_{t+1})}\right]^{1/2}\times\left[\frac{d_c^g(k_{t+1},l_t,y_{t+1})/d_c^{t+1}(k_{t+1},l_t,y_{t+1})}{d_c^g(k_{t+1},l_{t+1},y_{t+1})/d_c^{t+1}(k_{t+1},l_{t+1},y_{t+1})}\right]^{1/2} \quad (3-19)$$

$$mpc_{t+1}=\frac{d_c^g(k_t,l_t,y_t)/d_c^t(k_t,l_t,y_t)}{d_c^g(k_t,l_t,y_{t+1})/d_c^{t+1}(k_t,l_t,y_{t+1})} \quad (3-20)$$

由此，结合式（3-18）、式（3-19）和式（3-20），技术进步可进一步转换成如下分解形式：

$$tpc_{t+1}=kpc_{t+1}\times lpc_{t+1}\times mpc_{t+1} \quad (3-21)$$

其中，*mpc* 衡量了要素替代水平不变时的产出前沿增幅，在单一产出下即为希克斯中性技术进步；*kpc* 衡量了给定劳动替代水平下，由资本替代变化所引致的产出前沿进一步增幅；*lpc* 衡量了给定资本替代水平下，由劳动替代变化所引致的产出前沿进一步增幅。为了避免固定要素参照的随意性，这里依然选取了交叉参照的几何平均值进行测度。*kpc* = *lpc* 表明低碳经济以希克斯中性技术进步为主，*kpc*>*lpc* 表明以索洛中性技术进步为主，*lpc*>*kpc* 表明以哈罗德中性技术进步为主。不难看出，如果要素替代的积累速度超过了技术进步的偏向程度，过度投入便会引起技术效率恶化，全要素生产率的直接贡献也就相应被削弱。

二 技术偏向与动力转换

根据式（3-21）的测算结果，进一步采用省级 GDP 加权获得全国整体的技术进步偏向指数，结果如图 3-5 所示。可以发现，1998~2019 年大多数年份的两类要素替代偏向指数显著大于 1，成为推动整体全要素生产率增长的中坚力量。同时，除 2001~2005 年以外，其他年份的资本替代偏向指数都要明显高于劳动替代偏向指数，这说明20世纪90年代末以来的中国碳生产率增长以索洛中性技术进步为主。其原因在于，中国在较长时期内主要通过引进设备和购买专利来获取先进技术，而国外技术多为内嵌于资本品的物化技术，那么这种外生技术进步方式便必然会偏向资本，从而持续提升资本替代的边际产出水平，并引致其较快的积累速度。2001~2005年，哈罗德中性技术进步则主要来自加入WTO的冲击，劳动要素在出口行业的快速聚集引致了偏向技术的短期反转。

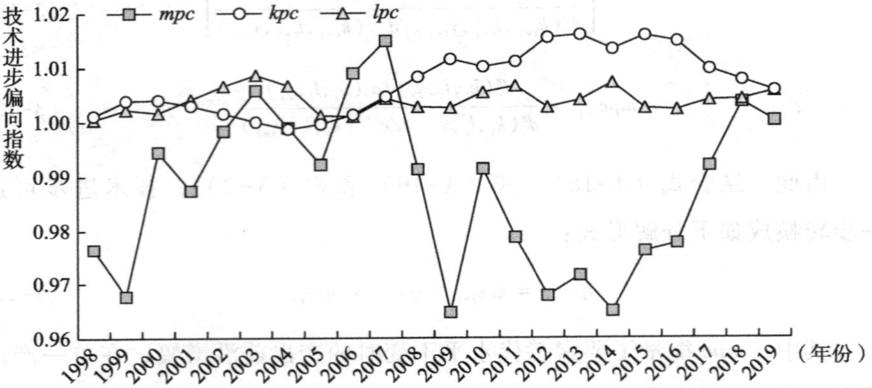

图3-5　1998~2019年中国碳生产率增长的技术进步偏向演变

资料来源：笔者整理绘制。

虽然资本替代偏向型技术进步有利于提高全要素生产率，但是要素过快积累和不合理流动也会造成产出增进型技术倒退和技术效率恶化，这从图3-5和图3-6揭示的*mpc*和*tec*、*sec*变动趋势中便可以得到验证。产出增进型技术进步在两次金融危机后均出现了严重倒退，但是2008年的影响更为持久，产能利用率一直处于较低水平且造成了大量技术闲置。这是由于中国的资本积累速度长期高于产出增速，而在需求侧冲击下无法实现更高产出增长时，大多数省份的产出—投入比就会以较快的速度下降，那么生产前沿面内陷便会引致产出增进型技术倒退。比较来看，技术效率和规模效率恶化对全要素生产率的减量效应相对较弱，尚不足以抵消偏向技术的增量效应，产出增进型技术倒退问题更为突出，甚至主导了全要素生产率走向，三者的根源主要在于要素增长过快所引发的累积效应。

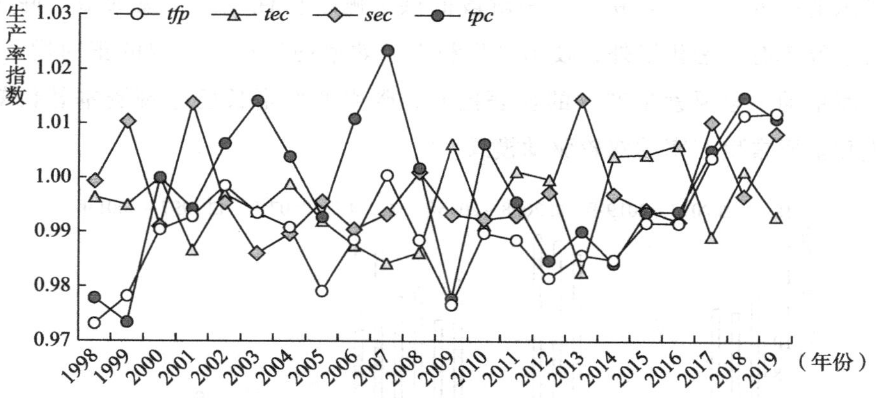

图 3-6　1998~2019 年中国碳生产率增长中的全要素生产率演变

资料来源：笔者整理绘制。

结合图 3-6 和图 3-7，可以进一步分析要素投入与技术效率之间的互动关系。1997~2001 年，大量政府投资流向东部基础设施建设，东部地区资本和能源的年均增速显著大于中部、西部地区，尽管这一轮投资显著释放了规模效应，但是技术效率较为低下，前者累计增长 1.43%，后者则持续下降了 2.18%，综合技术效率趋于恶化。2002~2007 年，中国加入 WTO 和区域发展战略的实施推动了资本和能源要素以更快的速度集聚。尽管这一时期东部的资本增速慢于中部、西部地区，但是东部的能源消耗增速更快，而且三大地区资本与能源的增速之差要远远小于前一个阶段，这说明资本对能源的替代在减弱。所以这一时期的粗放型增长方式更甚，致使技术效率的恶化态势并未获得扭转，规模效率甚至由正转负。2008~2016 年，随着经济转型升级的步伐加快，技术效率显著改善并保持了正增长，规模效率的下降幅度也有所减小。随着国家能源强度减排约束政策的逐渐实施，三大区域的能源增速均得到了明显控制，资本对能源的替代进程显著加快。由于资本增速过快且显著大于产出增速，这一时期的产能过剩问题日益凸显，产出增进型技术进步的恶化程度远远大于技术效率的改善程度，致使全要素生产率并未获得持续性的改善。2017~2019 年，三大区域的资本增速较之前的三个阶段明显回落，同时能源增速也较上一个阶段得到进一步控制，但是东部和西部地区的能源消耗依然增长较快。这一阶段的供给侧结构性改革初见成效，除了技术效率有所恶化以外，技术进步和规模效率均实现了大幅的正向增长，从而带动了全要素生产率的显著提升，碳生产率增长已呈现资本替代效应和全要素生产率的双轮驱动模式。

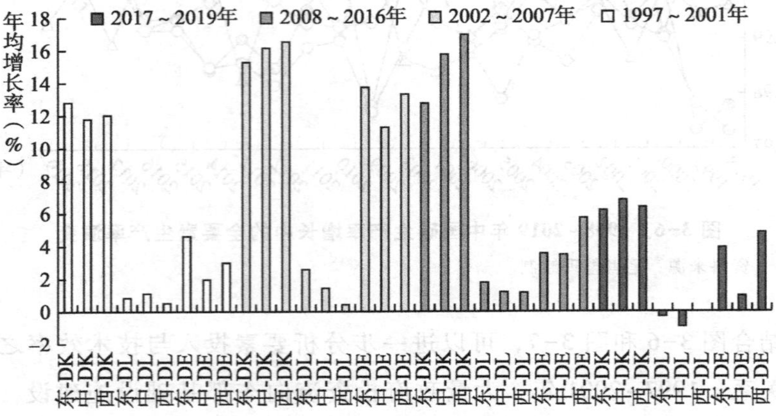

图 3-7　要素投入积累速度的区域差异演变

注：DK、DL、DE 依次表示资本、劳动和能源的年均增长率。

资料来源：笔者整理绘制。

进一步分析可以发现，中国资本替代效应与要素偏向型技术进步存在正向协同，但是与产出增进型技术进步和综合技术效率产生负向协同，也正是技术进步偏向的内生性才引发了增长动力的此消彼长。经济体制改革打破了要素流动壁垒，极大地释放了经济活力，但是持续的投资刺激政策却容易忽视市场导向，造成资本流动在区域间和部门间出现低效配置，致使大多数省份技术利用与要素禀赋的匹配程度严重失衡，这也成为中国 2030 年前实现碳达峰的关键问题之一。摆脱低碳经济增长动力负向协同的困境，需要深度推进以要素替代为特征的结构调整，充分发挥国内大循环优势以提高产能利用水平。随着中国经济进入高质量发展阶段，改革重点应着眼于增强供给结构对需求变化适应的灵活性。实现低碳经济转型发展，还需要时刻警惕能源密集型产业的反弹，适时引导技术进步偏向逐步向低碳能源要素倾斜，进而为 2060 年前实现碳中和的远景目标探索可行路径。

第五节　本章小结

本章分析了 1997~2019 年中国碳生产率的演变历程和动力效应，并通过引入技术偏向的内生性，进一步考察了中国碳生产率增长动力的转换机理，得出如下主要结论。

第一，中国碳生产率整体呈现阶段性的正向增长态势，资本替代效应持续发挥了主导作用，累计贡献率高达 122.62%，属于典型的资本替代型增长模式。中国“以煤为主”的能源禀赋制约着低碳化调整速度，因此能源结构的动力效应居于次要地位。劳动替代效应和全要素生产率表现为抑制作用，但二者的减量效应还不足以抵消资本替代和能源结构的增量效应。尤其是 2008 年国际金融危机以来，国内产能利用率持续走低，全要素生产率也显著回落甚至持续为负增长，这与资本替代效应的持续上升形成鲜明的反向角力态势。

第二，中国碳生产率增长的地区差异非常显著，主要归因于资本替代效应和全要素生产率的地区分化，能源结构效应次之，劳动替代效应贡献不大。随着全国绿色转型发展的稳步推进，中西部省份的后发优势得以显现，但是只表现出要素结构调整的边际替代优势，全要素生产率依然远远滞后于大多数东部省份。因此，不仅资本替代效应的地区差异呈现逐年扩大趋势，而且全要素生产率的分化程度与资本替代效应相当，甚至两极分化更为严重。此外，宁夏、新疆等少数地区的能源结构低碳化调整进程显著滞后，甚至出现了不同程度的恶化，由此也进一步造成了碳生产率地区增长差距的扩大。

第三，中国低碳经济增长动力转换的根本原因在于技术进步偏向的内生性影响。20 世纪 90 年代末以来，中国低碳经济以索洛中性技术进步为主，并通过持续提升资本替代的边际产出而引致其较快的积累速度，反过来又进一步强化资本替代偏向的技术进步。然而，强刺激政策的引导容易忽视市场机制，造成资本积累速度持续高于产出增速，外部市场需求冲击则会进一步加剧这种累积效应爆发，大量技术闲置和资源浪费致使全要素生产率的动力贡献不断下降乃至转向抑制作用。高质量发展阶段应注重增长动力的协同推进，深化以要素替代为特征的结构性改革，提高产能利用率，引导技术进步偏向逐步转向低碳能源要素。

上述研究结论对中国经济低碳和高质量发展具有重要政策启示。

首先，逐步由能源消费的总量控制转向结构控制。随着能源强度政策的深度实施，现有技术条件下的节能降耗空间将变得越来越小，而推动能源结构低碳化、提升能源利用效率依然有较大潜力。这也是国家自主贡献的主要目标之一，即到2030年非化石能源占一次能源消费比重将达到25%左右。因此，东部沿海和西部地区应发挥自身能源禀赋优势，积极发展风能、太阳能和水能等非化石能源。经济发达地区，应大力实施“煤改油”“煤改气”“煤改电”等能源优化项目，加快推动生产生活方式的绿色转型发展。

其次，重视以资本使用效率调控投资规模和结构，将政府投资更多转向新业态升级和新技术研发，避免低技术水平的重复建设，实现资本要素对能源要素替代的有序性和有效性。促进以资本、能源要素流动为特征的产业结构转型升级，进一步释放结构减排潜力，发挥碳生产率增长的结构动力。东部发达省份应利用资本优势率先推动绿色转型发展，壮大节能环保、清洁生产和清洁能源等绿色产业，深入推进工业、建筑、交通等领域低碳转型，坚决遏制高能耗、高排放行业的盲目发展。

最后，推动技术进步由外生转向内生，提高自主创新能力。创新是经济高质量发展的首要驱动力，当前经济增长失速、碳生产率提升迟缓，其根源主要在于现有技术的开发利用已逐渐逼近“S”形曲线顶端，传统刺激政策效果也不再明显，甚至会导致技术倒退和效率恶化，新产品、新能源等技术创新将有助于新旧动能转换，能够为2060年前实现碳中和目标提前进行技术积累。因此，需要进一步完善科技创新体制机制，加快建立健全以市场为导向的绿色技术创新体系，激发人才创新活力，鼓励绿色低碳技术研发，加速科技成果转化。

第四章　空间效应与碳生产率收敛趋势

人们普遍认为经济增长的动因是增加要素投入和提高生产率。但是，随着要素投入的增加，边际生产率会出现递减。因此，长期的经济增长源泉主要来自生产率的提升（Solow，1956）。碳生产率是指以更少的碳排放提供满足人类需要的产品和服务，它是衡量地区经济可持续发展水平的重要指标。由于不同地区在资源禀赋、产业结构、经济基础等方面存在差距，所以碳生产率在空间分布上也存在显著差异，这种差异可能随着时间而出现趋同现象吗？此外，随着区域间联系的不断增强，碳生产率也会出现空间集聚，不同区域通过资本、劳动和技术溢出等空间效应会影响碳生产率的收敛性。根据“效率繁殖效应”（李佳佳、罗能生，2016），当相邻区域的碳生产率提高时，该地区能否通过模仿该地区的技术和管理方法提高本地区的碳生产率？碳生产率的趋同性对政府制定相关环境政策、发展低碳经济、促进区域低碳合作有着重要的现实意义。针对趋同性，现有文献在能源强度收敛、碳排放收敛以及全要素生产率收敛等领域展开了一系列研究，但是这些文献都是从传统索洛模型出发，在空间收敛领域缺乏理论支撑，经验结果无法得到合理解释。有鉴于此，本章从新古典主义出发，构建包含空间溢出效应的碳生产率收敛框架，为碳收敛假说提供空间经济学的理论支持。

本章具体内容安排如下：第一节为关于经济收敛与碳生产率收敛的文献综述；第二节构建了一个包含空间溢出效应的碳生产率增长模型，并通过分析稳态均衡导出了碳生产率的空间收敛方程；第三节是利用省级面板数据对碳生产率空间收敛性进行经验估计；第四节为中国省级碳生产率收敛的异质性分析和作用机制考察；第五节为本章的主要结论。

第一节 文献综述

一 经济与环境收敛

在增长趋同的研究中，一个基本共识是经济趋同源于知识溢出下的生产力趋同。新古典增长理论认为经济体存在“稳态”和“条件收敛”，即在假设投入要素规模报酬递减的前提下，经济增长最终会达到均衡状态（Barro and Sala-i-Martin，1992）。在经验研究中，众多学者使用不同的区域样本数据证明了人均收入较低地区的经济增长速度快于人均收入较高的地区（Baumol，1986；Bernard and Durlauf，1995；Ben-David and Kimhi，2004）。区域经济增长收敛性可以分为绝对收敛、相对收敛以及俱乐部收敛等形式。然而一些学者则认为经济体不存在“稳态”，初始条件的变化将对经济有长久影响，没有什么机制可以保证各国经济趋于“收敛”（Pagano，1993；Tsionas，2000；Mauro and Podrecca，1994）。Romer（1986）完善了内生增长模型，认为知识外溢产生规模经济，使得经济发达国家有更高的人均产出。Lucas（1988）使用最优技术进步模型并假定可再生资本规模报酬不变，得出人均产出增长率与人均产出初始水平无关。因此，放宽了资本边际报酬递减假设后，无法得出经济体经济增长收敛的结论。然而，Bloom 等（2002）完善了技术扩散模型，认为技术扩散效应能够缩小技术差距，使得经济体存在条件收敛性。

随着经济收敛理论的发展完善，“收敛假说”的研究也逐渐向其他相关领域拓展，如能源效率、环境质量、金融发展等领域（Sare et al.，2019；Lawson et al.，2020；Ağazade，2021）。经济的可持续发展一直是全球关注的焦点，那么经济收敛是否会伴随环境收敛？学者们针对这一问题也展开了深入的研究。一些学者将环境污染纳入索洛模型，发现环境效率低的国家或地区对环境效率高的国家或地区存在追赶效应，验证了环境趋同假说（Mulder and De Groot，2012；Duro et al.，2010；Camarero et al.，2013）。同时，学者们针对环境污染的外部性研究发现，环境效率存在空间外溢效应。经济发展带来了种种资源与环境问题，尤其是全球气候变暖。各国政府致力于节能减排，碳排放约束下的可持续增长收敛，即碳生产率收敛受到广泛关注（Hao et al.，2015）。

二　碳生产率的收敛

近年来，全球范围内的气候变暖和能源短缺问题越来越受到重视，碳排放与碳生产率的演化趋势及趋同分析也成为研究热点。在全球减排的背景下，各国追求以最小碳当量消耗来稳定经济增长，可持续增长是否会受到边际报酬递减的影响而趋于稳定？能源生产率的收敛性提供了最初的经验证据，初始水平较低国家或地区的增长率相对较高（Miketa and Mulder，2005）。

关于可持续增长收敛性的文献可以分为两种。第一种是采用传统的参数法对绝对收敛、条件收敛和随机收敛进行检验。一项采用成对测试和俱乐部收敛测试的文献检验了碳排放收敛假说，尽管在成对测试中二氧化碳排放正在分化，但是俱乐部趋同现象出现在很多国家身上（Herrerias，2013）。人均碳排放和碳强度在世界银行成员国内部都表现出趋同现象，其中人均碳排放相对稳定，收敛速度要低于碳强度（Zang et al.，2018）。中国城市样本的面板数据估计同样支持了人均碳排放趋同假说，但是人均碳排放较低城市的持久性更强，人均碳排放较高城市的流动性更强，不同地理、收入和环境政策城市的人均碳排放存在显著差异（Wu et al.，2016）。Apergis 和 Payne（2017）对美国 50 个州样本的面板数据测试进一步验证了人均碳排放的条件收敛，而且基于行业划分存在多个俱乐部趋同。最近的文献考察了空间效应对可持续增长收敛的影响。例如，中国省级碳强度趋同得到了空间面板数据模型测试的支持，其中动态面板数据模型的收敛速度高于横截面回归模型，空间面板数据模型的收敛速度高于非空间模型（Zhao et al.，2015）。另一项研究采用类似方法检验了包含碳排放的全要素生产率收敛性，结果表明，全要素生产率表现为空间条件收敛和俱乐部收敛，集聚外部性是提高碳生产率并实现趋同的重要机制（Shen et al.，2021）。第二种是采用非参数方法研究可持续增长的动态分布。例如，最近的一篇文献利用空间马尔科夫转移概率矩阵进行测试，发现中国城市碳排放效率存在俱乐部趋同（Wang et al.，2020）。Sun 等（2016）运用傅立叶函数的静态测试来评估二氧化碳排放的收敛性，发现大多数国家的排放正在趋同，这与国家发展模式无关。

目前，已经有不少文献对环境收敛假说展开了一定程度的探讨，然而关于碳生产率收敛的研究还有待进一步提供额外的经验证据。虽然已经有部分文献注意到空间变化对碳排放收敛特征的影响，但是对碳生产率收敛的空间因素考察尚有缺失。另外，一个经济体的技术进步可能会传导到其他经济体，因此新古典主义增长理论的封闭经济假设可能是无效的。从计量经济学角度来看，如果空间溢出效应确实存在而又被忽略的话，空间依赖性会导致不可靠的统计推断。值得注意的是，由于碳排放的复杂性，至今还未形成统一的理论框架和研究范式。现有研究主要是围绕碳排放、人均碳排放以及碳排放强度的收敛性展开的经验研究，缺乏可持续增长和碳收敛方面的理论支撑，这也正是本章内容的特色之处。

第二节　稳态增长与收敛假说

一　传统收敛模型

1. 技术进步与生产函数

本部分首先在 MRW 收敛模型基础上（Mankiw et al.，1992），通过引入碳要素将其扩展为碳生产率收敛模型。为了简化问题分析，这里采用低碳增强型技术进步，考虑一个规模报酬不变的 Cobb-Douglas 生产函数：

$$Q_t = K_t^{\alpha} H_t^{\beta} (A_t C_t)^{1-\alpha-\beta} \tag{4-1}$$

假定碳排放和技术按固定比例增长，则有：

$$C_t = C_0 e^{nt} \tag{4-2}$$

$$A_t = A_0 e^{gt} \tag{4-3}$$

令 $k_t = K_t / A_t C_t$、$h_t = H_t / A_t C_t$，则有 $q_t = Q_t / A_t C_t = k_t^{\alpha} h_t^{\beta}$。

2. 资本积累与稳态均衡

假定经济产出分别用于消费和投资，并且用于投资的比例和折旧率外生不变，于是可以进一步给出紧凑型的资本积累方程为：

$$\dot{k}_t / k_t = s_k q_t / k_t - (n + g + \delta) \tag{4-4}$$

$$\dot{h}_t / h_t = s_h q_t / h_t - (n + g + \delta) \tag{4-5}$$

在稳态增长路径上，资本—产出比的稳态值分别为 $(k/q)^* = s_k/(n+g+\delta)$ 和 $(h/q)^* = s_h/(n+g+\delta)$。那么，单位有效排放的资本稳态值则为：

$$k^* = \left(\frac{s_k^{1-\beta} s_h^{\beta}}{n + g + \delta}\right)^{1/(1-\alpha-\beta)} \tag{4-6}$$

$$h^* = \left(\frac{s_h^{1-\alpha} s_k^{\alpha}}{n + g + \delta}\right)^{1/(1-\alpha-\beta)} \tag{4-7}$$

由此可得到单位有效排放的产出稳态方程：

$$\ln q^* = \frac{\alpha}{1-\alpha-\beta}\ln\frac{s_k}{n+g+\delta} + \frac{\beta}{1-\alpha-\beta}\ln\frac{s_h}{n+g+\delta} \tag{4-8}$$

3. 条件收敛分析

接下来，通过测度增长速度来刻画地区间的碳生产率收敛特征。首先对式（4-4）和式（4-5）在稳态处进行一阶对数线性展开，并结合生产函数整理可得：

$$\begin{aligned} \frac{\partial \ln q_t}{\partial t} &= \alpha\frac{\partial \ln k_t}{\partial t} + \beta\frac{\partial \ln h_t}{\partial t} \\ &= -\lambda[\alpha(\ln k_t - \ln k^*) + \beta(\ln h_t - \ln h^*)] \\ &= -\lambda(\ln q_t - \ln q^*) \end{aligned} \tag{4-9}$$

其中，$\lambda = (1-\alpha-\beta)(n+g+\delta)$。于是，可以得到上述一阶线性微分方程的最终解为：

$$\ln q_t = e^{-\lambda t}\ln q_0 + (1 - e^{-\lambda t})\ln q^* \tag{4-10}$$

进一步，定义 $y_t=Q_t/C_t=A_tq_t$ 为碳生产率，那么有 $\ln y_t=\ln A_0+gt+\ln q_t$ 对数等式成立，因此变换式（4-10）可得：

$$\ln y_t = e^{-\lambda t}\ln y_0 + (1-e^{-\lambda t})\ln A_0 + gt + (1-e^{-\lambda t})\ln q^* \tag{4-11}$$

将式（4-8）代入式（4-11），整理可得最终的碳生产率收敛方程为：

$$\ln y_t - \ln y_0 = -(1-e^{-\lambda t})\ln y_0 + (1-e^{-\lambda t})\ln A_0 + gt + (1-e^{-\lambda t})\frac{\alpha}{1-\alpha-\beta}\ln\frac{s_k}{n+g+\delta} + (1-e^{-\lambda t})\frac{\beta}{1-\alpha-\beta}\ln\frac{s_h}{n+g+\delta} \tag{4-12}$$

推论 1：等同于索洛模型，一个地区的碳生产率增长一方面受其初始水平的影响，另一方面还会受到资本投资率和碳投入增长率的影响。如果各地区的要素投入增长率相同，那么碳生产率便存在绝对收敛趋势。

推论 2：如果不同地区有着不同的储蓄率、碳增长率，便会出现不同的均衡点，储蓄率高、碳增长率低的地区会有更高的碳生产率均衡点。也就是说，在考虑各地区初始条件和要素禀赋的影响后，碳生产率存在条件收敛趋势。

二　空间收敛模型

1. 空间溢出与生产函数

经济增长和区域收敛具有空间溢出效应的经验规范通常被称为广义索洛模型。这里同时考虑完全中性与低碳增强型两种技术进步形式，那么一个规模报酬不变的 Cobb-Douglas 生产函数可以设定为：

$$Q_{it} = B_{it}K_{it}^{\alpha}H_{it}^{\beta}(A_{it}C_{it})^{1-\alpha-\beta} \tag{4-13}$$

令 $k_{it}=K_{it}/A_{it}C_{it}$、$h_{it}=H_{it}/A_{it}C_{it}$ 分别表示单位碳要素的有效资本和有效产出，那么可以得到紧凑型生产函数 $q_{it}=Q_{it}/A_{it}C_{it}=B_{it}k_{it}^{\alpha}h_{it}^{\beta}$。假定碳排放依然按照固定比例 n 增长，两种技术进步水平可分别定义为如下形成：

$$B_{it} = \prod_{j\neq i} k_{jt}^{\gamma w_{ij}}h_{jt}^{\eta w_{ij}} \tag{4-14}$$

$$A_{it} = A_{i0} e^{gt} \prod_{j \neq i} A_j^{\rho w_{ij}} \tag{4-15}$$

上述函数描述了地区 i 的技术水平由三个因素决定：首先，假定希克斯技术水平 B_{it} 取决于要素流动的知识溢出效应，表现为其他地区 j（$j=\alpha$，…，N；$j \neq i$）单位碳要素有效资本的加权平均（Egger and Pfaffermayr，2006）；其次，假定哈罗德技术水平 A_{it} 存在部分索洛外生，并且在地区之间保持不变，即为 e^{gt}；最后，假设低碳技术水平 A_{it} 保持传统的技术扩散效应，表现为其他地区 j 技术水平的加权平均（Yu and Lee，2012）。其中，γ、η 和 ρ 表示区域之间单位有效资本与低碳技术水平的相互依赖程度，并且由于摩擦的存在，其取值范围为［0，1）。w_{ij} 是空间权重矩阵 $\boldsymbol{W}$ 的行标准化元素，满足 $w_{ii}=0$ 和 $\sum_{j \neq i} w_{ij}=1$ 以排除自身的影响。

把式（4-15）写成向量堆叠形式，即：

$$\ln \boldsymbol{A}_t = (\boldsymbol{I} - \rho \boldsymbol{W})^{-1} \ln \boldsymbol{A}_0 + \frac{gt}{1-\rho} \boldsymbol{e} \tag{4-16}$$

其中，$\boldsymbol{e}$ 是元素为 1 的单位列向量，对时间求导有：

$$\frac{\dot{A}_{it}}{A_{it}} = \frac{g}{1-\rho} \tag{4-17}$$

进一步将式（4-14）代入，可以得到矩阵形式的紧凑型生产函数为：

$$\ln \boldsymbol{q}_t = (\alpha \boldsymbol{I} + \gamma \boldsymbol{W}) \ln \boldsymbol{k}_t + (\beta \boldsymbol{I} + \eta \boldsymbol{W}) \ln \boldsymbol{h}_t \tag{4-18}$$

2. 资本积累与稳态均衡

假设地区 i 的储蓄率为 s_i，并且有统一资本折旧率 δ。用 $\dot{k}_{it}$ 表示资本变动，用 $\dot{h}_{it}$ 表示产出变动，根据索洛模型可推导出如下资本积累方程：

$$\frac{\dot{k}_{it}}{k_{it}} = s_{ik} \frac{q_{it}}{k_{it}} - \left(n + \frac{g}{1-\rho} + \delta\right) \tag{4-19}$$

$$\frac{\dot{h}_{it}}{h_{it}} = s_{ih} \frac{q_{it}}{h_{it}} - \left(n + \frac{g}{1-\rho} + \delta\right) \tag{4-20}$$

在稳态均衡时，上述资本积累方程为 0。因此可进一步求出稳态解为：

$$k_i^* = \left[\frac{s_{ik}^{1-\beta} s_{ih}^{\beta} B_i^*}{n + g/(1-\rho) + \delta}\right]^{\frac{1}{1-\alpha-\beta}} \tag{4-21}$$

$$h_i^* = \left[\frac{s_{ik}^{\alpha} s_{ih}^{1-\alpha} B_i^*}{n + g/(1-\rho) + \delta}\right]^{\frac{1}{1-\alpha-\beta}} \tag{4-22}$$

令矩阵 $\boldsymbol{\Phi} = \boldsymbol{I} - [(\gamma+\eta)/(1-\alpha-\beta)]\boldsymbol{W}$，把式（4-14）代入整理，可以得到如下矩阵形式的对数稳态解：

$$\ln\boldsymbol{k}^* = \boldsymbol{\Phi}^{-1}\left[\frac{1-\beta}{1-\alpha-\beta}\boldsymbol{I} - \frac{\eta}{1-\alpha-\beta}\boldsymbol{W}\right]\ln\frac{s_k}{n+g/(1-\rho)+\delta} + \boldsymbol{\Phi}^{-1}\left[\frac{\beta}{1-\alpha-\beta}\boldsymbol{I} + \frac{\eta}{1-\alpha-\beta}\boldsymbol{W}\right]\ln\frac{s_h}{n+g/(1-\rho)+\delta} \tag{4-23}$$

$$\ln\boldsymbol{h}^* = \boldsymbol{\Phi}^{-1}\left[\frac{1-\alpha}{1-\alpha-\beta}\boldsymbol{I} - \frac{\gamma}{1-\alpha-\beta}\boldsymbol{W}\right]\ln\frac{s_h}{n+g/(1-\rho)+\delta} + \boldsymbol{\Phi}^{-1}\left[\frac{\alpha}{1-\alpha-\beta}\boldsymbol{I} + \frac{\gamma}{1-\alpha-\beta}\boldsymbol{W}\right]\ln\frac{s_k}{n+g/(1-\rho)+\delta} \tag{4-24}$$

$$\ln\boldsymbol{q}^* = \boldsymbol{\Phi}^{-1}\left[\frac{\alpha}{1-\alpha-\beta}\boldsymbol{I} - \frac{\gamma}{1-\alpha-\beta}\boldsymbol{W}\right]\ln\frac{s_k}{n+g/(1-\rho)+\delta} + \boldsymbol{\Phi}^{-1}\left[\frac{\beta}{1-\alpha-\beta}\boldsymbol{I} + \frac{\eta}{1-\alpha-\beta}\boldsymbol{W}\right]\ln\frac{s_h}{n+g/(1-\rho)+\delta} \tag{4-25}$$

不难看出，如果地区间储蓄率完全相同，空间权重系数将被消除，所有地区的稳态资本从空间效应中会获得相同的收益，这主要取决于资本空间溢出参数的大小。如果地区储蓄率不同，稳态资本还将取决于其他地区的加权影响。

3. 条件收敛分析

针对式（4-19）和式（4-20），围绕稳态值进行对数线性化可得：

$$\frac{\partial \ln k_i}{\partial t} \approx (\alpha-1)s_k\frac{q_i^*}{k_i^*}(\ln k_i - \ln k_i^*) + \beta s_k\frac{q_i^*}{k_i^*}(\ln h_i - \ln h_i^*) + \gamma s_k\frac{q_i^*}{k_i^*}\sum_{j\neq i} w_{ij}(\ln k_j - \ln k_j^*) + \eta s_k\frac{q_i^*}{k_i^*}\sum_{j\neq i} w_{ij}(\ln h_j - \ln h_j^*) \tag{4-26}$$

$$\frac{\partial \ln h_i}{\partial t} \approx (\beta-1)s_h\frac{q_i^*}{k_i^*}(\ln h_i - \ln h_i^*) + \alpha s_h\frac{q_i^*}{h_i^*}(\ln k_i - \ln k_i^*) +$$

$$\gamma s_h \frac{q_i^*}{h_i^*}\sum_{j\neq i} w_{ij}(\ln k_j - \ln k_j^*) + \eta s_h \frac{q_i^*}{h_i^*}\sum_{j\neq i} w_{ij}(\ln h_j - \ln h_j^*) \quad (4-27)$$

令 $\theta = (1-\alpha-\beta)[n + g/(1-\rho) + \delta]$，并将式（4-27）简化为矩阵形式：

$$\frac{\partial \ln \boldsymbol{k}_t}{\partial t} = \frac{\theta}{1-\alpha-\beta}(\alpha \boldsymbol{I} + \gamma \boldsymbol{W} - \boldsymbol{I})(\ln \boldsymbol{k}_t - \ln \boldsymbol{k}^*) + \frac{\theta}{1-\alpha-\beta}(\beta \boldsymbol{I} + \eta \boldsymbol{W})(\ln \boldsymbol{h}_t - \ln \boldsymbol{h}_i^*) \quad (4-28)$$

$$\frac{\partial \ln \boldsymbol{h}_t}{\partial t} = \frac{\theta}{1-\alpha-\beta}(\beta \boldsymbol{I} + \eta \boldsymbol{W} - \boldsymbol{I})(\ln \boldsymbol{h}_t - \ln \boldsymbol{h}^*) + \frac{\theta}{1-\alpha-\beta}(\alpha \boldsymbol{I} + \gamma \boldsymbol{W})(\ln \boldsymbol{k}_t - \ln \boldsymbol{k}_i^*) \quad (4-29)$$

根据对称矩阵乘法的交换性质，结合式（4-18）、式（4-28）和式（4-29），可进一步整理得到单位有效产出的对数线性化矩阵方程：

$$\begin{aligned}\frac{\partial \ln \boldsymbol{q}_t}{\partial t} &= (\alpha \boldsymbol{I} + \gamma \boldsymbol{W})\frac{\partial \ln \boldsymbol{k}}{\partial t} + (\beta \boldsymbol{I} + \eta \boldsymbol{W})\frac{\partial \ln \boldsymbol{h}}{\partial t} \\ &= -\theta\left(\boldsymbol{I} - \frac{\gamma+\eta}{1-\alpha-\beta}\boldsymbol{W}\right)(\ln \boldsymbol{q}_t - \ln \boldsymbol{q}^*) \\ &= -\boldsymbol{\Psi}(\ln \boldsymbol{q}_t - \ln \boldsymbol{q}^*)\end{aligned} \quad (4-30)$$

由于 $\boldsymbol{W}$ 为满秩归一化对称矩阵，所有特征值均为实数且满足 $|\lambda_i| \leq 1$，对应的标准化特征向量矩阵为 $\boldsymbol{P}$，那么其必可对角化为 $\boldsymbol{P}^{-1}\boldsymbol{WP} = \boldsymbol{\Lambda} = Diag(\lambda_i)$，进一步有 $\boldsymbol{P}^{-1}\boldsymbol{\Psi P} = \theta \boldsymbol{I} - [\theta(\gamma+\eta)/(1-\alpha-\beta)]\boldsymbol{\Lambda}$。如果 $\gamma + \eta < 1-\alpha-\beta$，那么矩阵 $\boldsymbol{\Psi}$ 的特征值 $\theta - \theta\lambda_i(\gamma+\eta)/(1-\alpha-\beta)$ 便均为正实数。因此，上述空间索洛模型所暗示的微分方程组也是稳定的，这意味低碳经济系统将收敛到一个独特的稳态水平。那么，线性一阶微分方程组的解为（Tu，2012）：

$$\ln \boldsymbol{q}_t = e^{-\boldsymbol{\Psi}t}\ln \boldsymbol{q}_0 + (\boldsymbol{I} - e^{-\boldsymbol{\Psi}t})\ln \boldsymbol{q}^* \quad (4-31)$$

这里有 $e^{-\boldsymbol{\Psi}t} = \boldsymbol{I} - \boldsymbol{\Psi}t + \boldsymbol{\Psi}^2(t^2/2!) + \cdots$。接下来，可以进一步导出碳生产率收敛的一般估计方程。定义碳生产率为 $y_{it} = Q_{it}/C_{it} = A_{it}q_{it}$，矩阵形式可表示为 $\ln \boldsymbol{y}_t = \ln \boldsymbol{A}_t + \ln \boldsymbol{q}_t$，代入式（4-16）和式（4-31），两边同乘

矩阵（$\boldsymbol{I}-\rho\boldsymbol{W}$）可得：

$$
\begin{aligned}
\ln\boldsymbol{y}_t-\ln\boldsymbol{y}_0 = {} & \rho\boldsymbol{W}(\ln\boldsymbol{y}_t-\ln\boldsymbol{y}_0)- \\
& (\boldsymbol{I}-\mathrm{e}^{-\boldsymbol{\varphi}t})\ln\boldsymbol{y}_0+(\boldsymbol{I}-\mathrm{e}^{-\boldsymbol{\varphi}t})\rho\boldsymbol{W}\ln\boldsymbol{y}_0+ \\
& (\boldsymbol{I}-\mathrm{e}^{-\boldsymbol{\varphi}t})\ln\boldsymbol{A}_0+gt\cdot\boldsymbol{e}+ \\
& (\boldsymbol{I}-\rho\boldsymbol{W})(\boldsymbol{I}-\mathrm{e}^{-\boldsymbol{\varphi}t})\ln\boldsymbol{q}^*
\end{aligned}
\tag{4-32}
$$

定义 $S_i=s_i/[n+g/(1-\rho)+\delta]$ 为有效投资率，将式（4-25）代入式（4-32），整理便可得到具有空间溢出效应的碳生产率矩阵收敛方程为：

$$
\begin{aligned}
\ln\boldsymbol{y}_t-\ln\boldsymbol{y}_0 = {} & \rho\boldsymbol{W}(\ln\boldsymbol{y}_t-\ln\boldsymbol{y}_0)+(\boldsymbol{I}-\mathrm{e}^{-\boldsymbol{\varphi}t})\ln\boldsymbol{A}_0+gt\cdot\boldsymbol{e}+ \\
& (\boldsymbol{I}-\mathrm{e}^{-\boldsymbol{\varphi}t})\ln\boldsymbol{y}_0+(\boldsymbol{I}-\mathrm{e}^{-\boldsymbol{\varphi}t})\rho\boldsymbol{W}\ln\boldsymbol{y}_0+ \\
& \frac{\alpha}{1-\alpha-\beta}(\boldsymbol{I}-\rho\boldsymbol{W})(\boldsymbol{I}-\mathrm{e}^{-\boldsymbol{\varphi}t})\boldsymbol{\Phi}^{-1}\ln\boldsymbol{S}_k+ \\
& \frac{\beta}{1-\alpha-\beta}(\boldsymbol{I}-\rho\boldsymbol{W})(\boldsymbol{I}-\mathrm{e}^{-\boldsymbol{\varphi}t})\boldsymbol{\Phi}^{-1}\ln\boldsymbol{S}_h+ \\
& \frac{\gamma}{1-\alpha-\beta}(\boldsymbol{I}-\rho\boldsymbol{W})(\boldsymbol{I}-\mathrm{e}^{-\boldsymbol{\varphi}t})\boldsymbol{\Phi}^{-1}\boldsymbol{W}\ln\boldsymbol{S}_k+ \\
& \frac{\eta}{1-\alpha-\beta}(\boldsymbol{I}-\rho\boldsymbol{W})(\boldsymbol{I}-\mathrm{e}^{-\boldsymbol{\varphi}t})\boldsymbol{\Phi}^{-1}\boldsymbol{W}\ln\boldsymbol{S}_h
\end{aligned}
\tag{4-33}
$$

推论 3：一个地区碳生产率的增长，一方面受其初始水平、资本投资率以及碳增长率的影响；另一方面由于空间溢出效应的存在，还会受到邻近地区碳生产率的当期水平、初始水平、资本投资率以及碳增长率的影响。如果储蓄率等外生变量完全相同，所有地区在技术溢出中将均等受益。如果外生变量不同，那么不同地区从技术溢出中获得的收益将存在显著差异。

推论 4：两种技术溢出效应对碳生产率收敛的作用方向存在显著差异，低碳技术溢出会加速收敛，中性技术溢出则会降低收敛速度，因为后者的溢出效应会导致边际产量下降的速度放缓，外部连通性越强或者与周边紧密相邻的地区，从溢出效应中获益越多，对应的碳生产率增长效应也会越明显。但是与传统模型相比是否具有更高的收敛速度，主要取决于上述两种技术水平的空间溢出差异程度，这也是后文着重检验的内容。

第三节　收敛假说的经验估计

一　估计方程与变量说明

1. 经验方程设定

根据前文推导出的稳态均衡方程式（4-12），建立如下经验收敛方程：

$$\ln y_{it} - \ln y_{i,t-1} = \beta \ln y_{i,t-1} + \varphi_1 \ln s_{it}^k + \varphi_2 \ln s_{it}^h + \alpha_i + \nu_t + \varepsilon_{it} \tag{4-34}$$

其中，y_{it} 为 i 地区 t 时期的碳生产率水平；s_{it} 为有效投资率，即储蓄率与有效折旧之比；α_i、ν_t 分别为个体效应和时间效应；ε_{it} 为随机干扰项。β、φ 为对应解释变量的系数，其中 β 度量了碳生产率增长与基期水平的关系，若为负值则意味着存在收敛趋势，年均收敛速度为 $\lambda = -\ln(\beta+1)$。借鉴现有经验研究对收敛的界定可知，式（4-34）为条件收敛，当排除有效投资率的影响时退化为绝对收敛，由此便可以对碳生产率的绝对收敛和条件收敛进行检验分析。

根据空间索洛模型的稳态方程式（4-33），设定如下一般化的 SDM 收敛方程：

$$\begin{aligned}\ln y_{it} - \ln y_{i,t-1} = {} & \rho_1 \sum_{j\neq i} w_{ij}(\ln y_{jt} - \ln y_{j,t-1}) + \\ & \beta \ln y_{i,t-1} + \rho_2 \sum_{j\neq i} w_{ij} \ln y_{j,t-1} + \\ & \varphi \ln s_{it} + \rho_3 \sum_{j\neq i} w_{ij} \ln s_{jt} + \alpha_i + \nu_t + \varepsilon_{it}\end{aligned} \tag{4-35}$$

式中，ρ 为空间滞后系数，反映不同变量空间效应的大小和方向；w 为空间权重矩阵的元素，反映空间单元之间的相对连通性，这里采用地理邻接空间权重矩阵表示；其他变量的设定及含义与式（4-34）相同。借鉴传统收敛思路，式（4-35）可定义为空间条件收敛，排除有效投资率影响后的 SDM 退化为空间绝对收敛。在估计方法上，固定效应和随机效应的选择通过 Hausman 检验来实现。由于运用最小二乘法估计 SDM 模型得到的参数结果会存在显著偏误，所以本章采用准极大似然法（QML）进行估计（Elhorst，2014）。

此外，根据上一章的因素分解模型可知，碳生产率增长指数（*cpc*）等于能源结构（*ec*）、资本替代（*kc*）、劳动替代（*lc*）和全要素生产率（*tfp*）这 4 个动力因子的乘积。那么，进一步转换为自然对数形式，有如下关系成立：

$$\ln y_{it} - \ln y_{i,t-1} = \ln cpc_{it} = \ln ec_{it} + \ln kc_{it} + \ln lc_{it} + \ln tfp_{it} \quad (4-36)$$

由此可知，利用上述动力分解变量对初始碳生产率进行收敛回归，便可进一步检验碳生产率收敛的动力来源，也就是碳生产率的收敛机制。

2. 变量及其数据

基于数据的可获得性和一致性，选取 1997~2019 年全国 30 个省（区、市）（西藏和港澳台地区除外）的面板数据作为研究样本，原始数据摘自历年的《中国能源统计年鉴》《中国统计年鉴》《中国人力资本报告》。

被解释变量为各省份的碳生产率增长速度（ln*cpc*），采用碳生产率的期末对数与期初对数之差测度（$\ln y_{it}-\ln y_{i,t-1}$）。其中，碳生产率为 GDP 与碳排放之比，碳排放为前面章节估算的部门法清单数据，GDP 调整为 2000 年可比价格。收敛机制检验中的被解释变量均为上一章的动力分解结果，具体用能源结构（ln*ec*）、资本替代（ln*kc*）、劳动替代（ln*lc*）和全要素生产率（ln*tfp*）来表示。

解释变量为初始碳生产率（ln*cp*）、物质资本有效投资率（ln*Sk*）和人力资本有效投资率（ln*Sh*），三者同样均为自然对数形式。根据索洛模型可知，有效投资率为资本投资率与有效折旧率之比。其中，有效折旧率为 $n_i+g_i+\delta$，n_i+g_i 可近似用各省份的 GDP 增长率来表示，折旧率 δ 则统一采用 10.96%。物质资本投资率采用全社会固定资产投资总额占 GDP 的比重来测度，人力资本投资率选取 15~19 岁年龄段人口中高中及以上受教育程度人口所占比重作为代理变量，因为人力资本投资率可以被认为是放弃劳动工资收入而接受教育的人口占适龄劳动人口的比重（Mankiw et al.，1992）。相关变量的描述性统计结果如表 4-1 所示。

表 4-1　变量的描述性统计结果

变量	最小值	最大值	均值	标准差	观测数
ln*cpc*	-0.362	0.271	0.039	0.071	660
ln*ec*	-0.183	0.282	0.004	0.046	660
ln*kc*	-0.193	0.371	0.056	0.059	660
ln*lc*	-0.103	0.025	-0.007	0.011	660
ln*tfp*	-0.139	0.075	-0.014	0.030	660
ln*cp*	-1.266	1.897	0.233	0.584	660
ln*Sk*	0.098	3.224	1.464	0.797	660
ln*Sh*	-0.032	1.822	0.885	0.373	660

二　碳生产率的收敛估计

1. 空间自相关检验

为了验证是否存在空间效应以及选择空间面板模型的必要性，首先采用全局莫兰指数对主要变量的空间自相关性进行检验。计算公式为：

$$I = \frac{n}{S}\frac{\sum_{i=1}^{n}\sum_{j=1}^{n} w_{ij}(y_i - \bar{y})(y_j - \bar{y})}{\sum_{i=1}^{n}(y_i - \bar{y})^2} \tag{4-37}$$

其中，I 为全局莫兰指数，S 是所有空间权重矩阵元素的加总，n 为空间单元总数，y 为对应空间单元的属性值。全局莫兰指数在（-1，1）区间内取值，取 0 值时意味着观测数值在地理上呈随机分布，彼此独立，大于 0 时为空间正相关，反之则为空间负相关。

表 4-2 展示了 1997~2019 年的碳生产率、物质资本有效投资率和人力资本有效投资率的全局莫兰指数，以及在正态分布下的检验结果。不难看出，历年碳生产率的全局莫兰指数均在 1%的水平下显著为正，这意味着省份间的低碳经济增长存在显著空间依赖性，一个省份的碳生产率增长会受到邻近省份相应增长的正向影响。人力资本有效投资率在整个考察期内都表现出明显的正向空间依赖特征，全局莫兰指数均至少在 5%的水平下显著，说明省份间的人力资本投资存在空间上的相互模仿和相

互促进效应。考察期内的大多数年份，物质资本有效投资率的全局莫兰指数至少在10%的水平下显著，而“十三五”期间的空间相关性却出现明显下降乃至统计不显著。受全球经济低迷影响，虽然中国经济增长在“十三五”期间进一步减速，但是各省份的增速换挡表现出明显差异，致使物质资本投资的变化并不一致，空间上的一致性和依赖性大大减弱。总体来看，考察期内的碳生产率和有效投资率具有明显的正向空间相关性，在收敛模型中考察空间效应非常必要，但是其对碳生产率影响的方向和大小还有待进一步检验。

表4-2　空间自相关的莫兰指数检验

年份	ln*cp*		ln*Sk*		ln*Sh*	
	I	p值	*I*	p值	*I*	p值
1997	0.5244	0.000	0.2070	0.049	0.2730	0.010
1998	0.4819	0.000	0.2194	0.041	0.3620	0.001
1999	0.4645	0.000	0.2450	0.025	0.3687	0.001
2000	0.4132	0.000	0.2336	0.027	0.4214	0.000
2001	0.4063	0.000	0.2639	0.015	0.3943	0.000
2002	0.3942	0.001	0.2521	0.019	0.3574	0.001
2003	0.3193	0.004	0.1850	0.067	0.3701	0.001
2004	0.4099	0.000	0.1142	0.211	0.3029	0.006
2005	0.4104	0.000	0.1585	0.111	0.2978	0.007
2006	0.3924	0.001	0.2557	0.017	0.3040	0.006
2007	0.4145	0.000	0.3629	0.001	0.4090	0.000
2008	0.4440	0.000	0.2676	0.013	0.2951	0.006
2009	0.4281	0.000	0.2983	0.007	0.3574	0.001
2010	0.4459	0.000	0.3213	0.003	0.4719	0.000
2011	0.4172	0.000	0.2193	0.033	0.3918	0.000
2012	0.4377	0.000	0.2310	0.024	0.4127	0.000
2013	0.4045	0.000	0.2544	0.014	0.4154	0.000
2014	0.4082	0.000	0.2354	0.022	0.4403	0.000
2015	0.3942	0.001	0.1738	0.076	0.3072	0.004
2016	0.3931	0.001	0.1039	0.245	0.2209	0.024

续表

年份	lncp		lnSk		lnSh	
	I	p 值	I	p 值	I	p 值
2017	0.3818	0.001	-0.0029	0.792	0.3501	0.001
2018	0.3847	0.001	-0.0107	0.843	0.2867	0.007
2019	0.3850	0.001	0.0283	0.601	0.1958	0.060

资料来源：笔者计算整理。

2. 基准回归结果分析

接下来考察碳生产率的收敛性，估计结果如表 4-3 所示。为了便于比较不同模型的差异性和稳健性，列（1）至列（6）依次报告了 OLS 绝对收敛、OLS 条件收敛、面板绝对收敛、面板条件收敛、SDM 绝对收敛以及 SDM 条件收敛的估计结果。Hausman 检验结果显示，面板绝对收敛更适合采用随机效应估计（REM），面板条件收敛适合采用固定效应估计（FEM），而面板条件收敛、SDM 绝对收敛和 SDM 条件收敛模型均比较适合采用固定效应估计，这三个模型的 p 值临界概率均在 1%的水平下显著。从模型的拟合优度来看，由于引入了有效投资率的影响，条件收敛方程的 R^2 普遍高于绝对收敛方程。此外，空间面板数据的 R^2 高于普通面板数据，面板数据高于混合数据，这说明控制空间效应以及不随时间变化的个体因素能够显著提高模型的解释能力，降低了模型遗漏变量可能造成的估计偏误。由于 SDM 模型表现出更为良好的统计特征，所以后文主要以 SDM 模型的估计结果进行分析。

从绝对收敛的测试结果来看，SDM 模型的 β 系数在 1%的水平下显著为负，说明中国省份间的碳生产率存在空间绝对收敛趋势，年均收敛速度为 9.89%。OLS 和 REM 模型的 β 系数均显著为正，不存在传统绝对收敛。这些结果表明，忽视空间效应的影响，推论 1 中的绝对收敛并不成立，推论 3 中的空间绝对收敛则获得了省级面板数据的经验支持。与绝对收敛类似，条件收敛的 OLS 估计结果依然存在较大偏差，而且未能获得进一步的统计显著性支持。相比于绝对收敛，FEM 估计的条件收敛系数已经由正转负，但是考虑空间效应以后，β 系数的绝对值在 SDM 模型中明显提高。条件收敛的测试结果表明，中国省份间的碳生产率存在显著的条件收敛趋势，推论2中的传统条件收敛和推论4中的空间条件收敛均获得了经验数据的支持，二者的年均收敛速度分别为5.98%、11.96%，空间溢出效应显著加快了碳生产率的收敛速度。由于碳生产率与碳强度存在倒数转换关系，所以上述结果与文献中关于中国碳强度的收敛检验相一致（Zhao et al.，2015），中国省级碳生产率存在显著的收敛趋势，而且空间模型估计的收敛速度要高于非空间模型。初始碳生产率的空间滞后项参数（$W\times\ln cp$）在绝对收敛和条件收敛模型中的检验结果均在1%的水平下显著为正，进一步验证了中国碳生产率的空间依赖性表现为"以邻为伴"的集聚特征。由此可见，中国省份间低碳发展的技术扩散效应大于资本流动的知识溢出效应，从而导致碳生产率的收敛速度明显加快，碳生产率较低省份正在以更快的速度追赶发达省份。

表 4-3　碳生产率的收敛性估计结果

变量	(1) OLS 绝对收敛	(2) OLS 条件收敛	(3) REM	(4) FEM	(5) SDM 绝对收敛	(6) SDM 条件收敛
ln*cp*	0.0136*** (2.87)	0.0064 (1.16)	0.0126** (2.42)	−0.0580*** (−4.23)	−0.0942*** (−5.50)	−0.1127*** (−6.21)
ln*Sk*		−0.0006 (−0.10)		0.0264*** (2.78)		−0.0119 (−1.00)
ln*Sh*		0.0295** (2.28)		0.0085 (0.40)		−0.0140 (−0.52)
常数项	0.0360*** (12.10)	0.0123* (1.71)	0.0362*** (10.74)	0.0064 (0.75)		
W×ln*cp*					0.1134*** (5.91)	0.0990*** (3.48)
W×ln*Sk*						0.0521*** (3.40)
W×ln*Sh*						−0.0442 (−1.14)
ρ					0.3161*** (7.29)	0.2860*** (6.37)
Implied λ	−1.35%	−0.64%	−1.25%	5.98%	9.89%	11.96%
Hausman			2.69	29.70***	47.99***	57.94***

续表

变量	(1)	(2)	(3)	(4)	(5)	(6)
	OLS 绝对收敛	OLS 条件收敛	REM	FEM	SDM 绝对收敛	SDM 条件收敛
N	660	660	660	660	660	660
R^2	0.012	0.031	0.012	0.057	0.043	0.082

注：***、**和*分别表示在1%、5%和10%的水平下显著，括号内为t值。下同。

此外，条件收敛也就意味着地区之间稳态增长水平的相对位置在长期内难以自动消除，这主要由地区特征变量对碳生产率增长影响的直接效应和溢出效应差异决定。从SDM估计结果来看，在有效投资率的影响中，只有物质资本有效投资率的空间滞后项系数（$W \times \ln Sk$）在1%的水平下通过了显著性检验，其他变量的显著性水平均比较低。尽管如此，这里尚不能做出有效投资率不存在影响的论断，因为二者对动力因素的影响差异可能使其在碳生产率总收敛方程中的显著性被遮掩，因此还需要在后文的机制检验中做进一步识别。

三　空间收敛的稳健性

为了考察空间收敛的稳健性，表4-4中列（1）和列（2）进一步报告了采用经纬度反距离权重矩阵的时点面板数据估计结果。两个估计方程的绝对收敛和条件收敛系数均在1%的水平下显著为负，空间滞后项系数也都高度显著，表现为显著的正向空间溢出。距离权重的估计结果与表4-3中列（5）和列（6）的邻接矩阵高度一致，系数的符号也没有发生改变，这说明基于SDM模型估计的中国碳生产率空间绝对收敛和条件收敛结果具有较高的稳健性。

表4-4　基于SDM模型的稳健性检验结果

变量	距离权重		间隔面板		均值面板	
	(1)	(2)	(3)	(4)	(5)	(6)
ln*cp*	−0.0835*** (−5.23)	−0.1012*** (−5.79)	−0.3947*** (−6.20)	−0.4725*** (−6.92)	−0.0987*** (−6.20)	−0.1182*** (−6.92)

续表

变量	距离权重		间隔面板		均值面板	
	(1)	(2)	(3)	(4)	(5)	(6)
ln*Sk*		-0.0159 (-1.41)		-0.0669 (-1.44)		-0.0167 (-1.44)
ln*Sh*		-0.0330 (-1.29)		-0.0427 (-0.36)		-0.0107 (-0.37)
W×ln*cp*	0.0909*** (5.03)	0.0934*** (2.70)	0.4114*** (5.78)	0.3610*** (3.12)	0.1029*** (5.79)	0.0903*** (3.12)
W×ln*Sk*		0.0531** (2.29)		0.2023*** (3.22)		0.0506*** (3.22)
W×ln*Sh*		-0.0318 (-0.52)		-0.1436 (-0.83)		-0.0359 (-0.82)
ρ	0.6135*** (11.33)	0.5687*** (9.41)	0.6760*** (12.45)	0.5977*** (8.78)	0.6760*** (12.45)	0.5978*** (8.78)
Implied λ	8.72%	10.67%	12.55%	15.99%	10.39%	12.58%
N	660	660	150	150	150	150
R^2	0.043	0.093	0.072	0.334	0.072	0.334

此外，考虑到商业周期的影响，空间溢出效应往往需要几年时间才能发挥作用，因此进一步采用间隔面板数据和均值面板数据对绝对收敛和条件收敛进行重新估计。基于中国经济特有的五年规划（计划）发展周期，结合本章样本数据的时期跨度，分别选择“九五”（1997~2000年）、“十五”（2001~2005年）、“十一五”（2006~2010年）、“十二五”（2011~2015年）、“十三五”（2016~2019年）这5个周期，“九五”和“十三五”的缺失数据用邻近年份代替。间隔面板数据的被解释变量采用周期内的累计增长率表示，初始碳生产率则为5年周期的起始年份水平。均值面板数据根据间隔面板数据进行构造，以进一步平滑个别年份的波动影响，被解释变量为周期内的年均增长率，初始水平依然是5年周期的起初值。表4-4中的列（3）至列（6）依次报告了间隔面板数据、均值面板数据的空间绝对收敛和条件收敛估计结果，四个方程的β系数均在1%的水平下显著为负，碳生产率的空间滞后项系数也都显著为正，有效投资率的系数符号及显著性也与基准模型保持一致，因此这里进一步

验证了中国碳生产率空间收敛趋势的稳健性。应该指出的是，在考虑了空间溢出效应的时滞性影响以后，无论是绝对收敛还是条件收敛，碳生产率的收敛速度均较时点数据获得了显著提高。

第四节　空间收敛的拓展分析

一　收敛的异质性

受外部国际环境和内部经济政策的影响，中国的经济发展具有明显的阶段性特征和区域性特征。那么，接下来进一步考察中国省份间的碳生产率是否存在阶段性收敛和俱乐部收敛。由于中国经济自 2011 年进入明显的中低速增长通道，所以这里分别考察 1997～2010 年和 2011～2019 年两个阶段的碳生产率收敛特征，分阶段的不同模型估计结果如表 4-5 所示。

表 4-5　省级碳生产率的阶段性收敛估计结果

变量	1997～2010 年		2011～2019 年	
	(1) FEM	(2) SDM	(3) FEM	(4) SDM
ln*cp*	-0.2133*** (-7.59)	-0.2564*** (-8.71)	-0.1621*** (-7.43)	-0.2209*** (-6.44)
ln*Sk*	0.0467*** (2.92)	-0.0553** (-2.31)	0.0533*** (3.74)	0.0458*** (3.17)
ln*Sh*	-0.0839** (-2.22)	-0.0699* (-1.69)	0.0901*** (3.73)	-0.0015 (-0.05)
W×ln*cp*		0.0598 (1.14)		0.0763 (1.52)
W×ln*Sk*		0.1658*** (5.91)		0.0003 (0.01)
W×ln*Sh*		-0.1751*** (-2.66)		0.0968** (2.41)
ρ		0.1617*** (2.59)		0.1639* (1.96)

续表

变量	1997~2010 年		2011~2019 年	
	(1) FEM	(2) SDM	(3) FEM	(4) SDM
Implied λ	23.99%	29.63%	17.69%	24.96%
N	390	390	270	270
R^2	0.146	0.226	0.199	0.237

不难看出，两个阶段的β收敛系数均在1%的水平下高度显著，条件收敛趋势明显。从普通收敛与空间收敛的系数比较来看，两个阶段的空间收敛速度均明显快于普通收敛速度，但2011~2019年的速度增幅更大，这一结果反映了两种技术溢出形式在不同发展阶段上的强度差异。因为早期的发展方式主要是依赖要素快速积累的粗放型增长，以资本流动为特征的知识溢出要强于技术传播的扩散效应，因此这一阶段的空间技术溢出会延缓收敛速度。自全国经济进入中低速增长阶段以来，以结构转型和技术创新为特征的可持续发展成为主导战略，这一时期的要素过快积累得到有效控制，空间溢出效应主要表现为技术扩散，碳生产率的收敛速度明显加快。从两个阶段的收敛系数比较来看，1997~2010年的收敛系数绝对值要大于2011~2019年，一方面是由于两个阶段的空间技术溢出形式发生了明显变化，另一方面则主要是由于整体差距缩小所引致的边际追赶效应递减。

中国省级碳生产率还存在明显的俱乐部收敛特征，东部、中部、西部三大区域的收敛估计结果见表4-6。可以看出，列（1）至列（6）的β收敛系数均至少在5%的水平下显著为负，三大区域的普通收敛系数绝对值均要小于空间收敛系数，空间技术溢出对碳生产率的俱乐部收敛具有显著的加速效应。但是从速度差异来看，东部的年均收敛速度分别为3.94%和15.75%，中部为9.68%和10.36%，西部为7.40%和12.86%。其中，东部提速超11个百分点，西部提速超过5个百分点，而中部提速不到1个百分点，区域内部的空间技术溢出差异非常明显。从空间收敛速度的比较来看，东部最快、西部次之、中部最慢，这说明技术扩散效应在东部地区更加突出，中部收敛速度减缓主要是因为承接了东部的产业转移导致知识溢出效应更为显著，西部速度较快可能是因为这里是新能源资源和新能源技术应用的主要集聚地。此外，碳生产率的空间滞后项系数显示，东部省份间的增长速度和初始水平均表现出显著的正向空间协同效应；中部省份的碳生产率增速具有空间协同性，初始水平的空间效应不显著；西部与中部恰好相反，各省份的初始碳生产率水平具有空间一致性，增长速度的空间效应却并不显著。

表 4-6 省级碳生产率的俱乐部收敛估计结果

变量	东部地区		中部地区		西部地区	
	(1) FEM	(2) SDM	(3) FEM	(4) SDM	(5) FEM	(6) SDM
ln*cp*	-0.0386** (-2.3749)	-0.1457*** (-5.09)	-0.0923*** (-2.89)	-0.0984*** (-2.73)	-0.0713** (-2.56)	-0.1207*** (-3.78)
ln*Sk*	0.0309** (2.5336)	-0.0078 (-0.59)	0.0256 (1.36)	-0.0057 (-0.24)	0.0323 (1.58)	-0.0322 (-0.95)
ln*Sh*	0.0066 (0.2646)	-0.0764** (-2.35)	0.0291 (0.610)	-0.0340 (-0.61)	-0.0078 (-0.17)	0.0264 (0.49)
W×ln*cp*		0.1051*** (3.15)		-0.0007 (-0.02)		0.1429*** (2.72)
W×ln*Sk*		0.0566*** (2.87)		0.0321 (1.17)		0.0995** (2.52)
W×ln*Sh*		0.0390 (0.86)		0.0673 (0.96)		-0.1755** (-2.36)
ρ		0.2918*** (4.90)		0.1249* (1.78)		0.1221 (1.54)
Implied λ	3.94%	15.75%	9.68%	10.36%	7.40%	12.86%
N	242	242	176	176	242	242
R^2	0.094	0.161	0.071	0.091	0.047	0.096

二 收敛机制考察

为了进一步探究碳生产率的空间收敛机制，表 4-7 展示了动力因素 SDM 收敛方程的估计结果。

表 4-7 基于 SDM 模型的收敛机制检验结果

变量	(1)	(2)	(3)	(4)	(5)
	ln*cpc*	ln*ec*	ln*kc*	ln*lc*	ln*tfp*
ln*cp*	-0.1127*** (-6.21)	-0.0456*** (-3.54)	-0.0504*** (-3.50)	-0.0026 (-0.97)	-0.0127* (-1.94)
ln*Sk*	-0.0119 (-1.00)	-0.0149* (-1.76)	0.0230** (2.40)	-0.0039** (-2.18)	-0.0153*** (-3.53)
ln*Sh*	-0.0140 (-0.52)	-0.0013 (-0.07)	-0.0357* (-1.67)	0.0054 (1.35)	0.0176* (1.81)
$W\times\ln cp$	0.0990*** (3.48)	0.0623*** (3.12)	-0.0267 (-1.15)	0.0011 (0.27)	0.0597*** (5.79)
$W\times\ln Sk$	0.0521*** (3.40)	0.0096 (0.89)	0.0355*** (2.85)	0.0020 (0.90)	0.0037 (0.66)
$W\times\ln Sh$	-0.0442 (-1.14)	0.0097 (0.35)	-0.0356 (-1.14)	0.0016 (0.27)	-0.0189 (-1.32)
ρ	0.2860*** (6.37)	0.1106** (2.13)	0.2906*** (6.39)	0.3224*** (7.62)	0.3912*** (8.87)
Implied λ	11.96%	4.67%	5.17%	0.26%	1.28%
N	660	660	660	660	660
R^2	0.082	0.031	0.158	0.014	0.153

首先看本地初始碳生产率水平所展示的收敛路径，对应的 β 系数估计结果在列（2）、列（3）和列（5）中均显著为负，在列（4）中不显著，这说明中国省级碳生产率的收敛路径主要由能源结构效应、资本替代效应和全要素生产率的收敛机制决定，年均收敛速度分别为 4.67%、5.17%和 1.28%。此外，ρ 系数在列（2）至列（5）中均显著为正，说明能源结构、资本替代、劳动替代和全要素生产率存在明显的空间依赖特征，区域间的相互模仿进一步加快了动力效应的增长速度。初始碳生产率的空间滞后项仅在列（2）和列（5）中通过了显著性检验，说明邻近地区提高碳生产率对本地的示范效应会促使其强化节能减排规制力度，主要通过优化能源结构和改善生产效率来推动碳生产率增长。从有效投资率的影响机制来看，物质资本有效投资率可以通过四大动力因素影响碳生产率增长。其中，物质资本有效投资率对能源结构、劳动替代和全要素生产率的直接效应均显著为负，对资本替代的直接效应则显著为正。

因为中国经济长期以来主要是依靠资本快速积累的粗放型增长，体现在低碳经济发展中则是推动了资本替代的进程，但是资本过快积累也加剧了能源消耗的快速增长，这不但大大减缓了劳动对能源的替代进程，同时也造成了能源结构优化缓慢以及全要素生产率的降低，致使物质资本投资率过快反而不利于碳生产率的持续增长。同理，人力资本投资能够显著促进全要素生产率增长，但是在一定程度上挤压了资本对能源的替代空间。物质资本有效投资率的空间滞后项系数仅在资本替代收敛方程中通过了显著性检验，邻近地区增加物质资本投资会对本地形成明显的示范效应，进而会加快本地资本对能源的替代进程；人力资本有效投资率的空间效应对四大动力因素的影响均不显著。

从区域的空间收敛机制来看（见表 4-8），东部地区能源结构和资本替代的 β 系数至少在 5%的水平下显著为负，劳动替代和全要素生产率的 β 系数不显著，说明东部地区的碳生产率收敛路径主要由能源结构调整和资本替代效应的收敛机制决定。中部地区资本替代的 β 系数显著为负，其他动力因素的 β 系数均不显著，说明中部地区的碳生产率收敛路径主要来自资本对能源替代的收敛效应。西部地区能源结构、资本替代和劳动替代的 β 系数均显著为负，但是全要素生产率的 β 系数未能通过显著性检验，西部省份间的碳生产率收敛主要来自资本、劳动以及低碳能源的替代效应。总体而言，三大区域内部的收敛机制主要通过要素替代效应来实现，效率的追赶并不显著，能源结构调整主要发生在具有技术优势的东部地区和具有新能源禀赋优势的西部地区。

表 4-8　基于 SDM 模型的东部、中部、西部收敛机制差异

变量		(1)	(2)	(3)	(4)	(5)
		ln*cpc*	ln*ec*	ln*kc*	ln*lc*	ln*tfp*
东部	ln*cp*	-0.1457*** (-5.09)	-0.0588*** (-3.05)	-0.0464** (-2.21)	-0.0035 (-0.74)	-0.0191 (-1.58)
	ρ	0.2918*** (4.90)	-0.0636 (-0.94)	0.3685*** (6.82)	0.2201*** (3.50)	0.2342*** (3.79)
	N	242	242	242	242	242
	R^2	0.161	0.079	0.237	0.150	0.241

续表

变量		(1)	(2)	(3)	(4)	(5)
		lncpc	lnec	lnkc	lnlc	lntfp
中部	lncp	-0.0984*** (-2.73)	-0.0222 (-0.96)	-0.0928*** (-3.37)	0.0024 (0.59)	0.0154 (1.44)
	ρ	0.1249* (1.78)	0.0925 (1.35)	0.1591** (2.27)	0.1888*** (2.85)	0.2850*** (4.70)
	N	176	176	176	176	176
	R^2	0.091	0.029	0.273	0.109	0.492
西部	lncp	-0.1207*** (-3.78)	-0.0505** (-2.12)	-0.0699*** (-2.67)	-0.0098** (-2.08)	0.0082 (0.82)
	ρ	0.1221 (1.54)	0.0808 (0.97)	0.0760 (0.91)	0.3420*** (4.55)	0.3818*** (5.46)
	N	242	242	242	242	242
	R^2	0.096	0.026	0.133	0.025	0.206

注：限于篇幅，表中只报告了核心变量的检验结果。

第五节　本章小结

本章在新古典模型中引入碳当量要素，提出了可持续增长视角下的碳生产率收敛假说，并证明了两种空间技术溢出形式对收敛的不同作用。利用1997~2019年的中国省级面板数据测试了碳生产率收敛假说，并进一步考察了能源结构、资本替代、劳动替代以及全要素生产率对碳生产率收敛的作用机制。

第一，引入碳要素的索洛模型具有稳态均衡解，碳生产率存在收敛趋势。一个地区的碳生产率增长受初始碳生产率水平和有效投资率的影响，如果各地区的要素增长率都是外生的，那么碳生产率存在绝对收敛趋势。如果各地区有着不一样的投资率和碳增长率，便会出现不同的均衡点，碳生产率存在条件收敛趋势。在空间索洛模型中，技术扩散会加速收敛，知识溢出则会减缓收敛，因为后者的溢出效应会导致边际产量下降的速度放缓，外部连通性较强或者与周边紧密相邻的地区从溢出效应中获益更多，对应的碳生产率增长效应也会更加明显。

第二，中国省级碳生产率增长具有稳健的绝对收敛和条件收敛趋势，低碳生产率地区相对于高碳生产率地区存在追赶效应，空间溢出效应显著加快了区域收敛速度，SDM 模型更适合检验中国碳生产率的收敛特征。中国省级碳生产率表现出阶段性收敛特征，进入中低速增长阶段后的经济转型推动了低碳技术的传播扩散，进而对碳生产率收敛的加速效应更为突出。中国省级碳生产率也同样呈现典型的俱乐部收敛特征，由于东部具有低碳技术优势、西部具有新能源禀赋优势，所以在考虑空间效应后两个区域的收敛速度明显快于中部地区，而中部地区收敛速度较慢的另一个原因则是承接了较多东部转移的碳密集产业。

第三，能源结构、资本替代和全要素生产率在主导各省份碳生产率增长模式的同时，也决定了整体碳生产率的收敛趋势。中国省级碳生产率的收敛路径主要由能源结构效应、资本替代效应和全要素生产率的收敛机制决定，三大动力因素具有明显的空间集聚性特征，邻近地区提高碳生产率对本地的示范效应会促进本地优化能源结构和改善生产效率。物质资本投资对能源结构、劳动替代和全要素生产率的直接效应表现为抑制作用，对资本替代表现为促进作用。人力资本投资能够显著促进全要素生产率提高，却在一定程度上挤压了资本替代空间。邻近地区增加物质资本投资会对本地资本替代形成示范效应，但是对其他动力因素的作用却不明显，人力资本投资的空间效应在考察期内未能获得显著经验证据。

第五章　碳生产率增长潜力与目标分配

客观评估中国各省份的节能减排潜力，设计合理的区域碳排放权分配机制，对中国碳达峰目标的实现和减排成本的优化具有重要理论意义和现实意义。中国省份间的碳生产率差异显著，这也意味着在当前生产技术条件下大多数省份仍存在较大的提升空间。那么，各省份的碳生产率在理论上的提升上限是多少？当前减排目标的分配是否处在各省份能够承受的合理区间？各省份在经济增长损失较少的情况下如何按照预期实现碳达峰？这些问题的回答需要科学评估各省份的碳生产率增长潜力和减排目标分配，这也是本章深入探讨的重点内容。

本章结构安排如下：第一节为碳生产率增长潜力和减排目标分配相关的文献综述；第二节为增长绩效评价和零和博弈分配的理论分析和模型框架；第三节为基于不同距离函数模型的低碳效率评价和碳生产率增长潜力的经验分析；第四节评估了已经提出不同目标分解方案的分配效率，并给出一个折中的分配方案；第五节为本章的主要结论。

第一节　文献综述

一　碳生产率增长潜力

碳生产率增长潜力主要是基于一定技术原则或目标约束对未来发展预期所做出的评价。现有文献主要采用以下两种分析范式：一种思路是基于当前技术条件约束下的最优碳生产率评价分析，属于技术效率的范畴；另一种则是在多变量关系约束下实现碳生产率减排目标的经济影响分析，属于情景模拟的范畴。有关技术效率视角的碳生产率增长潜力评价，近年来的大多数研究是建立在全要素框架的效率分析之上。基本思路是：首先，定义生产可能集并利用生产单元的投入产出数据构造生产前沿边界；其次，分析各生产单元与生产前沿边界的关系，偏离生产前沿边界意味着资源未能得到充分利用，存在帕累托改进空间；最后，基于潜在产出与最优排放之比定义最优碳生产率。

在实践应用中，碳排放主要通过作为投入要素和非期望产出两种处理方式进入效率测算模型。杜克锐和邹楚沅（2011）将二氧化碳作为一种投入要素引入超越对数生产函数中，进而利用随机前沿模型估计了中国各地区的最优碳生产率。张丽峰（2013）基于中国 30 个省（区、市）的全要素碳生产率分析，利用 DEA 模型测算了产出保持不变条件下的碳排放最优减排潜力。但是，这些分析框架实质上只是在传统效率测度上加入碳排放作为投入要素，并且要求所有投入同比例缩减，测度了所有生产要素的综合利用效率。如果不能把其他投入要素的无效率分离，那么便无法获知真实的碳排放减排空间。例如，在保持产出不变情况下，一个经济系统的资本、劳动和碳排放分别可以缩减 20%、30%和 40%，那么所有投入要素的共同缩减比例为 20%，但是在允许资本和劳动投入保持不变情况下却可以进一步减少 40%的碳排放（杜克锐等，2018）。从这个角度而言，同比例约束的径向效率测度会低估碳生产率增长潜力的真实值。为了解决这一问题，赵国浩和高文静（2013）对中国工业部门广义碳生产率的测算放松了同比例缩减的假设，进一步反映了生产单元在碳排放投入方向上与最优排放的偏离程度。

将碳排放作为强可处置的投入要素进行处理，主要是基于生产活动对环境容纳能力的使用（Considine and Larson，2006），从而为自然资源消耗提供较好的解释。近年来，在文献中得到广泛应用的方法是基于非期望产出的联合生产技术框架，这种方法增加了减少碳排放会导致成本增加的弱可处置性约束，更加符合实际生产过程。基于联合生产技术框架，相应的效率测度方法也较为丰富，从早期纳入非期望产出的 CCR 模型、BCC 模型到考虑非期望产出的 DDF 模型、SBM 模型等（程开明等，

2021）。其中，Chung 等（1997）提出的 DDF 模型被广泛应用于实证研究中，也可以划分为径向和非径向的效率测度模型（Färe and Grosskopf，2010）。例如，Guo 等（2011）利用径向 DEA 模型估计了中国 29 个省（区、市）的二氧化碳排放效率，并从节能技术和能源结构角度计算了各省份的减排潜力。Choi 等（2012）利用 SBM 模型估计了中国 30 个省（区、市）的二氧化碳排放效率、潜在减排量以及边际减排成本。李涛（2013）利用非径向 DEA 方法的 RAM 模型测度了中国碳减排与经济增长的双赢绩效。于潇和孙猛（2015）利用标准 DDF 模型测算中国各省份的碳强度效率和边际减排成本。

另一类与碳生产率增长潜力评价相关的文献是情景模拟和路径优化分析，探讨相对减排目标对经济社会发展的影响。例如，公维凤等（2013）建立了全局经济增长最优化模型，分析了全国能耗强度和碳强度的最优降幅，以及在全国相对减排目标约束下的各省份经济增长最优路径。周县华和范庆泉（2016）建立了包含碳强度目标约束和总量目标约束的多行业一般均衡模型，评估了重点行业碳强度减排目标政策对就业、资源配置和边际减排成本的影响效果。钟超等（2018）基于跨国面板数据的随机前沿模型估计，对中国实施碳强度减排目标的路径及可行性进行了情景模拟分析，研究认为，应从能源结构、经济结构、人力资本、资本存量和潜在能源效率 5 个方面来优化减排路径。王勇和王颖（2019）基于能源结构优化视角对中国实现碳强度和碳峰值“双控”目标的可行性及最优路径进行了分析，结果表明，经济中速发展及减排政策约束下的能源结构调整是实现“双控”目标的最优路径。刘卫东等（2022）从 GDP 增速的组合视角出发对中国 2030 年前的碳达峰路径进行了情景模拟分析，结果显示，碳达峰目标的实现主要取决于能源结构调整步伐和 GDP 增速目标。

二　碳配额的分解研究

中国经济发展的区域差异较大，为了实现 2030 年前碳强度和碳达峰目标，设计合理的区域碳排放权分配机制具有重要的理论和现实意义，这也是建立全国统一碳市场的前提。碳排放的配额分配方式主要包括免费分配和有偿分配两种，免费分配包括历史法和基线法，有偿分配包括拍卖和固定价格购买（宣晓伟、张浩，2013）。受限于经济发展阶段、地区发展差异和碳市场建设能力，以免费分配为主是中国碳交易市场起步发展阶段的首选（Zhang et al.，2014a）。历史法是根据历史碳排放数据进行碳配额分配的一种形式；基线法是按照一定方式对碳生产率进行排序，通过选择其中一定比例作为基准线进行碳配额分配。虽然历史法可以减小政策实施阻力，但也会造成高排放地区获得较多配额，导致企业对低碳技术的投资下降，从而不利于整体减排效率的提升（Zhou and Wang，2016）。基准法可以保障配额的分配随着产出变化而进行调整，但是无法实现有效的总量控制，同时也会导致企业技术选择倾向于固化在基线标准较低的技术水平上，无法通过投资优化提升减排效率（Jotzo et al.，2018）。

针对历史法和基线法存在的一定局限性，近年来不少文献提出了一些混合方法，并比较了不同分配方法的适用性和潜在影响。例如，王勇等（2018）建立了碳排放权省区分配的综合指标体系，并在全国碳排放强度目标约束下对碳排放权进行了省区分解。夏炎和吴洁（2018）利用多区域间投入产出模型分析了国内贸易和国际贸易中的隐含碳，认为基于消费者责任核算的分配原则能够兼顾效率和公平，有利于提高欠发达地区的经济竞争力。钱浩祺等（2019）建立了包含碳排放效率的区域间分配框架，发现基于消费侧和生产侧的不同分配方式会产生较大的地区分配差异，能源生产省份在生产侧核算下需要承担更高碳减排量，而电力调入省份在消费侧核算下需要承担更高碳减排量。刘海英和王钰（2020）从公平与效率视角对比分析了历史法与零和DEA方法两种分配方式的适用性，并利用市场交易模型检验了不同分配方式对各地区交易行为的影响。杨翱（2022）基于动态随机一般均衡模型（DSGE），探讨了历史法、基线法以及历史基线混合法三种碳配额分配方式对中国经济波动的影响。王文举和孔晓旭（2022）综合运用空间联立模型、零和博弈SBM模型、熵权法等构造不同原则下的碳排放权分配方案，发现兼顾公平与效率的综合性碳排放权分配方案因地区间减排成本差异小而容易被更多主体接受。

第二节 理论分析与模型框架

一 方向距离函数

由于联合生产技术与实际生产过程更为接近，将碳排放（c）作为非期望产出进行处理，期望产出为国内生产总值（y），投入要素为资本（k）、劳动（l）和能源（e）。为了避免 VRS 下可能出现的无可行解问题，以下均采用 CRS 假定来计算径向方向距离函数（DDF）和非径向方向距离函数（NDDF）。

1. DDF 和 NDDF 模型

假设共有 $i=1, 2, \cdots, n$ 个生产单元（DMU），并且每个 DMU 均使用资本、劳动和能源作为投入要素，投入向量为 $x=(k, l, e) \in R_{+}^{3}$，三种要素联合生产期望产出 y 和非期望产出 c。那么，多产出的生产技术 T 可以表示为：

$$T(x) = \{(x,y,c): x \text{ can produce}(y,b)\} \tag{5-1}$$

在传统生产理论中，生产可能集是一个有界闭凸集，并且投入和产出具有强可处置性。为了让 $T(x)$ 表示环境生产技术，Chung 等（1997）对非期望产出增加了弱可处置性公理，即在传统 DEA 模型中将非期望产出限定为等式约束。为了方便考察碳生产率的潜在提升空间，可以直接构造 DDF 模型，并定义 DDF 为既定投入下增加产出的同时可以等比例减少非期望产出和能源消耗的最大限度，方向距离函数可以表示为：

$$\vec{d}(x,y,c;g) = \max\{\beta:(e,y,c) + \beta g \in T(x)\} \tag{5-2}$$

其中，$\vec{d}=(x, y, c; g)$ 即为方向距离函数值，$g=(-\vec{g}_e, \vec{g}_y, -\vec{g}_c)$ 为能源投入和好坏产出可以缩放的方向向量，β 为尺度缩放因子。根据研究目的不同，DDF 可以使用不同大小的方向向量。为了便于分析，本章

设定 $g=(-e, y, -c)$，那么此时的 β 则度量了能源投入和好坏产出能够同时缩放的最大可能比例。由此，在 CRS 假定下，可以通过求解以下 DEA 模型来计算 DDF，即：

$$\vec{d}(x,y,c;g) = \max\beta$$

$$\text{s.t.}\begin{cases}\sum_{i=1}^{n}\lambda_i y_i \geqslant y + \beta\vec{g}_y \\ \sum_{i=1}^{n}\lambda_i c_i = c - \beta\vec{g}_c \\ \sum_{i=1}^{n}\lambda_i e_i \leqslant e - \beta\vec{g}_e \\ \sum_{i=1}^{n}\lambda_i x_i \leqslant x \\ \lambda_i, \beta \geqslant 0\end{cases} \tag{5-3}$$

其中，λ_i 是在构造生产前沿时分配给每个生产单元的权重。基于上述模型的最优解，可以进一步计算碳生产率的增长潜力为：

$$cp_{\max} = \frac{y}{c} \times \frac{1+\beta}{1-\beta} = cp \times \varphi_{ddf} \tag{5-4}$$

其中，$cp=y/c$ 为碳生产率；φ_{ddf} 为碳生产率的增长潜力指数；在现有环境生产技术的成本约束下，$cp_{\max}$ 反映了碳生产率可以径向提升的最优水平。

不难看出，式（5-3）为径向 DDF 模型，在评价效率时要求能源投入与好坏产出等比例缩放，没有考虑松弛改进的影响，并不能反映所有投入和产出的真实改进空间，从而存在低估的可能（Zhou et al.，2012）。因此，可以进一步放松上述径向假定，构造 NDDF 模型，此时的 NDDF 被定义为既定投入下能源投入与好坏产出可以同时缩放的最大限度，即：

$$\overrightarrow{nd}(x,y,c;g) = \max\{w\beta:(e,y,c) + g \cdot diag(\beta) \in T(x)\} \tag{5-5}$$

其中，$\overrightarrow{nd}(x, y, c; g)$ 即为非径向的方向距离函数值，$w=(w_e, w_y, w_c)$ 为标准化权重向量，$\beta=(\beta_e, \beta_y, \beta_c)'$ 为尺度缩放因子向量，β_y、β_c 和 β_e 分别为产出、碳排放和能源的尺度因子，$diag(\beta)$ 表示将尺度向量转化为对角矩阵。由此，可以通过求解如下 NDDF 模型来计算 $\overrightarrow{nd}$（x，y，

c；g），即：

$$\overrightarrow{nd}(x,y,c;g) = \max(w_e\beta_e + w_y\beta_y + w_c\beta_c)$$

$$\text{s.t.}\begin{cases}\sum_{i=1}^{n}\lambda_i y_i \geqslant y + \beta_y\vec{g}_y \\ \sum_{i=1}^{n}\lambda_i c_i = c - \beta_c\vec{g}_c \\ \sum_{i=1}^{n}\lambda_i e_i \leqslant e - \beta_e\vec{g}_e \\ \sum_{i=1}^{n}\lambda_i x_i \leqslant x \\ \lambda_i, \beta_e, \beta_y, \beta_c \geqslant 0\end{cases} \tag{5-6}$$

那么，基于 NDDF 模型的最优解，碳生产率的增长潜力则为：

$$cp_{\max} = \frac{y}{c} \times \frac{1+\beta_y}{1-\beta_c} = cp \times \varphi_{nddf} \tag{5-7}$$

同样，这里的 φ_{nddf} 反映了非径向约束下的碳生产率最大增长潜力。

2. 效率改进与减排行为

图 5-1 为联合生产技术框架下的 DDF 原理图，技术由点 A（c，y）所隶属的生产可能集 P（x）表示，这里隐含假定了某些 DMU 在生产中比其他一些单元更加有效。其中，虚线 HD 表示允许产出不变时所减少的碳排放，体现了非期望产出的强处置性。事实上，减少排放的努力会转换成相应的经济损失，此时的生产前沿面会由虚线部分向下移动至实线 $OBCDE$，体现了非期望产出的弱处置性。正是由于高排放等因素所引起的生产无效性，即 A 点对应的 DMU 位于有效生产前沿内部，所以才赋予其在给定投入下进一步增加产出和减少排放的潜在改进空间。

图中经过 A 点移动至 E 点的产出向量为传统的谢泼德距离函数（Shephard Distance Function，SDF），体现了期望产出和非期望产出同时径向增加的生产技术，这显然是一种不利于减排的粗放型增长方式。此时，在期望产出保持不变的条件下，非期望产出的最大减排潜力为 $\beta_c = AF/AK$；而在非期望产出保持不变的条件下，期望产出的最大增产潜力为 $\beta_y = AG/AL$，二者依然由 SDF 度量。然而，现实中降低排放的努力不可能

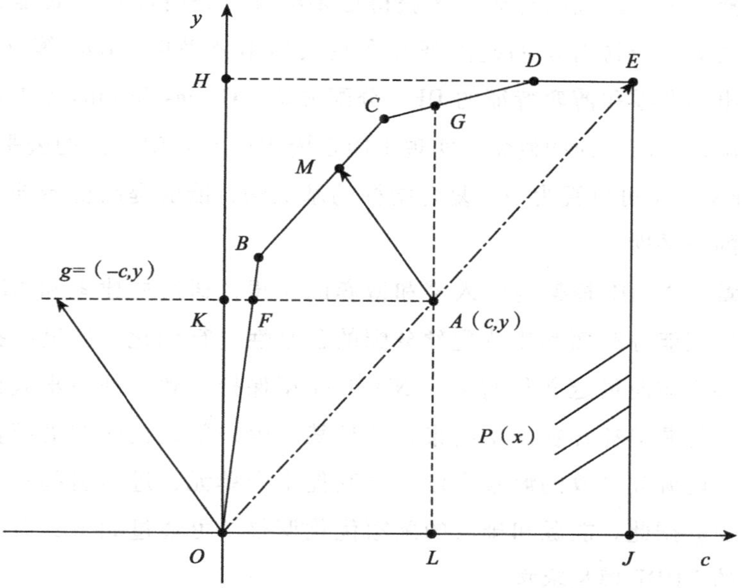

图 5-1　产出方向距离函数示意

不占用生产资源，从而导致在给定投入下期望产出水平也会下降。如果选取方向向量为 $g=(-c, y)$，那么 A 点在非期望产出的减排约束下沿着 DDF 径向调整至前沿面投射点 M 时最为有效，此时期望产出与非期望产出等比例改进的最大尺度为 β，也就是距离之比 AM/Og。如果采用式（5-5）定义的 NDDF 模型，A 点在前沿面上的投影可位于 $FBCG$ 弧线上的任意一点 $w\beta$，这样便使得 NDDF 比 DDF 和 SDF 更具有通用性和灵活性。因为 NDDF 的最优路径是期望产出和非期望产出不同调整尺度的加权平均，考虑了可能的松弛改进问题。但是，DDF 和 NDDF 的调整路径都是更多期望产出和更少非期望产出之间的一个折中方案，NDDF 的定义只是以既定方向向量为参照，实际上依然可以转化为某一个特定方向向量的 DDF。因此，NDDF 可以视为 DDF 的一般化形式，权重向量则体现了决策者的不同政策偏好。

二　零和分配模型

以各地区历史碳排放水平为依据，历史法容易产生“鞭打快牛”的逆向选择结果，造成高排放地区获得更多配额，进而抑制了低排放地区的减排动力，资源分配的起点便存在较大的不公平性。Lins 等（2003）首次提出具有零和博弈特征的 DEA 分配方法，Gomes 和 Lins（2008）进一步提出统一前沿面的概念，实现了固定资源或非期望产出的公平分配。零和 DEA 方法可以视为一种复合指标的基准法，能够提高初始碳排放配额分配的公平性。

本章在 NDDF 框架内引入零和博弈的思想，通过构建零和 NDDF 模型对省份间能源配额和排放配额分配的公平性进行优化。这里的投入产出变量和方向向量定义与前文的 NDDF 模型保持一致，进一步假设全国碳排放和能源消耗存在总量约束，并且某一生产单元在向前沿面投影的过程中，能源和排放的调整会影响到其他生产单元，进而引起整个前沿面的改变。据此，能源和排放的配额优化调整，可通过如下具有零和博弈特征的 NDDF 模型求解：

$$\overrightarrow{nd}(x,y,c;g) = \max(w_e\beta_e + w_c\beta_c)$$

$$\text{s. t.}\begin{cases}\sum_{i=1}^{n}\lambda_i y_i \geqslant y \\ \sum_{i=1}^{n}\lambda_i c_i(1+\beta_c\vec{g}_c/\sum_{i=1}^{n}c_i) = c-\beta_c\vec{g}_c \\ \sum_{i=1}^{n}\lambda_i e_i(1+\beta_e\vec{g}_e/\sum_{i=1}^{n}e_i) \leqslant e-\beta_e\vec{g}_e \\ \sum_{i=1}^{n}\lambda_i x_i \leqslant x \\ \lambda_i,\beta_e,\beta_y,\beta_c \geqslant 0\end{cases} \tag{5-8}$$

由于节能和减排都具有非常重要的意义，所以赋予 $w_e = w_c = 1/2$，即二者具有同等权重。将 $\overrightarrow{nd}(x,\ y,\ c;\ g)$ 定义为，在资本、劳动和产出保持不变的情况下，能源和排放可以缩减的最大比例。也就是说，被评价生产单元若要达到有效，就需要将能源投入和碳排放分别减少 $\beta_e\vec{g}_e$ 和 $\beta_c\vec{g}_c$。由于存在总量约束，被评价生产单元的剩余配额需要分配给效率更高的其他生产单元使用。根据比例法的分配策略，其他生产单元新增的配额对应于其原有配额在总量中所占的比重。以碳排放为例，m 单元经过一次调整能够获得的新增配额为 $\beta_i \vec{g}_i c_m / \sum_{i=1, i \neq m}^{n} c_i$。在所有生产单元都进行调整以后，$m$ 单元可以从其他单元获得 $\sum_{i=1, i \neq m}^{n} (\beta_i \vec{g}_i) c_m / \sum_{i=1, i \neq m}^{n} c_i$ 单位的排放配额。由于经过一次调整并不能使所有单元都达到有效，所以本章采用迭代算法求解上述模型，直至能源排放全部有效时终止（林坦、宁俊飞，2011）。

通过零和 NDDF 的分配原理可知，能源和排放效率较高的地区能够获得更多的配额，这些地区的节能减排成本较高，如果可以出售剩余配额则有利于这些地区利用额外收益进行能源技术和低碳技术的创新，从而推动经济的进一步增长。当市场机制不完善时，高效率地区因分得较多的能源和排放配额会导致前沿技术效率的损失，可能会抑制技术进步，而基于历史法的分配方式则至少可以在短期内维持现有的生产技术水平（刘海英、王钰，2020）。

三　变量数据选取

本章选取 2005~2020 年全国 30 个省（区、市）（西藏和港澳台地区除外）的面板数据作为研究样本，原始数据主要来自历年的《中国能源统计年鉴》《中国统计年鉴》，以及各省份的历年统计年鉴。联合生产技术框架的期望产出为 GDP，非期望产出为碳排放，资本、劳动和能源为投入要素，各变量说明如下。

各省份的 GDP 指标为支出法国内生产总值，并利用平减指数调整为 2000 年可比价格。碳排放指标为前面章节估算的碳当量排放清单数据，采用细分能源的部分方法。资本投入为物质资本存量，具体采用单豪杰（2008）的方法进行永续盘存核算到 2020 年，同时以固定资产投资价格指数将其平减至以 2000 年为基期的可比序列。劳动投入采用全社会从业人员总量来测度，包括城镇从业人员和农村从业人员。能源投入为能源消费总量指标，具体采用各省份化石能源的标准煤消费量来测度。各变量的符号、含义、单位以及描述性统计结果如表 5-1 所示。

表 5-1 投入产出变量的描述性统计结果

变量	含义	单位	最小值	最大值	均值	标准差	观测数
y	GDP	亿元	453.2	72713.9	13027.5	12159.1	480
c	碳排放	万吨	422.5	23858.8	7430.1	4950.5	480
k	资本	亿元	1462.2	172395.6	35465.9	30685.5	480
l	劳动	万人	290.7	7749.7	2629.0	1740.2	480
e	能源	万吨	816.0	41688.0	13121.5	8239.7	480

第三节 碳生产率的增长潜力评价

一 低碳效率评价分析

首先分析不同约束条件下的低碳经济综合效率，基于式（5-3）、式（5-6）定义综合效率为 $1/(1+d)$ 或 $1/(1+nd)$，其实质是反映能源投入缩减可能、碳排放缩减可能以及产出扩张可能的综合效率。由于降低能耗、削减排放以及增加产出都具有非常重要的意义，所以在 NDDF 模型中赋予三者同等权重，即在仅约束排放的“单控”模型中赋予权重为 1/2，在同时约束能耗和排放的“双控”模型中赋予权重为 1/3。此外，为了保证距离函数在不同时期具有连续可比性，本章采用全局共同技术参比，投入产出数据为 2005~2020 年的省份面板数据。由于单独年份的效率可能存在较大的波动性，所以表 5-2 分别展示了“十二五”（2011~2015 年）和“十三五”（2016~2020 年）期间 30 个省（区、市）低碳经济综合效率的平均值。

表 5-2 基于 DDF 和 NDDF 模型的 30 个省（区、市）低碳效率评价结果

省（区、市）	“十二五”				“十三五”			
	ddf_c	*ddf_e*	*nddf_c*	*nddf_e*	*ddf_c*	*ddf_e*	*nddf_c*	*nddf_e*
北京	0.9436	0.9436	0.8926	0.8635	0.9781	0.9781	0.9517	0.9377
天津	0.6135	0.7449	0.5972	0.6353	0.6726	0.7843	0.6612	0.6829

续表

省（区、市）	“十二五”				“十三五”			
	ddf_c	ddf_e	nddf_c	nddf_e	ddf_c	ddf_e	nddf_c	nddf_e
河北	0.5795	0.6569	0.5612	0.5911	0.5780	0.6749	0.5650	0.5936
山西	0.5454	0.6703	0.5118	0.5527	0.5416	0.8544	0.5078	0.5506
内蒙古	0.5504	0.8998	0.5203	0.5619	0.5594	0.8796	0.5282	0.5683
辽宁	0.6304	0.7646	0.6297	0.6315	0.6523	0.7775	0.6485	0.6459
吉林	0.5692	0.7256	0.4690	0.5457	0.6053	0.8166	0.4935	0.5902
黑龙江	0.6635	0.8036	0.6609	0.6484	0.6424	0.8201	0.6409	0.6574
上海	0.9977	0.9982	0.9275	0.9194	0.9924	0.9936	0.9657	0.9610
江苏	0.8194	0.9691	0.7588	0.7349	0.8593	0.9908	0.7739	0.7652
浙江	0.8591	0.9378	0.7933	0.7687	0.8806	0.9083	0.8119	0.7885
安徽	0.7678	0.9925	0.7328	0.7063	0.7587	0.9992	0.7230	0.7178
福建	0.8011	0.8963	0.7510	0.7356	0.7781	0.9462	0.7595	0.7849
江西	0.7647	0.8530	0.7264	0.6986	0.7666	0.8826	0.7310	0.7249
山东	0.6484	0.7673	0.6474	0.6463	0.6623	0.8088	0.6580	0.6695
河南	0.6378	0.7723	0.6369	0.6498	0.6638	0.8417	0.6400	0.6998
湖北	0.7214	0.7649	0.7028	0.6763	0.7093	0.7993	0.6982	0.7148
湖南	0.8062	0.8100	0.7554	0.7100	0.8215	0.8481	0.7622	0.7344
广东	0.9799	0.9859	0.9396	0.9417	0.9279	0.9598	0.8648	0.8572
广西	0.6125	0.7064	0.5813	0.6196	0.6394	0.7227	0.5879	0.6407
海南	0.7046	0.8042	0.6903	0.6953	0.6850	0.8044	0.6818	0.7154
重庆	0.8014	0.8132	0.7509	0.7093	0.8415	0.8614	0.7831	0.7617
四川	0.7807	0.7811	0.7372	0.6887	0.8081	0.8081	0.7614	0.7272
贵州	0.5923	0.6566	0.5707	0.5999	0.5774	0.6964	0.5477	0.5896
云南	0.6464	0.6860	0.6425	0.6391	0.6521	0.7023	0.6060	0.6496
陕西	0.6098	0.7384	0.6070	0.6233	0.6003	0.7735	0.5901	0.6264
甘肃	0.6573	0.6983	0.6541	0.6362	0.6570	0.7079	0.6532	0.6409
青海	0.5602	0.5606	0.4854	0.5244	0.5755	0.5759	0.4176	0.4854
宁夏	0.5244	0.5891	0.4065	0.4627	0.5247	0.5763	0.3563	0.4175
新疆	0.5715	0.6343	0.5571	0.5772	0.5429	0.6369	0.5031	0.5435

注：*ddf_c* 和 *nddf_c* 分别表示仅控制排放缩减的径向、非径向模型综合效率值；*ddf_e* 和 *nddf_e* 分别为同时控制排放和能耗的径向、非径向模型综合效率值。下同。

从DDF的结果来看，“十二五”期间上海在节能减排的两种模式下效率均是最高的，“单控”模式下宁夏效率最低，“双控”模式下青海效率最低；“十三五”期间，“单控”和“双控”模式下效率最高的分别为上海和安徽，效率最低的依然为宁夏和青海。从NDDF的结果来看，“十二五”期间广东的综合效率在两种模式下均是最高的，宁夏则均是最低的；“十三五”期间上海在两种模式下效率最高，宁夏依然是最低的。综合时间模式和控制模式来看，宁夏的低碳经济综合效率均是最低的，上海一直处于效率领先地位，广东在“十三五”期间效率明显走低。从地区差异来看，“十二五”期间“单控”和“双控”模式下的DDF效率标准差分别为0.133和0.122，NDDF标准差分别为0.130和0.107；“十三五”期间的DDF标准差分别为0.133、0.118，NDDF标准差分别为0.143和0.119。两种控制模式下的径向效率地区差异在时间上未出现明显变化，但是“单控”模式的差异要大于“双控”模式。非径向效率的地区差异在时间变化上呈现扩大趋势，“单控”模式的地区差异依然大于“双控”模式。上述结果表明，在资本、劳动保持不变的情况下，各省份的能源效率差异较小，进而导致综合效率的地区差异比单纯控制排放的模式更小，说明各省份在能源约束上具有相对一致性。效率地区差异的时间变化模式也进一步表明，径向测度模型会低估部分地区的真实节能减排潜力，这在整体减排方案的地区分配上存在错判的风险。

由于各省份的低碳经济综合效率在不同模式下变化差异较大，所以可以通过比较全国的平均效率水平做进一步的分析。计算结果显示，“十二五”期间，“单控”和“双控”两种模式下的DDF平均效率分别为0.699、0.787，而NDDF平均效率分别为0.663、0.666；“十三五”期间，DDF平均效率分别为0.705、0.814，NDDF平均效率分别为0.662、0.681。从时间变化趋势来看，“十三五”期间的低碳发展效率较“十二五”期间有明显提升，其中“双控”模式比“单控”模式的效率提升幅度更大，径向调整比非径向调整的提升幅度更大。从DDF和NDDF比较来看，后者的综合效率要明显低于前者，也就是说能源投入、碳排放和产出在非径向调整下可以实现更大比例的缩放，充分考虑了各省份在节能减排工作中可以做出的额外努力，避免了径向测度下“短板效应”对低碳发展效率的高估。从“单控”模式和“双控”模式比较来看，“双控”模式下的方向距离函数会进一步变小，低碳经济综合效率也会因此明显提高。其中，DDF 模型的径向产出距离函数变小，说明大多数省份的能源投入缩减面临困境，致使碳排放缩减比例小于无能耗约束的情况。虽然 NDDF 的非径向调整使得节能减排的缩减比例明显提升，但是同时伴随潜在产出的更大比例损失，因此在相等权重条件下的低碳综合效率也会进一步升高。这说明非径向调整是以牺牲部分潜在产出来换取更高比例的节能减排，边际成本可能会进一步升高，因此在时间变化上的综合效率提升幅度也略低于径向调整。

二　碳生产率增长潜力

接下来利用碳排放和产出的方向距离函数进一步评估各省份的碳生产率增长潜力，其增长潜力指数为最优产出与最优碳排放之比。与效率评价相反，碳生产率增长潜力越大的省份则意味着距离生产前沿面越远，产出或排放的效率也越低。基于 NDDF 模型的“十三五”期间平均距离函数和平均增长潜力见表 5-3。

表 5-3　基于 NDDF 模型的“十三五”期间碳生产率增长潜力评价

省（区、市）	βy_c	βc_c	cpg_c	βy_e	βc_e	cpg_e
北京	0.0013	0.1035	1.1169	0.0000	0.1046	1.1168
天津	0.7969	0.2366	2.3539	0.3472	0.6128	3.4790
河北	1.1079	0.4322	3.7126	0.6778	0.7643	7.1188
山西	1.2638	0.6782	7.0354	1.0288	0.7899	9.6565
内蒙古	1.1185	0.6708	6.4358	1.0579	0.7042	6.9565
辽宁	0.5102	0.5751	3.5545	0.3134	0.7500	5.2539
吉林	1.6409	0.4170	4.5298	1.5988	0.4546	4.7653
黑龙江	0.5203	0.6006	3.8068	0.4354	0.6805	4.4925
上海	0.0000	0.0734	1.0793	0.0000	0.0734	1.0793
江苏	0.0094	0.5750	2.3748	0.0000	0.5791	2.3757
浙江	0.0000	0.4638	1.8650	0.0000	0.4638	1.8650

续表

省（区、市）	βy_c	βc_c	cpg_c	βy_e	βc_e	cpg_e
安徽	0.0817	0.6847	3.4307	0.0817	0.6847	3.4307
福建	0.2292	0.4043	2.0634	0.0000	0.5155	2.0642
江西	0.1155	0.6206	2.9402	0.1155	0.6206	2.9402
山东	0.3790	0.6608	4.0650	0.3790	0.6608	4.0650
河南	0.6755	0.4505	3.0488	0.6755	0.4505	3.0488
湖北	0.3577	0.5073	2.7557	0.3577	0.5073	2.7557
湖南	0.0209	0.6035	2.5748	0.0105	0.6080	2.5778
广东	0.0034	0.3104	1.4549	0.0000	0.3124	1.4543
广西	0.9452	0.4578	3.5876	0.9452	0.4578	3.5876
海南	0.4822	0.4518	2.7039	0.4822	0.4518	2.7039
重庆	0.0414	0.5128	2.1375	0.0028	0.5322	2.1437
四川	0.0808	0.5472	2.3868	0.0808	0.5472	2.3868
贵州	1.2725	0.3797	3.6637	0.8376	0.7202	6.5672
云南	0.8713	0.4296	3.2806	0.8713	0.4296	3.2806
陕西	0.9679	0.4213	3.4003	0.7115	0.6595	5.0257
甘肃	0.4476	0.6152	3.7615	0.2589	0.7736	5.5596
青海	2.6220	0.1722	4.3755	2.5762	0.2097	4.5252
宁夏	2.9171	0.6982	12.9782	2.9171	0.6982	12.9782
新疆	1.3284	0.6470	6.5960	1.2024	0.7204	7.8775
全国	0.6936	0.4800	3.6357	0.5988	0.5512	4.2377

注：βy_c、βc_c 和 cpg_c 分别为“单控”模式下的产出距离函数值、排放距离函数值以及碳生产率增长潜力指数；βy_e、βc_e 和 cpg_e 为“双控”模式下的对应测算结果。

“单控”模式下的NDDF模型测度结果显示，宁夏的产出距离函数、排放距离函数以及碳生产率增长潜力在所有省份中均是最大的，分别为2.917、0.698和12.978；上海则是最小的，分别为0、0.073和1.079，这与前文的低碳综合效率评价结果一致。也就是说，即便是碳生产率增长潜力最低的上海也能够进一步增加7.9%，而更高的宁夏甚至可以提高近12倍。在“双控”模式下，上海和宁夏的碳生产率增长潜力依然是所有省份中最低和最高的，产出距离函数、增长潜力指数与“单控”模式相比并未发生明显变化。但是，碳排放距离函数在“双控”模式下却出现明显分化，山西取代宁夏成为排放效率最高的省份，由于产出距离函数较小，山西的碳生产率增长潜力要低于宁夏。从全国的平均水平来看，“双控”模式下的碳生产率比“单控”模式具有更大的增长潜力，考虑节能影响后的潜力指数由3.636提高到4.238。其中，碳排放缩减的潜力由0.480进一步提高到0.551，产出扩大的潜力则由0.694降至0.599，这说明各省份碳生产率的提高主要来自碳排放缩减潜力的进一步释放。具体而言，“双控”模式下损失了9.5%的最优产出（$\Delta\beta y=\beta y\_c-\beta y\_e$），但是额外增加了7.1%的减排（$\Delta\beta c=\beta c\_e-\beta c\_c$），碳生产率增长达到了16.6%（$\Delta cpg=cpg\_e/cpg\_c-1$）。正如前文所言，“双控”模式下更加突出了节能减排的硬性约束，虽然碳生产率增长潜力更大，但是潜在的GDP机会成本损失也会更高。

第四节　相对减排的目标分配效率

一　不同方案的分配效率

碳生产率增长潜力决定了各省份的减排上限，但是考虑到现实中的生产过程往往并不是帕累托最优的，所以减排政策制定的目标值通常要低于潜力值。尽管如此，由于省份间的减排成本差异，不同的省级分配方案也意味着低碳经济发展效率会存在很大不同，当然这取决于落后省份向生产前沿的追赶速度。基于此，本节对不同区域减排方案的分配效率问题进行探讨。

本章核算的省级清单汇总数据显示，2005年全国碳生产率水平为0.88万元/吨，2020年降至0.43万元/吨，下降比例达到51.1%，已经超额完成40%～45%的下降目标。与此同时，全国能耗强度也由2005年的1.56万元/吨降至2020年的0.79万元/吨，下降比例达到49.4%。根据《中华人民共和国国民经济和社会发展第十四个五年规划和2035年远景目标纲要》中提出的节能减排约束性指标，“十四五”期间全国能耗强度、碳排放强度的下降目标分别为13.5%和18%。那么，要实现2030年碳强度比2005年下降65%以上的国家自主决定贡献（NDC）目标，“十五五”期间全国碳强度的下降幅度应大于12%，能耗强度下降幅度根据之前的发展经验应略低于碳强度，可考虑设定为10%。由此，全国2030年的碳强度、能耗强度应比2020年至少下降27.8%和22.2%。假定各省份2021~2030年GDP、资本和劳动的平均增长率保持在“十三五”期间的水平，那么根据不同方案便可以将排放配额和能源配额分解到各个省份，进而对2030年的低碳经济发展效率进行评价分析。历史法、综合法以及NDDF法三种方案下的各省份配额权重见表5-4。

表5-4 不同分配方案下的30个省（区、市）节能减排权重

单位：%

省（区、市）	历史法		综合法		NDDF法	
	Wc	*We*	*Wc*	*We*	*Wc*	*We*
北京	0.98	1.49	0.84	1.29	6.65	4.92
天津	1.60	1.70	1.22	1.31	2.88	3.10
河北	7.04	6.62	6.89	6.42	1.75	2.13
山西	5.91	4.26	5.79	4.08	1.56	2.02
内蒙古	6.05	4.83	5.99	4.73	2.20	2.65
辽宁	5.14	4.76	4.19	3.88	1.86	2.29
吉林	1.78	1.57	1.46	1.24	4.05	5.28
黑龙江	2.78	2.49	2.21	1.92	2.37	3.02
上海	1.97	2.42	1.70	2.13	6.88	5.19
江苏	6.77	6.68	6.73	6.63	3.13	3.60
浙江	4.07	4.62	4.39	5.12	3.98	3.61
安徽	3.41	2.84	4.00	3.29	2.34	3.21
福建	2.56	2.77	2.91	3.05	3.60	3.80
江西	1.98	1.95	2.30	2.27	2.82	3.27
山东	8.97	8.44	8.71	8.26	2.52	3.06
河南	4.70	4.77	4.44	4.60	4.08	4.58
湖北	3.09	3.53	2.87	3.17	3.66	3.66
湖南	2.94	3.35	3.13	3.54	2.91	2.91
广东	5.94	6.95	5.71	6.84	5.11	4.44
广西	1.96	2.28	2.14	2.43	4.03	3.95

续表

省（区、市）	历史法		综合法		NDDF 法	
	Wc	*We*	*Wc*	*We*	*Wc*	*We*
海南	0.40	0.45	0.44	0.50	4.07	4.06
重庆	1.55	1.89	1.63	1.97	3.47	3.25
四川	3.11	4.32	3.21	4.62	3.36	2.74
贵州	2.36	2.17	2.90	2.68	2.08	2.57
云南	1.90	2.45	2.35	3.08	4.24	3.74
陕西	2.99	2.71	3.02	2.77	2.53	3.19
甘肃	1.62	1.62	1.60	1.57	1.68	1.92
青海	0.53	0.88	0.51	0.86	5.87	3.29
宁夏	1.66	1.46	1.88	1.65	2.24	2.34
新疆	4.25	3.73	4.83	4.08	2.08	2.21

注：*Wc*、*We* 分别为碳排放权重和能源消耗权重。

综合法为国家发展和改革委员会的分配方案，根据国务院发布的《“十三五”控制温室气体排放工作方案》（国发〔2016〕61 号）和《“十三五”节能减排综合工作方案》（国发〔2016〕74 号），利用各省份的节能减排目标来计算碳排放和能耗的分配权重。历史法采用各省份“十三五”期间的累计能耗或累计排放占全国累计的比重来计算分配权重。NDDF 法基于各省份“十三五”期间节能减排的 NDDF 单项效率平均值来计算分配权重。从分配权重的计算结果来看，历史法下山东获得的能源、排放配额比例最高，分别为 8.44%和 8.97%；海南获得配额最少，能源、排放的配额比例分别为 0.45%和 0.40%。综合法下的山东、海南依然是获得配额比例最高和最低的两个省份，但是山东获得的能源、排放配额比例较历史法分别降至 8.26%和 8.71%，海南分别提升至 0.50%和 0.44%。历史法分配方式延续了各省份的历史发展水平，能耗高、排放高的省份获得了更多的配额，有助于在短期内维持现有的生产技术水平。综合法考虑了各省份的发展水平和禀赋特征，主要是将历史法下一些高能耗、高排放省份的部分配额转移给低能耗、低排放省份，历史法的“多用多得”分配格局有所缓解。其中，碳排放配额转出比例最高的辽宁达到 0.95 个百分点，转入比例最高的安徽达到 0.59 个百分点；能源配额转出比例最高的辽宁达到0.88个百分点，转入比例最高的云南达到0.63个百分点。NDDF法更加倾向于排放效率和能源效率较高的省份，比如上海分到了6.88%的碳排放配额，而山西仅分到了1.56%的碳排放配额，吉林获得了5.28%的能源配额，而甘肃仅获得了1.92%的能源配额。从分配权重的标准差来看，历史法下的能源、排放权重标准差分别为1.96和2.12，综合法下的分别为1.93和2.07，NDDF法下的分别为0.92和1.40。不难看出，历史法的地区差异最大，综合法比历史法略有缩小，而NDDF法的地区差异远远小于前两者。这说明，就节能减排效率而言，历史法和综合法均倾向于维持地区差异现状，而NDDF法更加公平。

接下来，根据上述三种分配方案分别计算出2030年各省份的碳排放和能源消费数据，并与2005~2020年的实际投入产出数据共同构造全局生产技术前沿，进而对历史法、综合法以及NDDF法的综合效率进行评估，结果如表5-5所示。从全国平均水平来看，三种方案下“单控”模式的平均综合效率分别为0.717、0.707、0.562，“双控”模式下分别为0.725、0.704、0.589，也就是历史法效率最高，其次为综合法，NDDF法的效率最低。因为历史法沿用历史排放模式，各省份更加靠近生产前沿，所以整体效率水平最高；NDDF法分配了更多的配额给高效率省份，仅部分能源大省的效率有所提升，但是整体效率明显下降；综合法充分考虑了各省的经济发展条件，实际上只是在历史排放模式下进行了轻微调整，因此整体效率水平略低于历史法，比较适合当前各省份的发展阶段。在当前技术条件下，分配效率的高低主要取决于区域发展格局的不同调整方式，高效率模式意味着相对较弱的节能减排约束，低效率则对应更强的节能减排约束。随着碳达峰时间的临近，综合法分配模式可能难以实现进一步减排，同时也面临着低碳技术投资下降和区域减排动力不足的风险。

表5-5　不同分配方案下30个省（区、市）2030年的分配效率评价结果

省（区、市）	历史法		综合法		NDDF法	
	nddf_c	*nddf_e*	*nddf_c*	*nddf_e*	*nddf_c*	*nddf_e*
北京	0.7823	0.7509	1.0000	1.0000	0.7027	0.6923

续表

省（区、市）	历史法		综合法		NDDF 法	
	nddf_c	*nddf_e*	*nddf_c*	*nddf_e*	*nddf_c*	*nddf_e*
天津	0.7968	0.8068	0.9331	0.9154	0.7163	0.7082
河北	0.7935	0.7695	0.6960	0.6505	0.5770	0.5638
山西	0.6804	0.6905	0.5826	0.6299	0.7799	0.7668
内蒙古	0.6964	0.7157	0.6252	0.6633	0.7698	0.7571
辽宁	0.7513	0.7392	0.5349	0.5671	0.6794	0.6617
吉林	0.7802	0.7886	0.5823	0.5922	0.7632	0.7300
黑龙江	0.7124	0.7169	0.7551	0.7850	0.7583	0.7219
上海	0.7533	0.7633	0.5836	0.5939	0.7510	0.7699
江苏	0.7072	0.7077	0.6121	0.6073	0.4578	0.5422
浙江	0.6864	0.6683	0.6914	0.6581	0.4665	0.5387
安徽	0.7264	0.7356	0.6113	0.6062	0.4453	0.5184
福建	0.9640	0.9456	0.6562	0.6223	0.5554	0.6409
江西	0.6969	0.6741	0.7040	0.6597	0.5133	0.5849
山东	0.6947	0.6716	0.6559	0.6218	0.4610	0.5310
河南	0.6063	0.6709	0.7614	0.7213	0.5527	0.5980
湖北	0.6279	0.6914	0.9272	0.8916	0.5520	0.5961
湖南	0.6155	0.6810	0.7420	0.6954	0.5659	0.5976
广东	0.6241	0.6638	0.5056	0.5660	0.6919	0.6432
广西	0.6342	0.6831	0.5178	0.5926	0.6934	0.6488
海南	0.6044	0.6457	0.4667	0.5017	0.6941	0.6503
重庆	0.7653	0.7495	0.6004	0.6141	0.3426	0.3910
四川	0.7641	0.7352	0.6097	0.6121	0.3921	0.4622
贵州	0.7552	0.7251	0.6144	0.6385	0.3947	0.4655
云南	0.7757	0.7848	1.0000	1.0000	0.3677	0.4244
陕西	0.8547	0.8831	0.7266	0.6911	0.3649	0.4155
甘肃	0.7862	0.7916	0.9373	0.9219	0.3702	0.4297
青海	0.5947	0.5970	0.7888	0.7515	0.4769	0.5231
宁夏	0.6419	0.6517	1.0000	1.0000	0.5235	0.5671
新疆	0.6343	0.6428	0.7880	0.7502	0.4829	0.5281

值得注意的是，NDDF 法会使得高效率省份获得较多配额、低效率省

份获得较少配额，能够以较低的经济成本实现整体减排目标，各个地区的边际节能减排成本也进一步实现了均等化。然而，NDDF分配原则的低碳综合效率却并不高，这是因为在上述测算框架内，不同分配方式均采用了相同的GDP预期水平，并未考虑不同分配方式对未来产出增长差异的影响。实际上，高效率省份的节能减排成本更高，低效率省份的节能减排成本更低，高效率省份获得更多配额能够大大缓解成本约束，因此会实现更快的经济增长，其低碳经济综合效率也会进一步提升。上述预期符合经济效率理论，但是需要全国统一碳排放交易市场作为保障，充分发挥节能减排的成本约束激励作用，鼓励先进、鞭策后进，推动企业积极通过市场交易实现利益最大化，整体上降低全国的节能减排成本。

二　两阶段综合分配方案

尽管效率优先原则的分配方案有利于整体节能减排的成本最小化，但是不利于落后省份的可持续发展。因为发达省份最早获得了改革开放红利而实现快速发展，在率先富裕条件下承担更多节能减排责任，进而为落后省份提供一定时期的发展空间，符合社会主义共同富裕原则。但是，这样也会抑制发达省份的减排动力，不利于能源低碳领域的技术投资和创新突破。那么，如何兼顾效率与公平，既能照顾到落后省份的经济追赶，又能给发达省份提供创新动力？基于历史公平与效率公平的视角，本章提出一个两阶段的折中优化分配方案。考虑到全国统一的碳交易市场尚处于起步阶段，采用零和NDDF法可能会导致前沿生产技术倒退，采用两阶段分配思路能够在短期内避免技术退步的风险。

两阶段设计思路为“十四五”和“十五五”两个时期采用不同的分配方式，为了照顾落后省份的经济追赶，“十四五”继续沿用综合法以体现历史公平，“十五五”采用零和NDDF法以体现效率公平。“十四五”期间，采用国家规划的节能减排目标，即能耗强度下降13.5%、排放强度下降18%。根据国家自主决定贡献目标，“十五五”期间，碳强度下降目标设定为12%，能耗强度下降目标设定为10%。“十五五”初始分配为基于“十四五”期末水平的历史法，之后采用零和NDDF模型进行重新优化分配。零和 NDDF 模型为基于 2030 年初始分配方案构造的生产技术前沿，能源和排放的配额优化采用比例法进行迭代求解，经过五次迭代使所有省份的零和 NDDF 效率都达到了帕累托最优，此时的能源效率值和排放效率值都近似为 1。最后，将“十五五”期末的初始分配方案和零和优化方案在全局 NDDF 模型中进行效率评价，以比较二者的效率差异，全局生产技术采用 2020 年实际水平、2025 年综合方案、2030 年初始方案和 2030 年优化方案共同构造。表 5-6 展示了基于零和 NDDF 模型的计算结果，包括 2030 年各省份的初始配额、优化配额以及配额调整。表 5-7 展示了基于全局 NDDF 模型的效率测算结果，包括距离函数值和综合效率值。

表 5-6　2030 年 30 个省（区、市）节能减排配额的调整方式

单位：万吨碳，万吨标准煤

省（区、市）	初始配额		优化配额		配额调整	
	碳排放	能耗	碳排放	能耗	碳排放	能耗
北京	3095.3	9451.8	8752.7	18704.4	5657.4	9252.5
天津	4889.9	10414.5	3939.9	8421.7	-950.0	-1992.8
河北	24697.2	45879.8	10676.5	22831.8	-14020.7	-23048.0
山西	21420.4	30081.7	4327.5	9247.5	-17092.9	-20834.3
内蒙古	23377.8	36757.6	5458.0	11662.0	-17919.8	-25095.6
辽宁	17212.2	31765.5	48671.4	62861.4	31459.2	31095.8
吉林	5718.1	9641.2	3336.5	7135.2	-2381.6	-2506.0
黑龙江	8775.7	15190.5	5292.0	11313.2	-3483.7	-3877.4
上海	6227.6	15535.5	17610.0	30743.5	11382.4	15208.0
江苏	23943.9	46981.8	34696.0	69443.9	10752.1	22462.0
浙江	15380.0	35803.9	20824.6	44048.8	5444.6	8244.9
安徽	13522.2	22190.1	12253.8	26198.3	-1268.3	4008.3
福建	9924.6	20780.7	14958.2	31973.2	5033.5	11192.5
江西	7670.4	15052.8	8628.2	18446.4	957.8	3393.6
山东	31402.6	59346.5	24245.5	50877.9	-7157.0	-8468.5
河南	15744.4	32482.6	16670.4	35634.4	926.0	3151.8
湖北	10716.0	23620.8	11169.5	23880.1	453.5	259.3

续表

省（区、市）	初始配额		优化配额		配额调整	
	碳排放	能耗	碳排放	能耗	碳排放	能耗
湖南	10732.8	24170.9	13622.6	29119.7	2889.7	4948.7
广东	20489.1	48966.0	35658.1	75918.9	15169.0	26952.9
广西	7647.1	17319.2	5960.3	12745.4	-1686.8	-4573.8
海南	1599.8	3577.5	1613.0	3448.4	13.2	-129.1
重庆	5530.6	13349.5	8736.8	18673.3	3206.2	5323.9
四川	11008.0	31590.9	15515.9	33168.9	4507.9	1578.0
贵州	9287.6	17126.8	4927.1	10536.8	-4360.5	-6590.0
云南	7755.0	20267.4	7439.7	15910.1	-315.3	-4357.3
陕西	10710.7	19556.9	6487.5	13870.7	-4223.2	-5686.3
甘肃	5907.4	11530.5	2978.8	6365.8	-2928.7	-5164.6
青海	1844.6	6219.9	830.1	1775.1	-1014.6	-4444.8
宁夏	6660.8	11656.7	901.1	1927.1	-5759.6	-9729.6
新疆	17254.3	29048.5	3964.4	8474.1	-13289.9	-20574.4

零和 NDDF 方法调整后的能源和排放配额总量保持不变，即所有省份的调出总量等于调入总量。在 30 个省（区、市）中有 15 个需要同时调出能源和排放配额，安徽仅需调出排放配额，海南仅需调出能源配额。其中，内蒙古、山西、河北和新疆等为能源排放配额调出的主要省区，辽宁、广东、上海、江苏、北京和浙江等省市则调入了大量的能源排放配额。直观上看，能源和排放配额主要从经济较为落后的内陆省份调入经济较为发达的东部沿海省份。因为山西、内蒙古等能源储量大省长期以高耗能、高排放的经济发展为主，能源排放效率较低，为了实现零和效率就需要减少大量的能源排放配额。而广东、上海等经济发达省市的工业转型升级较快、服务业发展规模更大，能源排放相对有效，进而需要接受其他无效率省份调入的能源排放配额。高效率省份的节能减排成本较高，低效率省份的节能减排成本较低，零和 NDDF 分配方式下的效率平衡大大降低了整体的节能减排成本。基于表 5-6 的能源排放配额数据，可以计算出各省份的碳生产率和能源生产率，并利用这两个相对指标进一步计算得到变异系数。其中，初始方案下的碳生产率、能源生产

率变异系数分别为62.6%和50.1%，零和方案下分别为16.3%和13.6%。不难看出，初始方案延续了各省份的历史发展格局，生产率的地区差异较大，零和方案则平衡了各省份的能源排放效率差异，碳生产率和能源生产率的地区差异显著缩小，更加体现了省份间分配的效率公平原则。

通过对表5-7的NDDF效率测算结果进行描述统计，可以分析不同分配方案下的技术效率差异及其成因。结果显示，初始方案下，综合技术效率、产出距离函数、排放距离函数以及能源距离函数的平均值分别为0.7355、0.2698、0.5303和0.3460；零和方案下的平均值分别为0.6828、0.7833、0.4527和0.2511。由此可见，零和方案并没有提高整体的综合技术效率，原因在于产出距离函数的显著变大抵消了能源、排放距离函数的缩小。零和法下的碳排放和能源利用更为高效，但是产出效率却大大降低，也就是说零和法在实现效率公平的同时反而降低了整体的平均技术效率水平。其中，初始方案下，综合技术效率的最大值为1（北京、浙江和湖北），最小值为0.6（福建），标准差为0.1031，各省份的技术效率水平差距较大；零和方案下，综合技术效率的最大值为0.8327（黑龙江），最小值为0.4227（甘肃），标准差为0.0888，说明零和方案降低了省份技术效率水平的离散程度，显著促进了初始分配的效率公平。

表5-7　初始分配方案与零和优化方案的全局效率比较

省（区、市）	初始方案				零和方案			
	nddf	β_y	β_c	β_e	*nddf*	β_y	β_c	β_e
北京	1.0000	0.0000	0.0000	0.0000	0.7011	0.9787	0.3000	0.0000
天津	0.7244	0.0000	0.6464	0.4947	0.7267	0.8037	0.3244	0.0000
河北	0.6765	0.4194	0.5955	0.4200	0.7125	0.7475	0.3556	0.1072
山西	0.7143	0.4194	0.4979	0.2827	0.7065	0.7475	0.3817	0.1169
内蒙古	0.7082	0.6773	0.4064	0.1524	0.7610	0.0000	0.5510	0.3912
辽宁	0.6001	0.6773	0.7434	0.5782	0.7217	0.1146	0.6057	0.4368
吉林	0.7191	0.2171	0.5696	0.3849	0.7150	0.3803	0.5134	0.3021
黑龙江	0.6050	0.2718	0.8999	0.7871	0.8327	0.0000	0.3865	0.2161
上海	0.7219	0.1045	0.6094	0.4418	0.7106	0.5764	0.4421	0.2034
江苏	0.6197	0.1231	0.9036	0.8146	0.6586	0.5764	0.5652	0.4138

续表

省（区、市）	初始方案				零和方案			
	nddf	β_γ	β_c	β_e	*nddf*	β_γ	β_c	β_e
浙江	1.0000	0.0000	0.0000	0.0000	0.7171	0.3024	0.5392	0.3419
安徽	0.7244	0.0000	0.6464	0.4947	0.7137	0.3024	0.5354	0.3656
福建	0.6000	1.3847	0.5075	0.1081	0.8033	0.0000	0.4413	0.2931
江西	0.7012	0.9788	0.2997	0.0000	0.7190	0.2207	0.5683	0.3832
山东	0.7093	0.6296	0.4235	0.1765	0.7198	0.1917	0.5784	0.3978
河南	0.6426	0.6296	0.6523	0.3867	0.7555	0.0000	0.5014	0.4694
湖北	1.0000	0.0000	0.0000	0.0000	0.5490	2.0084	0.4067	0.0495
湖南	0.7244	0.0000	0.6464	0.4947	0.7012	0.9788	0.2997	0.0000
广东	0.8016	0.0000	0.4899	0.2526	0.6431	1.5207	0.1441	0.0000
广西	0.7242	0.0000	0.6480	0.4944	0.7012	0.9788	0.2997	0.0000
海南	0.7684	0.0000	0.5259	0.3781	0.6192	1.0816	0.5251	0.2384
重庆	0.7235	0.0155	0.6444	0.4866	0.7016	0.9613	0.3060	0.0088
四川	0.7299	0.3325	0.5728	0.2050	0.7227	0.0735	0.6203	0.4575
贵州	0.7164	0.3325	0.5285	0.3266	0.6547	0.0735	0.8086	0.7005
云南	0.7190	0.2240	0.5671	0.3815	0.7012	0.9788	0.2997	0.0000
陕西	0.8131	0.0000	0.4669	0.2225	0.4669	2.9105	0.1467	0.3687
甘肃	0.7173	0.2951	0.5418	0.3455	0.4227	2.7281	0.7375	0.6315
青海	0.7533	0.0000	0.6020	0.3807	0.7012	0.9788	0.2996	0.0000
宁夏	0.7189	0.1804	0.5896	0.4028	0.7011	0.9787	0.3000	0.0000
新疆	0.6894	0.1804	0.6831	0.4880	0.5223	1.3048	0.7982	0.6403

注：*nddf*、β_γ、β_c、β_e 分别为 NDDF 模型的低碳经济综合技术效率、产出距离函数、排放距离函数和能源距离函数。

需要指出的是，初始方案与零和方案的技术效率差异是由于二者采用了相同的期望产出水平，零和方案虽然提高了能源排放的效率水平，但由于实际产出的限制而出现大幅度效率损失。正如刘海英和王钰（2020）利用市场交易模型的研究所指出的，面对零和方案所造成的共同退步，需要完善的市场机制来消除上述风险，配额剩余和亏损的省份可以通过产权交易满足生产规模对能源和排放的要求，进而推动整体技术效率水平提升或前沿技术进步。当市场机制成熟时，北京、浙江和湖北等技术水平较高的省市通过出售多余配额可以获得额外收益，产出因此会进一步增长，甚至提高实际的前沿技术效率水平。甘肃、新疆等技术水平较低的省区很难通过技术进步实现节能减排，为了维持原有生产规模可以买进部分配额。当市场机制不健全、产权交易不活跃时，配额产权无法进行正常交易，节能减排并不会带来额外收益，反而会增加生产成本，造成高技术水平省份利用多余配额进行低效率生产，零和方案下的技术效率无法恢复到生产前沿的最优水平，进而抑制了技术进步。同时，低技术水平省份也会由于现有配额无法满足原有生产规模而导致大幅减产，进而造成整体的共同退步。

历史法实际上是沿用了“十四五”综合法的累积模式，零和法是基于效率原则的优化分配，第一阶段能够持续给予落后省份一定的发展空间，第二阶段以成本最小化为导向促进能源低碳技术创新，进而完善碳达峰、碳中和的体制机制。当然，两阶段的折中方案也存在一些不足之处，比如第一阶段的历史公平原则仅考虑了一个五年规划或许不够准确，实践中根据具体情况可以延长历史跨度。然而，随着达峰时间的临近，历史法或综合法的节能减排动力越来越弱，因此需要发挥节能减排的成本激励作用，以效率公平继续推动减排。另外，本章所采用的历史配额法区别于文献中的历史减排责任，历史减排责任是累计能耗、排放大的地区应该承担更多的减排责任（王文举、孔晓旭，2022），历史配额法是累计能耗、排放大的地区会分得更多的配额，前者倾向于历史减排责任的承担，后者倾向于历史发展水平的维系，二者意义完全不同。

第五节　本章小结

本章在 DEA 框架内，采用 DDF、NDDF 以及零和 NDDF 模型，分别探讨了中国各省份的低碳综合效率、碳生产率增长潜力以及不同省份减排方案的分配效率问题。基本结论如下。

第一，中国各省份低碳发展的综合效率差异显著，大多数省份在

“十三五”期间表现出明显的效率提升。测算结果表明，在同时约束节能减排的“双控”模式下，各省份的能源利用效率差异较小，进而导致低碳经济综合效率的地区差异比仅约束排放的“单控”模式更小。从时间变化趋势来看，“十三五”期间的综合技术效率比“十二五”期间获得了明显提升，其中“双控”模式比“单控”模式的提升幅度更大，DDF径向调整比NDDF非径向调整的提升幅度更大。从径向与非径向差异来看，NDDF的综合效率要明显低于DDF，能源投入、碳排放和产出在非径向调整下可以实现更大比例的缩放，避免了径向调整下“短板效应”对综合技术效率的高估。从节能减排的控制模式差异来看，“双控”模式下的低碳经济综合效率要高于“单控”模式，其中径向效率提升说明大多数省份面临的能源投入缩减困境具有相对一致性，非径向效率提升则说明大多数省份面临更为严重的产出扩张惩罚，因此是以牺牲部分潜在产出来换取节能减排的更高比例缩减。

第二，中国各省份的碳生产率增长潜力存在显著差异，“单控”模式下的增长潜力要低于“双控”模式，存在低估的风险。NDDF测算结果表明，在节能减排的两种控制模式下，宁夏和上海均是“十三五”期间碳生产率增长潜力最高和最低的地区。其中，上海的碳生产率最高可以进一步提升7.9%，宁夏的提升幅度更是可以高达近12倍。碳生产率增长潜力由产出效率和排放效率共同决定，碳排放距离函数在“双控”模式下出现明显分化，山西取代宁夏成为排放效率最高的省份，由于产出距离函数较小，山西的碳生产率增长潜力要低于宁夏。从全国平均水平来看，碳生产率增长潜力指数由“单控”模式的3.636提高到“双控”模式的4.238，其中碳排放距离函数变大、产出距离函数变小，各省份碳生产率的提高主要来自碳排放缩减潜力的进一步释放。“双控”模式下强化了节能减排的双重约束，更高比例的碳生产率提升意味着潜在GDP机会成本的更大损失。

第三，历史法、综合法和NDDF法体现了不同的分配原则，三种分配方案会导致不同的地区配额差异和初始分配效率。历史法和综合法下，山东、海南是能源排放配额分配比例最高和最低的两个省份，综合法下山东分到的配额比例有所降低，海南则有所提升。NDDF 法下，上海、山西分别获得了最多和最少的排放配额，吉林、甘肃则分别获得了最多和最少的能源配额。从地区差异来看，历史法的地区配额差异最大，综合法略小于历史法，NDDF 法远小于前两者。从平均效率来看，历史法的初始分配效率最高，其次为综合法，NDDF 法最低。历史法延续了各省份的累积能源排放水平，高耗能、高排放的省份会分到更多的配额，因此更加倾向于维系现有的生产技术水平，整体技术效率水平最高。综合法考虑了各省份的更多发展特征和发展诉求，在一定程度上调整了历史法“多用多得”的分配格局，但是总体上缓解程度相对有限，整体技术效率水平略低于历史法。NDDF 法更加倾向于排放效率和能源效率较高的省份，仅部分能源大省的效率有所提升，但是整体技术效率明显下降。在当前技术条件下，分配效率的高低主要取决于区域发展格局的不同调整方式，高效率模式意味着相对较弱的节能减排约束，低效率则对应更强的节能减排约束。初始分配效率能否进一步向生产前沿面调整乃至推进技术进步，取决于市场交易体制是否完善，活跃的市场交易能够降低节能减排成本，有利于推动技术创新，促进产出进一步增长。

第四，“十四五”采用综合分配方案，“十五五”采用零和分配方案，这样的两阶段设计既照顾了落后省份的经济追赶，也能够为发达省份提供技术创新的激励。零和方案下，共有 15 个省（区、市）需要同时调出能源配额和排放配额，安徽仅需要调出排放配额，海南仅需要调出能源配额，能源、排放配额主要是从经济较为落后的内陆省份调往经济较为发达的东部沿海省份。由于高效率省份节能减排的成本较高，低效率省份节能减排的成本较低，零和方案的效率平衡则大大降低了整体的节能减排成本。与综合方案相比，零和方案的能源排放效率获得了显著提升，但是产出效率的损失更大，因此整体的综合技术效率水平反而下降。究其原因，主要是零和方案采用了与综合方案相同的期望产出数据，在没有配额交易的条件下，零和方案虽然提高了能源排放效率水平，但由于实际生产规模的限制而出现低效率生产的情况。面对零和方案所造成的共同退步风险，需要完善的市场交易机制进行支撑，配额剩余的省份可以通过卖出部分配额获得收益从而扩大产出或进行技术创新投资，而配额亏损的省份可以买进部分配额以维持生产规模对能源和排放的要求。综合方案沿用了“十四五”的累积模式，生产率的地区差异较大；零和方案平衡了各省份的效率差异，碳生产率和能源生产率的地区差异显著缩小，更加体现了初始分配的效率公平原则。第一阶段采用综合法能够持续给予落后省份一定的发展空间，第二阶段采用零和法能够以成本最小化为导向促进能源低碳技术创新，进而完善碳达峰、碳中和的体制机制。

针对上述研究结论，可以从以下几个方面完善节能减排的体制机制和政策措施。首先，适时推出节能减排的总量控制方案和政策支撑体系。单纯相对指标的约束性节能减排政策，容易造成生产规模盲目扩大带来的“反弹效应”风险，总量控制同样有利于能耗强度和碳排放强度下降目标的实现，而且更有利于推进整体碳达峰、碳中和目标的实现。其次，进一步构建更加完善的要素市场化配置体制机制。资本、劳动、能源是低碳经济生产过程最重要的投入要素，完善要素市场化配置是建设统一开放、竞争有序市场体系的内在要求，能够推动生产要素跨区域顺畅、合理流动，提高各地区的生产效率，为节能减排提供比较优势的市场化要素需求。再次，完善碳排放权交易市场，为各省份节能减排的持续推进提供成本激励。2021 年 1 月，《碳排放权交易管理办法（试行）》的发布，标志着全国碳交易市场的建设和发展进入了新的阶段。但是，目前仍处于起步阶段，应该加快建立健全全国碳市场制度体系，科学制定碳配额分配机制，完善碳市场管理层级，逐步扩大覆盖范围和参与主体。最后，完善能源低碳技术创新体制机制，为碳达峰、碳中和目标提供技术体系保障。完善绿色财政政策、绿色金融政策，鼓励有条件的企业积极参与绿色技术创新。

第六章　产业发展、技术进步与碳生产率

低碳产业发展和低碳技术创新是推动碳生产率增长的重要动力，但是之前章节的非参数分解模型无法识别二者的边际效应。此外，因子分解模型考察的是要素替代引致的产业结构调整效应，未能揭示产业升级、产业集聚等更多方面的节能减排效应。DEA 框架内的技术进步是全要素生产率的重要组成部分，其对技术进步类型的区分略显不足，而且无法反映技术进步对效率改善、规模效应的影响。因此，本章借助回归分析技术，进一步分析产业发展、技术进步、全要素生产率与碳生产率的关系。

本章结构安排如下：第一节对碳生产率相关影响因素的研究进行了文献综述；第二节为产业发展、技术进步、全要素生产率对碳生产率影响的理论分析和基准模型设定；第三节为基准模型的实证结果和稳健性检验；第四节为全要素生产率测算及其中介效应分析；第五节为本章的主要结论。

第一节　文献综述

一　全要素生产率与碳生产率

越来越严重的环境问题迫使人们不得不关注经济增长的可持续性问题，碳生产率、绿色全要素生产率等成为学者们关注的重点。20 世纪 60 年代初，经济学家肯德里克首先提出全要素生产率的概念，将其定义为经济增长中不能被要素增长解释的部分，即全要素生产率变动可以看作对技术进步的度量。考虑到环境与资源约束后，全要素生产率的研究主

要包括静态的全要素能源效率、全要素环境效率以及动态的生产率指数等。学者们对中国全要素生产率已经做了大量研究，例如，王兆华和丰超（2015）利用2003~2010年省级面板数据构造的全局DEA模型研究了全要素能源效率。周五七和聂鸣（2012）将能源与碳排放统一纳入全要素生产率测度模型，发现低碳导向的工业行业绿色全要素生产率经历了一个先上升、后下降、再上升的演化轨迹。魏玮和宋一弘（2012）基于三阶段DEA-Malmquist指数的研究发现，环境约束下的全要素能源效率呈现沿海城市上升、内陆城市下降的特征。陈诗一（2012）采用SBM方向距离函数测算了碳排放约束下的全要素生产率，并用来对中国各省份的低碳经济转型进行评估。Zhang等（2015）运用共同前沿SBM模型定义了生态约束下的全要素能源效率，实证结果显示，中国大多数省份的效率并不高。然而，全要素生产率无法区分技术进步类型，无法确定哪一类资源利用率得到提高，这也就失去了对经济增长结构性问题的分析能力（莫志宏、沈蕾，2005）。分析中国经济的可持续增长不仅需要了解全要素生产率，更重要的是从单要素生产率出发把握经济增长的主导动力。

碳生产率是指某一地区以更少碳排放提供满足人类需要的产品和服务，等于GDP与碳排放的比例。碳生产率是对传统资本生产率与劳动生产率的补充，指标计算简单、可操作性强，在文献研究和政策规划中得到了广泛应用。根据地理学第一定律，空间地理上个体间都存在联系，距离越近联系越紧密。中国碳生产率因为知识溢出、自然环境等因素，也会在空间上产生集聚效应和溢出效应（孙雷刚等，2016；王淑英、卫朝蓉，2020）。潘家华和张丽峰（2011）的研究发现，中国碳生产率的空间分布呈现明显的东部、中部、西部递减格局。一些文献也发现中国农业、制造业以及服务业等部门碳生产率存在显著的空间分异特征和依赖效应（程琳琳等，2016；吴贤荣等，2015；杨翔等，2015；滕泽伟等，2017）。关于碳生产率影响因素研究的文献比较多，并且得出了非常丰富的经验结论。例如，技术因素对碳生产率的重要影响在林善浪等（2013）、Zhou等（2010）的研究中皆提供了经验证据。外商投资对区域碳生产率会有“污染天堂”和“污染光环”两种效应。刘传江和胡威（2016）估计了2000~2012年的省级空间面板模型，发现外商直接投资显著提升了区域内的碳生产率，却对邻近地区碳生产率的提升产生了负向效应。宋文飞（2021）使用2006~2017年中国省级面板数据估计了双边随机前沿模型，发现外商直接投资对中国碳生产率的综合效应存在区域差异。要素价格扭曲与资源错配会阻碍碳生产率提升。邓晓兰和鄢哲明（2014）的研究发现，中国工业行业的资源错配会阻碍碳生产率的提高；高文静等（2018）进一步发现，降低煤炭错配系数可以有效提高工业碳生产率。能源结构低碳化对碳排放的快速增加具有明显抑制作用（张永军，2011），提高清洁能源占比、控制化石能源总量不仅能够显著促进碳生产率提升（李荣杰等，2016），同时也是实现绿色低碳转型发展的主要途径。

二　产业发展与碳生产率

在工业化进程中，产业结构转型影响经济增长的重要性随着发展水平的不同而不同，这一特征在发展中国家表现得更为突出。霍利斯·钱纳里认为这是因为不同生产部门的生产率会存在差异，投入要素会逐步由生产率较低部门流向生产率较高部门，进而提高总的生产率。Peneder（2003）使用28个OECD国家的面板数据研究发现，产业进步是生产率提升的决定性因素，产业结构变动对其影响有限。姚战琪（2009）使用1985~2007年中国跨产业面板数据，发现产业结构调整的要素再配置效应是生产率增长的一个来源。蔡跃洲和付一夫（2017）使用中国1978~2014年数据发现，产业结构变动对生产率变动的影响要小于技术进步。产业转型也会对碳生产率产生影响，如果碳生产率较高的部门/产业在国民经济中的占比不断上升，总体碳生产率也会提高，这就是“结构红利假说”（张永军，2011）。随着人们对美好环境质量要求的日益提高，整个社会的环保意识会不断增强，生产生活会更加绿色、低碳，进而驱动碳生产率提高。在这个过程中，产业结构调整是提高碳生产率的重要因素，能够对产业间的生产要素进行更合理、更有效的配置，还能够提高能源利用效率，有效抑制碳强度（徐大丰，2012；赵国浩、高文静，2013；王淑英等，2021）。Zhang等（2014b）采用ARDL方法分析中国产业结构变化对碳强度的影响，发现第三产业份额的增加对抑制碳强度起着重要的作用。张巍钰（2014）发现产业结构合理化对碳生产率有促进作用，但是东部地区较中西部而言作用相对较弱。于雪霞（2015）发现短期内产业结构调整对碳生产率的影响并不明显。唐志鹏等（2017）使用2010~2015年数据发现，产业结构对碳生产率的影响强度不断增加。综上所述，尽管在理论上产业转型或产业升级能够提高生产率、降低碳强度，但是现有经验研究的结论并不一致。一个重要的原因便是中国的劳动力、土地和资本均存在明显的要素价格扭曲现象，而资本要素价格的扭曲程度尤为严重，三种要素价格的扭曲对产业结构调整均为负向作用，同时不利于全要素生产率的提高（李广瑜等，2016）。

作为产业经济理论的重要组成部分，产业集聚同样是影响碳生产率、能源生产率的关键因素。产业发展的集聚效应可细分为 Marshall 外部效应和Jacobs 外部效应，分别对应专业化集聚和多样化集聚（Nakamura, 1985）。其中，专业化集聚可以通过共享基础设施或服务、提高匹配效率和技术创新扩散三条路径来提高生产效率，多样化集聚通过行业间互补的知识溢出、服务替代、要素流动等渠道提高规模报酬（魏丽莉、侯宇琦，2021）。例如，中国制造业主要集聚在东部地区，资本和技术密集型行业集聚水平不断提高，这有利于东部地区生产率的提高（曲玥、赵鑫，2022）。有关产业集聚对节能减排的影响，文献中也有不少探讨，但是多数研究显示，多样化集聚与专业化集聚的作用方向并不一致甚至相反，因此产业集聚对区域节能减排的影响取决于二者的作用合力，研究结论较为一致。陆铭和冯皓（2014）运用长期面板数据研究发现，经济活动空间集聚水平提高，有利于降低单位工业增加值的污染物排放量。谢荣辉和原毅军（2016）发现多样化集聚能够有效促进减排，专业化集聚并没有显著影响。刘习平等（2017）同样认为，多样化集聚对提高碳生产率具有显著作用，专业化集聚对碳生产率的影响不显著。郭劲光和孙浩（2019）采用2006~2016年省际制造业20个行业的空间面板数据发现，制造业的专业化比多样化更有助于提升能源效率。邵帅等（2019）利用省级面板数据发现，经济集聚对碳排放强度的影响呈倒“N”形曲线关系，当经济集聚达到一定水平时，能实现节能减排的双重目标。杨庆等（2021）利用2005~2015年省际行业面板数据进行实证检验发现，高技术产业集聚能够通过规模效应和TFP效应提升能源利用效率，从而提升碳生产率。

三　技术进步与碳生产率

目前学界关于技术进步对碳生产率的作用并不十分明确，这主要取决于技术进步的方向、类型以及程度。低碳技术进步能够大大提升能源排放的利用效率，但是技术进步所引致的产出规模扩大也可能进一步造成能源排放的回弹效应。现有文献就技术创新对节能减排的影响主要存在以下三种观点。

首先，技术进步可以通过提高清洁能源利用率、碳中和技术水平等减少碳排放（涂正革，2012）。Jaffe等（2002）通过实证分析，发现技术进步可以通过规模效应增加碳排放，也可以通过技术效应减少碳排放。魏梅等（2010）认为，R&D投入在所有要素中对碳排放效率的影响最大，内生的创新努力是提升地区碳生产率的关键。程钰等（2019）分析118个国家，发现技术创新主要通过思想理念渗透与普及、技术融合与工艺优化、产业和产品创新等路径促进碳生产率的提升。王丽等（2020）运用中国30个省（区、市）2002~2016年数据研究发现，技术创新对碳生产率具有促进作用，技术创新是环境规制与碳生产率的部分中介变量。邵帅等（2022）利用空间杜宾模型对1996~2018年中国30个省（区、市）碳排放绩效的影响因素进行了识别，发现绿色技术进步促进了本地和空间关联地区碳排放绩效的改善。

其次，技术进步存在一定路径依赖。如果地区获得的新技术是清洁型技术，则会促进该地区碳生产率提高，反之则会阻碍该地区碳生产率的提高（申萌等，2012）。Acemoglu等（2012）将增长模型扩展为清洁和污染部门，认为企业如果已经在污染部门有技术创新基础，会沿着该路径依然在污染部门进行技术创新，导致碳排放增加。孙猛（2021）在全局DEA框架内分解了碳生产率的增长动力，发现要素偏向型技术进步能够显著促进碳生产率提升，但是产出增进型技术进步却导致相反的变化趋势。

最后，技术进步可能导致“反弹效应”，技术进步能推动经济增长，扩大能源需求。金培振等（2014）利用1999~2011年中国工业35个行业面板数据，发现技术进步通过能源效率改进带来的减排效应尚不能抵消其推动经济增长带来的二氧化碳增长效应，工业领域存在“反弹效应”。张治河等（2016）发现，经济增长越慢，技术创新的节能效应和反弹耗能效应越弱。钱娟和李金叶（2018）通过构建多要素CES生产函数识别技术进步偏向，发现1995~2015年中国工业技术进步整体上偏向能源、资本使用和劳动节约型，边际效用弹性加剧了“能源回弹效应”和“碳排放效应”。

第二节　模型设定与数据说明

一　计量模型设定

假定生产过程需要投入资本、劳动和能源三种要素以获得期望产出，碳排放是伴随能源消耗过程的非期望产出。期望产出采用Cobb-Douglas生产函数，碳排放采用线性生产函数，具体设定如下：

$$Y = A(\cdot)F(K,L,E) = A(\cdot)K^{\alpha}L^{\beta}E^{\gamma} \tag{6-1}$$

$$C = C(E) = sE \tag{6-2}$$

其中，Y为生产总值，K为资本投入，L为劳动投入，E为能源投入，A（·）表示希克斯中性的效率函数，C为碳当量排放，s为碳排放因子。α、β、γ分别为资本、劳动和能源的产出弹性，满足$\alpha+\beta+\gamma=1$。根据规模报酬不变假定，联合上述两式可进一步得到如下紧凑形式的碳生产率函数为：

$$Y/C = s^{-1}Y/E = s^{-1}A(\cdot)(K/E)^{\alpha}(L/E)^{\beta} \tag{6-3}$$

其中，Y/C 为单位碳当量排放的产出水平，定义为碳生产率；K/E 为资本能源比，定义为资本替代；L/E 为劳动能源比，定义为劳动替代。由式（6-3）可以得到如下结论：碳生产率取决于排放因子、生产效率、资本替代和劳动替代。资本替代、劳动替代和生产效率对碳生产率具有正向促进作用，排放因子具有负向抑制作用。排放因子为单位能耗的碳排放水平，随着高碳能源投入比重的增加而变大，碳生产率也相应降低，因此反映了能源结构调整的影响。

生产效率主要由制度、技术和结构等因素共同决定，这里重点考察产业发展和技术进步的影响，因此假定希克斯中性效率函数可表述为如下形式：

$$A = f(R, I, G, X) = A_0 R^{\delta} I^{\lambda} G^{\eta} X^{\mu} \tag{6-4}$$

其中，A_0 表示初始的生产效率水平，R 表示技术进步，I 表示产业升级，G 表示产业集聚，X 为其他影响生产效率的控制因素，参数 δ、λ、η、μ 分别表示技术进步、产业升级、产业集聚和其他因素对生产效率的影响。

将式（6-4）代入式（6-3），可进一步得到碳生产率的表达式为：

$$Y/C = s^{-1} A_0 R^{\delta} I^{\lambda} G^{\eta} X^{\mu} (K/E)^{\alpha} (L/E)^{\beta} \tag{6-5}$$

随着区域经济的一体化发展，特别是地理相邻或距离相近的区域，彼此之间的联系与合作越来越密切，经济发展的溢出效应和污染排放的流动性决定了产业发展、技术进步以及节能减排的空间相关性也越来越强。此外，过高的产业集聚也会导致拥挤效应和竞争效应的抑制作用超过溢出效应的促进作用，进而不利于碳生产率的持续提升。基于上述理论分析，进一步引入空间滞后项和产业集聚二次项，设定如下一般化的碳生产率空间面板杜宾模型（SDM）：

$$\begin{aligned} \ln cp_{it} = {} & \beta_0 + \rho \sum_{j \neq i} w_{ij} \ln cp_{jt} + \beta_1 \ln rd_{it} + \beta_2 \sum_{j \neq i} w_{ij} \ln rd_{jt} + \\ & \beta_3 \ln si_{it} + \beta_4 \sum_{j \neq i} w_{ij} \ln si_{jt} + \beta_5 \ln ag_{it} + \beta_6 (\ln ag_{it})^2 + \\ & \beta_7 \sum_{j \neq i} w_{ij} \ln ag_{jt} + \beta_8 \ln X_{it} + \beta_9 \sum_{j \neq i} w_{ij} \ln X_{jt} + f_i + \varepsilon_{it} \end{aligned} \tag{6-6}$$

其中，i、t 分别对应省域截面和时间年份，cp 为碳生产率，w_{ij} 为空间权重矩阵中的元素，rd 为技术进步，si 为产业升级，ag 为产业集聚，X 表示其他控制变量，$\beta_0 \sim \beta_9$、ρ 均为待估参数，f 为个体固定效应，ε 为随机扰动项。

当空间溢出仅存在于被解释变量时，SDM 退化为空间滞后模型（SLM）：

$$\begin{aligned} \ln cp_{it} = \beta_0 + \rho \sum_{j \neq i} w_{ij} \ln cp_{jt} + \beta_1 \ln rd_{it} + \beta_2 \ln si_{it} + \\ \beta_3 \ln ag_{it} + \beta_4 (\ln ag_{it})^2 + \beta_5 \ln X_{it} + f_i + \varepsilon_{it} \end{aligned} \tag{6-7}$$

当空间溢出仅存在于随机扰动项时，SDM 退化为空间误差模型（SEM）：

$$\begin{aligned} \ln cp_{it} = \beta_0 + \beta_1 \ln rd_{it} + \beta_2 \ln si_{it} + \beta_3 \ln ag_{it} + \beta_4 (\ln ag_{it})^2 + \\ \beta_5 \ln X_{it} + f_i + \lambda \sum_{j} w_{ij} \varepsilon_{jt} + u_{it} \end{aligned} \tag{6-8}$$

当不考虑空间溢出效应时，SDM 退化为普通面板固定效应模型（FEM）：

$$\begin{aligned} \ln cp_{it} = \beta_0 + \beta_1 \ln rd_{it} + \beta_2 \ln si_{it} + \beta_3 \ln ag_{it} + \beta_4 (\ln ag_{it})^2 + \\ \beta_5 \ln X_{it} + f_i + \varepsilon_{it} \end{aligned} \tag{6-9}$$

为了控制不随时间变化的遗漏变量偏误，上述面板模型均在控制个体固定效应的基础上进行估计，固定效应模型采用 Hausman 检验进行识别。在考虑空间效应的计量模型中，尽管 SDM 更具一般性，但是 SDM 是否有别于 SLM 和 SEM 还有赖于严谨的统计检验，因此本章采用似然比（LR）检验来判断 SDM 是否可以退化为 SLM 和 SEM，以验证 SDM 设定的合理性。包含空间滞后项的回归模型还需要解决传统最小二乘法估计造成的不一致问题，为了控制被解释变量空间滞后项所引起的内生性，同时又能够获得空间固定效应模型的一致估计量，本章采用准极大似然法（QML）进行参数估计（Lee and Yu，2010）。此外，在希克斯中性假定下，产业升级、产业集聚和技术进步等因素是通过生产效率来影响碳生产率的，也就是说生产效率起到了间接作用，而且可能是完全的间接传导机制，因此后文将通过中介效应模型对这一作用机制进行检验。

二　变量数据选取

基于数据的可得性并参考相关文献，采用 2000~2019 年 30 个省（区、市）（西藏和港澳台地区除外）的面板数据，原始数据来源于历年《中国统计年鉴》《中国能源统计年鉴》《中国科技统计年鉴》《中国劳动统计年鉴》，以及各省份统计年鉴。空间权重矩阵选择文献中常用的地理邻接 0-1 权重矩阵，后文也采用经纬距离倒数空间权重矩阵进行了稳健性检验。除了百分比变量以外，本章对其他变量进行了对数化处理，各变量的指标选取、数据说明以及描述性统计结果如表 6-1 所示。

表 6-1　描述性统计结果

变量	含义	单位	最小值	最大值	均值	标准差	观测数
ln*cp*	碳生产率	万元/吨	-1.266	1.958	0.300	0.601	600
ln*rd*	技术进步	件/百人	0.824	4.216	2.839	0.771	600
ln*si*	产业升级	—	0.402	1.817	0.675	0.205	600
ln*ag*	产业集聚	万元/公顷	-3.465	6.039	1.280	1.730	600
ln*ke*	资本替代	万元/吨	-0.809	1.943	0.609	0.567	600
ln*le*	劳动替代	人/吨	-2.994	-0.037	-1.523	0.579	600
ln*hc*	人力资本	年	1.806	2.625	2.208	0.142	600
es	能源结构	%	2.540	99.730	73.015	18.282	600
ms	市场结构	%	13.130	86.800	46.522	17.281	600
fs	外资结构	%	0.140	26.840	5.818	5.279	600

1. 被解释变量

被解释变量为碳生产率，采用 GDP 与碳当量排放之比进行测度，各省份的碳排放数据为前面章节估算的部门法清单数据，GDP 根据各省份历年的平减指数调整为 2000 年的可比价格。

2. 核心变量

核心变量为技术进步和产业发展。技术进步采用狭义统计口径，用各省份每百名全时研发人员授权的专利数进行测量。产业发展选择产业升级和产业集聚两个指标，其中产业升级采用非农增加值与第二产业增加值之比进行测度，产业集聚采用各省份单位土地面积的非农产出来测量。

3. 控制变量

根据前文的理论分析并参考现有文献的相关研究成果，选择资本替代、劳动替代、人力资本、能源结构、市场结构和外资结构作为控制变量。其中，资本替代为物质资本存量与能源消费总量之比，物质资本存量采用永续盘存法进行估算，具体技术细节借鉴单豪杰（2008）的处理方法。劳动替代采用各省总的就业人数与能源消费总量之比进行测度。人力资本采用各省份劳动人口的平均受教育年限进行测度，其中未上过学、小学、初中、高中、专科、本科和研究生的受教育年限依次设定为0年、6年、9年、12年、15年、16年和18年。由于煤炭在所有能源中的碳排放比例是最大的，而且也是中国各省份生产生活消费的主要化石能源，因此采用煤炭消费占能源消费总量的比重来测度能源结构。市场结构反映了一个地区的市场化水平或程度，这里采用各省份非国有单位就业人数占比来衡量。外资结构在之前文献中主要采用外商直接投资占GDP比重来衡量，但是近年来的外商直接投资数据已经不再公布，因此本章采用各省份固定资产投资来源中外资所占比重进行测量。

第三节　实证结果分析及讨论

一　基准回归结果

首先分析技术进步、产业升级与产业集聚的直接效应，表6-2展示了FEM、SEM、SLM和SDM的估计结果。从Hausman检验结果来看，四个模型的卡方统计量均至少在10%的水平下拒绝了随机效应的原假设，普通面板和空间面板模型更适合采用个体固定效应模型。空间模型的检验结果显示，SLM和SEM对应的LR统计量都在1%的水平下高度显著，拒绝了SDM退化的原假设，说明SDM用于估计碳生产率的影响因素更为合理。此外，从参数估计的统计表现来看，SDM模型中的核心变量较其他三个模型明显变大，产业升级也由不显著变为高度显著，模型的拟合优度也显著提高，这说明忽略各类变量的空间效应会造成一定的估计偏误。因此，本章重点采用更为稳健的SDM估计结果进行分析，当然后文也继续报告了其他三个模型的估计结果以便于比较。

从技术进步来看，以每百名全时研发人员授权专利数表征的技术进步对碳生产率具有显著的促进作用，SDM对应参数估计结果在1%的水平下显著为正，从而表明各地区的研发成果更加倾向于转化为有效的低碳生产力。近年来，全国的专利数量快速攀升，能源低碳等绿色专利数量占比也保持了稳定增长，但是相较于发达国家仍存在明显差距，因此还需要进一步加大能源低碳技术创新的政策扶持力度以强化技术进步的绿色低碳偏向，进而充分发挥技术创新对碳生产率的促进作用（邵帅等，2022）。就产业发展而言，以非农产业增加值与第二产业增加值之比表征的产业升级变量在1%的水平下统计显著，正向符号表明产业升级对碳生产率具有显著的促进作用，这与全国各地的产业结构演进趋势密切相关。各省份具有高能耗、高排放特征的行业主要集中在第二产业，尤其是重化工业，第二产业比重越大，碳生产率提升越缓慢，因此产业结构向绿色低碳升级无疑是推动全国低碳经济转型发展的关键途径之一。以单位土地面积非农产出表征的产业集聚变量在1%的水平下显著为正，二次项在四个模型中也都显著为正，说明区域产业集聚对碳生产率的影响不存在“U”形关系。也就是说，进入21世纪以来，各省份产业的空间集聚与碳生产率之间呈现正相关关系，无论是专业化集聚还是多样化集聚，共享机制与互补机制会推动企业基于成本收益权衡向产品和要素市场中心靠近，改善了企业生产效率，进而推动了区域碳生产率获得显著提升。

表6-2　基准回归结果

变量	(1)	(2)	(3)	(4)
	FEM	SEM	SLM	SDM
ln*rd*	0.0572*** (0.0196)	0.0530*** (0.0190)	0.0532*** (0.0196)	0.0670*** (0.0183)

续表

变量	(1)	(2)	(3)	(4)
	FEM	SEM	SLM	SDM
ln*si*	0.0789 (0.0789)	0.1119 (0.0845)	0.0605 (0.0756)	0.2402*** (0.0761)
ln*ag*	0.3455*** (0.1226)	0.3113** (0.1367)	0.3434*** (0.1269)	0.4503*** (0.1487)
$(\ln ag)^2$	0.0193** (0.0088)	0.0217** (0.0098)	0.0190** (0.0093)	0.0223* (0.0127)
ln*ke*	0.1673** (0.0833)	0.1875** (0.0898)	0.1502 (0.0937)	0.2607*** (0.0931)
ln*le*	0.5184*** (0.1002)	0.4902*** (0.0991)	0.5113*** (0.0999)	0.4741*** (0.0860)
ln*hc*	0.4946** (0.2087)	0.5555** (0.2497)	0.4520** (0.2110)	0.5067** (0.2569)
es	-0.0020 (0.0015)	-0.0014 (0.0014)	-0.0017 (0.0016)	-0.0020 (0.0012)
ms	-0.0023 (0.0021)	-0.0026 (0.0023)	-0.0027 (0.0022)	-0.0016 (0.0022)
fs	0.0058 (0.0044)	0.0058 (0.0045)	0.0063 (0.0044)	0.0078* (0.0042)
λ (ρ)		0.2788*** (0.0806)	0.0921 (0.0809)	0.2279*** (0.0584)
W×ln*rd*				-0.0058 (0.0392)
W×ln*si*				-0.3823** (0.1787)
W×ln*ag*				0.0702 (0.2495)
Hausman	80.84***	35.21***	16.71*	25.92***
LR 检验		62.30***	79.59***	
N	600	600	600	600
R^2	0.879	0.879	0.878	0.893

注：***、**和*分别为1%、5%和10%的显著性水平，括号内为稳健标准误，控制变量的空间滞后系数未列出。下同。

从空间效应的检验结果来看，碳生产率的空间滞后项在1%的水平下显著为正，产业升级的空间滞后项在5%的统计水平下显著为负，产业集聚和技术进步的空间滞后项系数均不显著。这说明，周边省份的碳生产率提高会通过地理邻接的空间关联对本地碳生产率产生促进作用，而产业升级的空间关联则会抑制本地的碳生产率提升。碳生产率的正向空间溢出效应主要可以归纳为以下两点：一方面，由于中央政府对绿色低碳发展的重视，环境治理效果在地方官员绩效考核中占据越来越高的权重，节能减排政策的实施有助于地方政府在低碳转型发展中进行策略性互动进而形成良性竞争关系；另一方面，一些地区节能减排的成功实践经验可以通过信息交流、官员流动、技术外溢等途径对其他地区形成示范效应，进而促进地区借鉴学习成功经验和先进技术，从而加快低碳转型的追赶速度（邵帅等，2019）。综上，竞争效应和示范效应可以共同促进地区间的碳生产率表现出空间依赖性，进而形成"一荣俱荣"的空间溢出效应。产业升级对碳生产率的负向空间溢出效应可以通过协同效应和互补效应来理解。产业向低能耗、低排放的转型升级，意味着产业结构的优化调整会在市场机制作用下通过地区间的空间关联传导至周边地区，从而带动这些地区进行同向协同调整，或者通过承接产业转移实现互补调整。当互补效应大于协同效应时，周边地区的产业升级会对本地的碳生产率表现出负向空间溢出作用。技术进步的空间溢出效应对碳生产率的影响并不显著，这可能取决于不同的技术进步形式，生产技术进步造成生产规模扩大反而不利于碳生产率提升，而能源低碳技术进步有助于节能减排，由于二者不同的作用方向，所以空间技术溢出对碳生产率的影响并不显著。产业集聚对周边地区具有溢出效应和虹吸效应，因此其空间滞后项对碳生产率的影响也并未获得统计证据，说明不同区域产业集聚的空间效应并不一致。

二　稳健性检验

在考虑空间关联的计量模型中，不同权重矩阵意味着空间溢出的传导机制会存在显著差异。比如随着信息网络技术的飞速发展，地理距离在区域合作中发挥的作用逐渐弱化，不少文献的经验研究也得出采用经济权重、嵌套权重等模型的空间溢出效应更加显著和稳健的结论。然而，为了考察技术进步、产业升级和产业集聚直接效应的稳健性，本章采用各省份地理中心经纬距离倒数的权重矩阵重新估计了面板空间模型，结果如表 6-3 所示。不难看出，技术进步、产业升级和产业集聚的系数估计结果与表 6-2 的基准结果基本保持一致、在更严格控制遗漏偏误的 SDM 模型中产业升级的显著性也进一步提高，SDM 估计系数显著为正说明，直接效应表现为对碳生产率的显著促进作用，产业集聚与碳生产率之间依然不存在“U”形曲线关系，控制变量的直接效应系数符号以及大小也都未发生明显改变，这与前文基准模型的分析结果保持一致。

表 6-3　稳健性检验结果

变量	距离权重			时空滞后	
	(1) SEM	(2) SLM	(3) SDM	(4) SLM	(5) SDM
ln*rd*	0.0577*** (0.0198)	0.0585*** (0.0196)	0.0658*** (0.0192)	0.0362* (0.0210)	0.0513*** (0.0191)
ln*si*	0.0693 (0.0828)	0.0906 (0.0687)	0.2356*** (0.0745)	0.0428 (0.0761)	0.2190*** (0.0821)
ln*ag*	0.3431*** (0.1274)	0.3450*** (0.1207)	0.5927*** (0.1662)	0.3363** (0.1358)	0.3972** (0.1545)
$(\ln ag)^2$	0.0211** (0.0091)	0.0192** (0.0084)	0.0290*** (0.0102)	0.0190* (0.0101)	0.0172 (0.0118)
ln*ke*	0.1679* (0.0864)	0.1755* (0.1015)	0.2409*** (0.0904)	0.1469 (0.1006)	0.2452*** (0.0939)
ln*le*	0.5101*** (0.0959)	0.5184*** (0.0981)	0.4727*** (0.0918)	0.5018*** (0.0944)	0.4997*** (0.0808)
ln*hc*	0.5239** (0.2486)	0.5117** (0.2144)	0.5557 (0.3388)	0.4907** (0.2115)	0.5586** (0.2461)
es	-0.0018 (0.0014)	-0.0021 (0.0015)	-0.0016 (0.0013)	-0.0017 (0.0017)	-0.0017 (0.0012)
ms	-0.0026 (0.0025)	-0.0022 (0.0023)	-0.0020 (0.0025)	-0.0026 (0.0023)	-0.0016 (0.0022)
fs	0.0064 (0.0046)	0.0056 (0.0044)	0.0076** (0.0038)	0.0056 (0.0043)	0.0055 (0.0047)
L. *W*×ln*cp*				0.0655 (0.0764)	0.2991*** (0.0992)
λ (ρ)	0.3231*** (0.1184)	-0.0351 (0.1310)	-0.0015 (0.1472)	0.0723 (0.0608)	0.1348** (0.0549)

续表

变量	距离权重			时空滞后	
	(1) SEM	(2) SLM	(3) SDM	(4) SLM	(5) SDM
W×ln*rd*			-0.1111* (0.0619)		-0.0099 (0.0371)
W×ln*si*			-0.0813 (0.2178)		-0.4715*** (0.1788)
W×ln*ag*			0.6997* (0.3660)		0.1244 (0.2583)
N	600	600	600	570	570
R^2	0.879	0.880	0.894	0.890	0.907

注：L. 指滞后一期。

此外，为了进一步消除潜在遗漏变量偏误可能引致的内生性问题，在基准模型中进一步控制了碳生产率的时空滞后项，估计结果如表 6-3 的列（4）和列（5）所示。估计结果显示，SLM、SDM 与表 6-2 对应的估计结果基本保持一致，相关变量的系数符号和统计显著性均未发生明显改变，基准模型的回归结果具有较好的稳健性，核心变量的直接效应和空间效应结论较为可靠。

第四节　TFP 的中介效应考察

一　实证策略框架

前文的理论分析指出，制度、技术和结构等因素通过全要素生产率影响碳生产率，上一节的回归分析也获得了技术进步、产业升级和产业集聚能够直接影响碳生产率的经验证据。那么，全要素生产率或技术效率是否充当了中介变量的角色？本节采用规范的中介效应模型开展进一步的实证考察，首先需要利用联合生产技术框架 DEA 模型测算碳排放的全要素生产率。

1. 碳排放 SBM 模型

假定有 n 个生产单元，每个生产单元有 m 种投入、p 种期望产出和 q

种非期望产出，这个生产单元可以用向量表示为 $\boldsymbol{x} \in \boldsymbol{R}_m$、$\boldsymbol{y}^g \in \boldsymbol{R}_p$、$\boldsymbol{y}^b \in \boldsymbol{R}_q$。进一步定义矩阵 $\boldsymbol{X} \in \boldsymbol{R}_{m\times n}$、$\boldsymbol{Y}^g \in \boldsymbol{R}_{p\times n}$、$\boldsymbol{Y}^b \in \boldsymbol{R}_{q\times n}$，且 $\boldsymbol{X} > 0$、$\boldsymbol{Y}^g > 0$、$\boldsymbol{Y}^b > 0$，由此可定义如下生产可能性集合 $\boldsymbol{P}$：

$$\boldsymbol{P} = \{(\boldsymbol{x},\boldsymbol{y}^g,\boldsymbol{y}^b) \mid \boldsymbol{x} \geqslant \boldsymbol{X\lambda}, \boldsymbol{y}^g \leqslant \boldsymbol{Y}^g\boldsymbol{\lambda}, \boldsymbol{y}^b \geqslant \boldsymbol{Y}^b\boldsymbol{\lambda}, \boldsymbol{\lambda} \geqslant 0\} \tag{6-10}$$

其中，$\boldsymbol{\lambda} \in \boldsymbol{R}_n$ 为权重向量，$\boldsymbol{\lambda} \geqslant 0$ 表示规模报酬不变（CRS）。$\boldsymbol{x} \geqslant \boldsymbol{X\lambda}$ 表示生产单元的实际投入大于前沿投入，存在缩减的可能；$\boldsymbol{y}^g \leqslant \boldsymbol{Y}^g\boldsymbol{\lambda}$ 表示生产单元的实际期望产出小于前沿期望产出，存在扩增的可能；$\boldsymbol{y}^b \geqslant \boldsymbol{Y}^b\boldsymbol{\lambda}$ 表示生产单元的实际非期望产出大于前沿非期望产出，存在缩减的可能。

由于传统的径向 DEA 模型无法考虑松弛变量影响，所以测度的效率值存在偏误。为了解决这一问题，Tone（2001）提出了基于投入、产出松弛变量的效率评价模型（SBM），并进一步扩展为包含非期望产出的 SBM 模型（Tone，2004）。某一特定生产单元的 SBM 效率模型可表述为：

$$\rho = \min \frac{1 - \sum_{i=1}^{m} \frac{s_i^-}{x_{i0}} \Big/ m}{1 + \left(\sum_{r=1}^{p} \frac{s_r^g}{y_{r0}^g} + \sum_{k=1}^{q} \frac{s_k^b}{y_{k0}^b}\right) \Big/ (p+q)}$$

$$\text{s.t.} \begin{pmatrix} \boldsymbol{X\lambda} + \boldsymbol{s}^- = \boldsymbol{x}_0 \\ \boldsymbol{Y}^g\boldsymbol{\lambda} - \boldsymbol{s}^g = \boldsymbol{y}_0^g \\ \boldsymbol{Y}^b\boldsymbol{\lambda} + \boldsymbol{s}^b = \boldsymbol{y}_0^b \\ \boldsymbol{s}^-, \boldsymbol{s}^g, \boldsymbol{s}^b, \boldsymbol{\lambda} \geqslant 0 \end{pmatrix} \tag{6-11}$$

其中，$\boldsymbol{s}^-$、$\boldsymbol{s}^g$、$\boldsymbol{s}^b$ 分别为投入要素、期望产出和非期望产出的松弛向量。目标函数 ρ 关于松弛变量严格递减，当三者为 0 时生产单元有效，即 $\rho=1$；如果三个松弛变量至少有一个不为 0，生产单元是无效的，存在投入产出改进的必要性，此时 $0 \leqslant \rho < 1$。进一步定义投入效率、期望产出效率和非期望产出效率为：

$$te_x = 1 - \frac{1}{m}\sum_{i=1}^{m} \frac{s_i^-}{x_{i0}} \tag{6-12}$$

$$te_g = 1 - \frac{1}{p}\sum_{r=1}^{p} \frac{s_r^g}{y_{r0}^g} \tag{6-13}$$

$$te_b = 1 - \frac{1}{q}\sum_{k=1}^{q}\frac{s_k^b}{y_{k0}^b} \tag{6-14}$$

其中，s_i^-/x_{i0} 表示第 i 项要素投入可以缩减的相对比例，s_r^g/y_{r0}^g 表示第 r 项期望产出可以扩张的相对比例，s_k^b/y_{k0}^b 表示第 k 项非期望产出可以缩减的相对比例。由于 SBM 是一个非线性规划模型，可以根据 Charnes-Cooper 方法将其转换成线性规划模型进行求解。本章选取的投入变量为各省份的物质资本、劳动存量和能源投入，期望产出为 GDP，非期望产出为碳当量排放，采用 2000~2019 年的面板数据构造全局共同技术前沿以实现不同时期技术效率的连续可比性。

2. 中介效应模型

逐步法被广泛应用于检验中介效应，其基本思路是，如果解释变量同时对被解释变量和中介变量具有显著影响，那么便表明中介效应显著存在。根据加入中介变量后解释变量的系数是否显著，分别对应于部分中介效应和完全中介效应两种类型。具体而言，可以采用如下方程形式予以描述：

$$Y = cX + e_1 \tag{6-15}$$

$$M = aX + e_2 \tag{6-16}$$

$$Y = c'X + bM + e_3 \tag{6-17}$$

检验步骤如下：第一步，检验式（6-15）的回归系数 c，如果 c 显著按照中介效应立论，但无论 c 是否显著，都需要进行后续检验；第二步，依次检验式（6-16）的回归系数 a 和式（6-17）的回归系数 b，如果二者都显著表明中介效应显著；第三步，检验式（6-17）的回归系数 c'，如果不显著表明存在完全中介效应，如果显著则为部分中介效应（温忠麟、叶宝娟，2014）。本章采用上述的中介效应检验程序，被解释变量为碳生产率（ln*cp*），中介变量为技术效率（ln*te*），核心解释变量为技术进步（ln*rd*）、产业升级（ln*si*）和产业集聚（ln*ag*）。

二　技术效率分析

表 6-4 展示了 2000~2019 年各省份的平均效率测算结果，包括低碳

综合技术效率、产出效率、排放效率、资本效率、劳动效率以及能源效率。

表 6-4 基于 SBM 模型的全要素生产率测算结果

省（区、市）	*TE*	*TE_y*	*TE_c*	*TE_k*	*TE_l*	*TE_e*
北京	0.6270	1.0000	0.6414	0.9664	0.5552	0.6397
天津	0.3388	1.0000	0.2837	0.6558	0.3625	0.3601
河北	0.2596	1.0000	0.1554	0.7417	0.1574	0.2087
山西	0.2387	1.0000	0.0986	0.7267	0.1685	0.1436
内蒙古	0.2872	1.0000	0.1490	0.6871	0.3141	0.2236
辽宁	0.3636	1.0000	0.2456	0.8152	0.3578	0.3270
吉林	0.2512	1.0000	0.2024	0.5816	0.1795	0.2925
黑龙江	0.3507	1.0000	0.2529	0.8461	0.2480	0.3508
上海	0.6794	1.0000	0.5992	0.9891	0.7070	0.6633
江苏	0.5186	1.0000	0.4736	0.9512	0.3945	0.6121
浙江	0.5309	1.0000	0.5157	0.9817	0.3826	0.6091
安徽	0.4201	1.0000	0.3632	0.9449	0.1834	0.5324
福建	0.5630	1.0000	0.6153	0.9020	0.3875	0.7063
江西	0.4115	1.0000	0.4127	0.8994	0.1715	0.5209
山东	0.3385	1.0000	0.2864	0.7919	0.2164	0.3645
河南	0.3427	1.0000	0.3342	0.7781	0.1670	0.4221
湖北	0.3538	1.0000	0.3214	0.8614	0.1737	0.3793
湖南	0.4596	1.0000	0.4941	0.9570	0.2399	0.5236
广东	0.8837	1.0000	0.8955	0.9999	0.8341	0.9376
广西	0.3207	1.0000	0.3760	0.7116	0.1341	0.4077
海南	0.3607	1.0000	0.4317	0.7113	0.1728	0.5037
重庆	0.4152	1.0000	0.3951	0.9229	0.2268	0.4509
四川	0.3796	1.0000	0.3949	0.9283	0.1619	0.3853
贵州	0.2269	1.0000	0.1537	0.6484	0.1136	0.2068
云南	0.2989	1.0000	0.2941	0.7833	0.1160	0.3144
陕西	0.2874	1.0000	0.2356	0.7237	0.1585	0.3094
甘肃	0.2947	1.0000	0.2101	0.8542	0.1256	0.2529
青海	0.1869	1.0000	0.1652	0.5157	0.1422	0.1375

续表

省（区、市）	*TE*	*TE_y*	*TE_c*	*TE_k*	*TE_l*	*TE_e*
宁夏	0.1592	1.0000	0.0692	0.4663	0.1346	0.0992
新疆	0.2434	1.0000	0.1390	0.6616	0.2033	0.1794

注：*TE*、*TE_y*、*TE_c*、*TE_k*、*TE_l*、*TE_e* 分别为低碳综合技术效率、产出效率、排放效率、资本效率、劳动效率以及能源效率。

资料来源：笔者根据模型测算结果整理。

测算结果显示，年均综合技术效率大于0.5的仅有北京、上海、江苏、浙江、福建和广东6个省市，其他省份均小于0.5，地区差异非常显著。从单项效率结果来看，各省份的平均产出效率值都近似为1，达到了相对有效。在碳排放、资本、劳动和能源利用效率上，广东的年均水平在所有省份中均最高，分别为0.896、1.000、0.834和0.938。宁夏的碳排放、资本和能源利用效率在所有省份中均最低，分别为0.069、0.466和0.099，贵州的劳动效率最低，仅为0.114。由于要素利用效率、非期望产出效率与综合技术效率正相关，所以广东的综合技术效率最高，宁夏的综合技术效率最低，二者分别为0.884和0.159。无论是单项效率还是综合技术效率，中国各省份间的效率差异都非常显著。从全国平均水平来看，2000~2019年平均技术效率为0.380，其中产出效率最优，紧随其后的资本效率达到了0.800，能源、碳排放和劳动的利用效率依次排在第三、第四和第五位，平均效率值分别为0.402、0.340和0.263，综合技术效率水平低下主要是因为能源、碳排放和劳动的无效率损失。综上不难看出，要素的过度使用或浪费弱化了技术效率改善对碳生产率的积极作用，因此应该进一步发挥政策调控、结构调整以及技术创新等对市场效率偏差纠正的优势，推动碳生产率高质量增长。以资本为例，如果以节能减排的技术应用为导向，那么物质资本投资将有助于改善低碳效率而提高碳生产率；如果物质资本投资只是为了简单的扩大再生产而开展的，那么这种重复性的投资不但可能引致碳排放和能源消费的增加，还可能导致产能过剩进而阻碍低碳技术效率的改善（邵帅等，2022）。因此，尽管资本、劳动对能源的替代能够促进碳生产率提升，但是这种要素结构调整却可能对技术效率产生负面影响，其根源就在于要素偏向型技术的内生性。

三　中介机制分析

由于表 6-2 中的基准回归结果对应于中介效应模型式（6-15），所以本节在表 6-5 中进一步展示了余下两个方程的估计结果。列（1）、列（3）、列（5）、列（7）对应于式（6-16），为技术效率中介变量对解释变量的回归，分别采用 FEM、SEM、SLM 和 SDM 进行估计。不难看出，技术效率方程中的技术进步、产业升级和产业集聚变量均至少在 10%的水平下显著为正，说明产业转型发展和狭义技术进步能够显著提升低碳经济的全要素生产率，而且产业集聚与技术效率也并未表现出“U”形曲线关系。也就是说，技术进步、产业升级、产业集聚对技术效率的促进作用与对碳生产率的影响相一致，这一结果也在一定程度上预示了技术效率可能扮演了中介变量的角色，即技术进步、产业升级和产业集聚可能通过影响技术效率对碳生产率产生影响，但这一推断还需要通过式（6-17）的估计结果来提供更加严谨的经验支持。此外，从反映要素结构的资本替代、劳动替代变量来看，二者对技术效率的影响也具有较高的统计显著性，资本替代的影响显著为负，劳动替代的影响显著为正，这与之前 SBM 要素效率测算的分析结果相一致，即资本和劳动的偏向性差异可能对绿色技术效率造成不同的影响。

表 6-5 中列（2）、列（4）、列（6）、列（8）分别为采用 FEM、SEM、SLM 和 SDM 的估计结果，将技术进步、产业升级、产业集聚和中介变量技术效率同时纳入基准模型，对应于式（6-17）。估计结果显示，四个模型的技术效率参数估计均在 1%的水平下显著为正，表明技术效率确实是碳生产率提升的重要因素，这与前文的生产函数设定也是一致的。接下来分析核心变量的系数估计结果，无论是普通面板固定效应模型还是空间面板固定效应模型，技术进步、产业升级和产业集聚这三个变量在引入技术效率后对碳生产率的影响均不再显著。基于前文所述的中介效应检验步骤和判断标准，技术进步、产业升级和产业集聚在前两个方程中系数显著为正而在最后一个方程中不显著，技术效率在最后一个方

程中显著为正，进而规范、严谨地证明了技术效率或全要素生产率是技术进步、产业升级和产业集聚影响碳生产率的中介变量，而且存在完全中介效应。

表 6-5 全要素生产率的中介机制检验结果

变量	(1) lnte	(2) lncp	(3) lnte	(4) lncp	(5) lnte	(6) lncp	(7) lnte	(8) lncp
ln*rd*	0.081*** (0.022)	-0.001 (0.021)	0.068*** (0.026)	-0.002 (0.020)	0.066*** (0.022)	0.001 (0.020)	0.063*** (0.021)	0.014 (0.018)
ln*si*	0.190** (0.082)	-0.057 (0.078)	0.155* (0.087)	-0.073 (0.087)	0.174** (0.076)	-0.048 (0.077)	0.268*** (0.080)	0.007 (0.072)
ln*ag*	0.462*** (0.085)	0.015 (0.129)	0.498*** (0.093)	0.023 (0.120)	0.541*** (0.074)	0.010 (0.125)	0.757*** (0.130)	-0.105 (0.094)
$(\ln ag)^2$	0.011* (0.006)	0.011* (0.007)	0.009 (0.007)	0.010* (0.006)	0.005 (0.005)	0.012* (0.006)	0.010 (0.010)	0.006 (0.007)
ln*ke*	-0.434*** (0.059)	0.478*** (0.094)	-0.458*** (0.067)	0.475*** (0.088)	-0.444*** (0.052)	0.495*** (0.102)	-0.464*** (0.067)	0.591*** (0.074)
ln*le*	0.699*** (0.071)	0.018 (0.139)	0.689*** (0.065)	0.019 (0.133)	0.691*** (0.057)	0.013 (0.137)	0.671*** (0.046)	-0.033 (0.109)
ln*hc*	0.315* (0.161)	0.270 (0.168)	0.151 (0.174)	0.230 (0.197)	0.107 (0.117)	0.292* (0.161)	0.172 (0.198)	0.222* (0.131)
es	-0.002** (0.001)	-0.000 (0.001)	-0.003** (0.001)	-0.001 (0.001)	-0.002* (0.001)	-0.000 (0.001)	-0.003*** (0.001)	-0.000 (0.001)
ms	-0.001 (0.002)	-0.002 (0.002)	0.000 (0.002)	-0.002 (0.002)	-0.001 (0.001)	-0.002 (0.002)	0.001 (0.002)	-0.002 (0.001)
fs	0.012** (0.005)	-0.003 (0.003)	0.008 (0.006)	-0.004 (0.004)	0.012** (0.005)	-0.003 (0.003)	0.008** (0.004)	-0.002 (0.002)
lnte		0.715*** (0.136)		0.725*** (0.132)		0.729*** (0.139)		0.788*** (0.110)
λ (ρ)			0.405*** (0.117)	-0.081 (0.167)	0.347*** (0.055)	-0.059 (0.081)	0.373*** (0.081)	-0.091 (0.060)
模型	FEM	FEM	SEM	SEM	SLM	SLM	SDM	SDM
N	600	600	600	600	600	600	600	600
R^2	0.689	0.925	0.677	0.925	0.696	0.926	0.731	0.944

第五节　本章小结

产业发展和技术进步是影响碳生产率的重要因素，也成为实践工作中节能减排的最重要抓手。在经典理论中，产业升级、产业集聚和技术进步能够改善生产效率，进而提升碳生产率。基于上述背景，本章构建了碳生产率的希克斯中性生产函数，并采用2000~2019年中国30个省（区、市）的面板数据检验了产业升级、产业集聚和技术进步对碳生产率的影响；同时利用SBM模型测算了全要素生产率及其成因，并在中介效应分析框架内进一步考察了技术效率的传导机制。

第一，技术进步、产业升级和产业集聚对碳生产率具有显著的促进作用。近年来各地区专利总量的快速攀升，尤其是能源低碳等绿色专利所占比重的稳定增长，以每百名全时研发人员授权专利数表征的狭义技术进步对碳生产率表现出显著的正向效应。产业结构由高耗能、高排放向低耗能、低排放的转型升级有助于节能减排，进而促进碳生产率提高，这一结论也获得了本章所考察省级数据样本的经验支持。产业的集聚发展能够通过共享机制、互补机制提高生产效率，进而带动碳生产率提升，以单位土地面积的非农产出表征的区域产业集聚变量与碳生产率之间呈现显著的正向相关关系。因此，加强技术创新的绿色低碳偏向引导、加快产业结构的调整升级和集聚发展，能够进一步推动碳生产率的可持续增长，进而为各地区碳达峰、碳中和的实现路径提供制度积累和技术铺垫。

第二，中国低碳经济转型发展具有空间依赖特征，碳生产率、技术进步、产业升级和产业集聚表现出不同的空间溢出效应。空间效应检验提供的经验证据表明，周边省份的碳生产率提高会通过空间关联对本地碳生产率产生促进作用，产业升级的空间关联则对本地碳生产率表现为负向溢出效应，技术进步和产业集聚对碳生产率的空间溢出效应不明显。在绿色GDP绩效考核驱动下，地方政府在节能减排的制度设计上易于形成策略性竞争效应和模仿效应，进而形成了有效的区域联动效应。在市场机制作用下，一个地区的产业升级容易带动周边关联地区进行产业互补调整，不利于承接产业转移地区的碳生产率提升，进而使得产业升级对碳生产率表现出空间负向溢出效应。产业集聚和技术进步对碳生产率的空间溢出效应不显著，表明产业集聚的溢出效应和虹吸效应、技术进步的低碳偏向和产出偏向均存在相抵效应。

第三，技术进步、产业升级和产业集聚能够显著改善全要素生产率，进而促进碳生产率增长，技术效率扮演了中介变量的角色。SBM 测算结果显示，要素的过度使用弱化了技术效率对碳生产率的促进作用，这主要取决于资本投入的偏向性。以节能减排的技术应用为导向的物质资本投资有助于改善技术效率进而提高碳生产率，以简单扩大再生产为导向的物质资本投资会引致碳排放和能源消费增加进而不利于技术效率改善。中介效应检验结果显示，技术进步、产业升级和产业集聚在中介变量方程中显著，在同时纳入核心变量和中介变量的总方程中系数不显著，但是技术效率对碳生产率的影响显著为正。因此，综合中介效应的检验步骤和判断标准，全要素生产率是技术进步、产业升级和产业集聚影响碳生产率的中介变量，而且存在完全中介效应。

在一个规范、严谨的分析框架内，技术进步、产业升级和产业集聚对碳生产率的重要影响更加凸显。技术进步和产业发展是中国持续推进节能减排的重要抓手，本章结论对当前的绿色低碳转型发展具有重要的政策意义。

首先，充分发挥政府调控与市场调节在资源配置上的各自优势，积极调整低碳要素存量，优化碳生产率增量。要素过度使用会导致生产效率损失而不利于碳生产率增长，推动以要素流动、要素重置为特征的产业升级和产业集聚发展，有助于提高生产效率进而推动碳生产率持续增长。调整低碳要素存量就是通过完善市场退出机制、健全跨区流动机制，加快淘汰冗余要素、高碳要素。优化碳生产率增量就是通过政策调控和市场机制引导新增资本流向节能减排的技术应用部门，加快推进新能源技术的开发和应用，积极培育低碳绿色发展的新动能。

其次，完善以市场为导向的低碳能源技术创新体系，切实提高低碳能源的技术创新能力。技术进步具有偏向性，主要以资本投入为载体影响低碳经济的增长方式。生产技术进步引致新增资本投入进而带动碳排放和能源消费增加，不利于节能减排；低碳技术进步引致新增资本投入更加偏向节能减排的技术应用，有助于节约能源和降低排放，从而推动碳生产率提升。因此，政府应该加大对低碳能源技术创新活动的政策扶持力度，建立多种有效的低碳能源技术创新激励手段。加大社会宣传力度，提高全民低碳环保意识，以政府采购为表率加大对低碳能源技术及产品的支持力度。建立绿色基金、绿色信贷等绿色金融体系，为高耗能、高排放企业提供低碳能源技术升级改造的资金支持，加大对低碳能源技术创新活动的绿色金融支持力度。

最后，建立节能减排的区域协同联动机制，形成低碳转型发展的区域合力。由于存在区域间的竞争效应和示范效应，碳生产率和技术效率具有正向的空间溢出效应。发挥区域联合节能减排的合作作用，就需要政府积极探索建立地区间的长期交流互信机制，打破地区间合作交流的体制机制障碍和基础设施阻碍。通过区域间共同规划和协同实施等方式，推动产业协同转型升级和集聚发展，加强低碳技术的交流合作与协同创新，促进区域间共享产业转型发展和低碳技术创新带来的效率红利，实现区域间低碳绿色转型的协同发展和共赢发展。在官员绩效考核中增加区域绿色低碳协同发展的权重，引导地方官员在节能减排的工作中注重与周边地区进行协同互补的联动，避免孤岛效应和虹吸效应。

第七章　低碳试点政策的碳生产率提升效应

为了进一步促进全国范围内的节能减排、推动碳生产率的可持续增长，国家发展和改革委员会自2010年以来先后下发了《关于开展低碳省区和低碳城市试点工作的通知》和《关于开展碳排放权交易试点工作的通知》。低碳试点工作以低碳发展规划为主，通过降低产业碳排放、完善低碳设施、增强居民绿色生活理念等方式，落实温室气体排放目标的约束。碳排放权交易试点则强调市场手段对排放总量的控制，推动以碳生产率增长为特征的低碳经济发展。因此，明确低碳试点政策的效果及其主要渠道，对继续推进节能减排工作和实现“双碳”目标具有重要意义。

本章内容安排如下：第一节为关于低碳试点政策实施效果的文献综述；第二节为低碳试点政策的相关内容介绍；第三节为基于回归控制法的试点政策对碳生产率增长的推动效果评价；第四节为基于DID模型的低碳试点政策作用渠道分析；第五节为本章的主要结论。

第一节　文献综述

一　低碳试点政策框架

为了探索低碳经济发展模式，践行低碳转型发展路径，有效落实控制温室气体排放的自主行动贡献目标，国家发展和改革委员会自2010年以来先后出台了低碳省市试点政策和碳排放权交易试点政策。从政策内容和具体实践来看，多批次的省市试点工作可以区分为规划导向试点和市场导向试点两种类型，前者以低碳规划引导为主，后者以低碳市场引导为主。

1. 规划导向型

2010 年 7 月、2012 年 11 月和 2017 年 1 月，国家发展和改革委员会先后下发了三批低碳省市试点工作的通知，省市和城市/地区的分布如表 7-1 所示。低碳试点政策覆盖的地区范围非常之广，既包括重点省份和全部直辖市，也涵盖了一、二、三线的大中小城市和地区。覆盖地区包括东部、中部、西部三个区域，老工业城市和非老工业城市也均有所涉及。尽管低碳试点重心逐步由省市转向城市，但经济发展水平、产业结构和区域位置等特征对政策效果的影响具有共性，试点工作的最终目的都是全面推进低碳转型和可持续发展（董梅、李存芳，2020）。

根据 2010 年的《关于开展低碳省区和低碳城市试点工作的通知》，国家布置了试点地区的具体任务：①编制低碳发展规划，将调整产业结构、优化能源结构、节能增效、增加碳汇等工作结合起来，明确本地区温室气体的排放目标，旨在降低碳排放强度，探索低碳绿色发展模式；②建立相应的配套政策，实行控制温室气体排放目标责任制，探索市场手段推动目标落实；③建立低碳排放产业体系推动技术创新，并利用低碳技术改造提升传统产业；④建立温室气体排放数据统计和管理体系；⑤倡导、践行绿色低碳的生活模式。第二批试点政策进一步对低碳工作予以明确，第三批试点政策强调积极探索创新经验和做法，提高低碳发展管理能力，形成可复制、可推广的经验。

表 7-1 规划导向试点政策的地区分布

试点批次	开始时间	省市	城市/地区
第一批次	2010 年 7 月	广东、辽宁、湖北、陕西、云南、天津和重庆 7 个省市	深圳、厦门、杭州、南昌、贵阳和保定 6 个城市
第二批次	2012 年 11 月	北京、上海和海南 3 个省市	石家庄、秦皇岛、晋城、呼伦贝尔、吉林、苏州、淮安、镇江、宁波、温州、池州、南平、景德镇、赣州、青岛、济源、武汉、广州、桂林、广元、遵义、昆明、延安、金昌、乌鲁木齐、大兴安岭地区 26 个城市和地区

续表

试点批次	开始时间	省市	城市/地区
第三批次	2017 年 1 月		乌海、沈阳、大连、朝阳、南京、常州、嘉兴、金华、衢州、合肥、淮北、黄山、六安、宣城、三明、吉安、抚州、济南、烟台、潍坊、长沙、株洲、湘潭、郴州、中山、柳州、三亚、成都、玉溪、安康、兰州、西宁、银川、吴忠以及逊克县、共青城市、长阳土家族自治县、琼中黎族苗族自治县、普洱市思茅区、拉萨市、敦煌市、昌吉市、伊宁市、和田市、第一师阿拉尔市 45 个城市和地区

资料来源：根据政策文件整理。

从政策内容来看，规划导向试点政策主要通过编制低碳发展规划整合多项节能减排工作，并建立配套政策体系，进而推动经济的低碳转型发展。从政策工具来看，试点政策的实施主要包括命令控制型、公众参与型和市场激励型三种方式（徐佳、崔静波，2020）。区别于碳排放权交易的市场手段，规划导向型市场激励政策主要以减免税收和财政补贴等方式促进企业减排成本内部化，从而达到引导企业低碳转型发展的目的。其中，命令控制型和公众参与型的政策工具主要通过推动产业结构升级和能源结构优化来提升节能减排效率，市场激励型的政策工具主要通过驱动技术创新来提升节能减排效率（张兵兵等，2021）。

2. 市场导向型

2011 年 10 月，国家发展和改革委员会发布了《关于开展碳排放权交易试点工作的通知》，批准北京、天津、上海、重庆、广东、湖北、深圳 7 省市开展碳排放权交易试点工作，推动运用市场机制以较低成本实现控制温室气体排放行动目标，加快经济发展方式转变和产业结构升级。随后，深圳（2013 年 6 月）、上海（2013 年 11 月）、北京（2013 年 11 月）、广东（2013 年 12 月）、天津（2013 年 12 月）、湖北（2014 年 4 月）、重庆（2014 年 6 月）陆续启动交易试点。2014 年 12 月，国家发展和改革委员会发布了《碳排放权交易管理暂行办法》，首次从国家层面对全国统一的碳排放权交易市场总体框架进行了明确。2017 年 12 月，国家发展和改革委员会发布了《全国碳排放权交易市场建设方案（发电行业）》，标志着全国统一的碳排放权交易市场开启建设。2021 年 1 月，生态环境部正式发布了《碳排放权交易管理办法（试行）》，定位于规范全国碳排放权交易及相关活动，规定了各级生态环境主管部门和市场参与主体的责任、权利和义务，以及全国碳排放权市场运行的关键环节和工作要求。

最初的 7 个碳排放权交易试点全部来自之前的低碳省市试点，排放权交易市场建设在参与主体、制度体系和管理层级等方面具有一定复杂性，低碳试点工作在多个方面积累了丰富经验，并培育了一定的市场参与主体。相比于规划试点政策对低碳转型发展的调控和引导，市场导向政策（即交易试点政策）更加强调碳排放的总量控制，通过市场手段调节企业生产成本，从而能够充分调动节能减排的积极性。一方面，高排放企业购买超额排放权会增加生产成本，低排放企业出让剩余排放权会获得额外利润，成本收益效应会引导高排放企业和低排放企业均倾向于降低碳排放，从而实现节约成本和额外获利的目的。另一方面，当高排放企业购买配额的成本小于技术革新成本时，它们会倾向于后者来实现减排；当低排放企业卖出配额的收益大于技术创新成本时，它们会倾向于后者来加快低碳技术研发（刘传明等，2019）。当然，也有学者指出，虽然节能和低碳技术创新可以降低企业生产的外部成本，但是不能像传统创新那样转化为技术或产品从而带来额外收益，因而存在市场失灵的困境（钟昌标等，2020）。此时，财政补贴、绿色信贷等政策可以解决上述市场失灵问题，更多社会风险资金的流入，不但能够为企业提供低碳能源技术创新动力，同时也能够通过优化市场配置倒逼企业进行低碳能源技术创新（陆菁等，2021）。

综上所述，经历多批次低碳规划试点和碳排放权交易试点，各地区积累了丰富的低碳发展经验，全国统一的碳排放权交易市场即将建成运行。规划试点政策以命令控制、公众参与和市场激励等政策工具为主，政府调控起到了主导作用；交易试点政策以碳排放市场的总量控制为主，市场手段起到了主导作用。规划试点政策通过引导产业结构升级、能源结构优化和绿色技术创新促进节能减排，交易试点政策通过成本激励效应、技术创新效应和市场导向效应促进节能减排。然而，当前全国统一碳排放权交易市场仍然处于起步阶段，进一步总结试点政策的成功经验，对碳排放权交易的制度体系建设和配套政策完善具有重要意义。

二　低碳政策效果评价

从研究内容来看，目前对低碳试点政策的研究主要集中在以下三个方面。

一是关于低碳城市评估指标体系的构建和政策梳理。例如，付允等（2010）对低碳城市特征进行了概括，总结了评估城市低碳水平的方法，从经济、社会和环境三个方面构建了低碳城市评价指标体系。丁丁等（2015）选择10个指标，通过聚类分析对试点城市进行了分类评估。陈楠和庄贵阳（2018）从六个方面的低碳城市建设指标体系出发对试点地区进行了评估，认为低碳城市建设取得了较好的结果，但政策实施过程中存在局部不平衡等问题。庄贵阳（2020）对低碳试点政策的设计逻辑进行了系统梳理，得出试点—扩散机制与政府行为的分析框架。

二是评估低碳试点政策的减排效应和环境效益。例如，邓荣荣和詹晶（2017）以第一批低碳试点的8个城市为研究对象，通过双重差分方法分析表明，低碳试点能抑制试点城市的碳排放强度。周迪等（2019）利用第二批试点城市的分析也得到了相同的结论。张华（2020）用2003~2016年的面板数据对低碳试点政策是否影响碳排放进行了评估，结果显示，低碳建设显著降低了碳排放。宋祺佼等（2015）通过分析36个试点城市的碳排放现状提出了相反的观点，认为低碳试点城市人均二氧化碳水平仍呈现上升趋势。陆贤伟（2017）通过合成控制方法对首批省级低碳试点地区进行了研究，发现试点政策实施后只有重庆、陕西的碳排放量显著下降。任亚运等（2020）利用省级面板数据进行评估，结果表明，低碳试点政策的实施有效降低了二氧化碳的排放量与排放强度。杨秀汪等（2021）基于合成控制法研究了碳交易试点政策的减排效应，发现试点政策起到了较为显著的减排效果。李治国和王杰（2021）利用合成控制法和空间DID模型相结合的方法，研究发现，碳排放权交易试点政策整体上有效促进了试点地区的碳减排，通过政策溢出效应同时有助于抑制邻近地区的碳排放。

三是评估低碳试点政策除节能减排外的其他间接效应，包括脱钩效应、产业升级效应、创新驱动效应、绿色效率改善效应以及外商投资效应等。例如，刘竹等（2011）研究了第一批低碳试点省份经济增长与碳排放变化的相关关系，认为经济增长与碳排放之间存在弱脱钩态势。逯进等（2020）基于2003～2016年213个地级市数据，通过DID模型估计发现低碳城市试点政策对产业结构升级有积极作用，其作用机制为财政分权、技术创新、绿色消费观念三个渠道。宋德勇等（2020）利用面板数据和双重差分模型对试点政策的创新效应进行了考察，研究发现，与第一批试点城市相比，第二批试点城市的技术创新效应更加明显，且环境规制和资源禀赋、城市规模发挥着重要的调节作用。刘自敏等（2022）基于城市面板数据考察了碳交易试点政策对绿色技术进步偏向的影响，结果表明，试点政策促进了城市产出有偏技术进步及绿色技术进步偏向，在一定程度上实现了预期减排目标。王亚飞和陶文清（2021）的实证结果表明，试点政策有效提高了全要素绿色生产率，绿色效应在不同区域表现出明显的异质性，东部地区的政策效应为正向效果，中西部效应为负。王巧和佘硕（2020）采用双重差分法探讨低碳试点政策是否存在绿色增长效应，研究表明，低碳试点政策有利于试点城市绿色增长。邵帅和李兴（2022）基于2003～2016年276个城市面板数据估计了碳排放交易试点政策的DID模型，发现试点政策的实施显著促进了经济高质量发展，并且主要通过技术创新、产业升级以及相关环境政策的协同效应来实现经济发展质量的提高。张志新和刘名多（2019）的研究表明，低碳试点政策对试点城市的进出口贸易依存度表现出抑制作用。龚梦琪等（2019）研究认为，低碳试点政策对FDI具有正向作用且随着城市等级和区位的变化而变化。

综上所述，大多数经验研究采用的政策评估方法以合成控制法、双重差分模型以及二者结合为主，均提供了低碳试点政策对节能减排和绿色发展具有一定积极作用的证据，但在不同发展指标的评价结果上仍然略有差异。碳排放与碳强度的结果不同，正如前文所言，这与不同省份所处相对减排与绝对减排的阶段差异有关，不同的统计口径便会产生不一致的结论。此外，现有文献在对低碳规划试点政策的评估中并未对碳排放交易试点政策的影响进行有效提出，因为碳排放交易试点地区均是早期的规划试点地区，二者存在叠加效应。碳排放交易试点主要集中在省级行政区，这在交易主体覆盖范围上存在显著的地区内部差异，部分研究采用城市面板数据进行的政策评估可能存在显著偏误。碳生产率是低碳经济发展的重要衡量指标，同时考虑了碳排放总量与经济增长，因此本章重点评估规划试点政策与交易试点政策对碳生产率的影响及其作用机制。鉴于低碳规划城市试点在各省份均有分布，碳排放交易试点主要集中在省级行政区，以及考虑到本章的研究对象，本章主要采用省级面板数据并构造相同的控制组对两种低碳试点政策的碳生产率进行评估和比较。

第二节　实证策略

一　回归控制法

采用新近发展的回归控制法来评估低碳试点政策的平均处理效应，该方法能够体现不同政策干预对象的异质性。基本思想是利用横截面单位之间的相关性来构造“反事实”，隐含假定为经济体系中一些未观察到的公共因子对截面单位产生不同驱动效应，从而使得截面单位之间具有某种关联性（Hsiao et al.，2012）。

定义 y_{it} 为 i 地区的碳生产率指标，假定其生成过程是一个因子模型：

$$y_{it} = \alpha_i + \beta_i' f_t + u_{it} \tag{7-1}$$

其中，$i=1, 2, \cdots, N$ 表示地区；$t=1, 2, \cdots, T$ 表示时间；f_t 表示随时间 t 变化且未被观测到的 $K\times1$ 维公共因子向量；β_i 表示随地区 i 变化的 $K\times1$ 维系数向量；α_i 为地区固定效应；u_{it} 表示随时间变化且满足 $E(u_{it})=0$ 的随机因子。

假设 $t=T_1$ 时刻在 $i=1$ 地区实施了低碳经济刺激政策，政策实施后对干预地区的碳生产率产生了影响，即有 $y_{1t}=y_{1t}^0$、$t\leqslant T_1$，$y_{1t}=y_{1t}^1$、$t>T_1$；干预地区的政策实施对其他地区无影响，即有 $y_{it}=y_{it}^0$、$i\geqslant 2$。由此可定义政策干预对地区 $i=1$ 碳生产率的处理效应 Δ_{1t} 为：

$$\Delta_{1t} = y_{1t}^1 - y_{1t}^0, t > T_1 \tag{7-2}$$

式（7-2）中的 y_{1t}^1 和 y_{1t}^0 不可以被同时观测到，为了估计碳生产率的处理效应，必须构建 $t=T_1+1$，…，T 时刻 y_{1t}^0 的"反事实"结果。根据回归控制法的基本思想，由于各地区均受到低碳经济体系中的共同因子影响，所以可以选择未受政策干预地区的低碳经济变量代替 f_t 进行拟合。首先利用 T_1 前的时间序列拟合 y_{1t}^0，然后进行样本外推得到"反事实"的预测值 $\hat{y}_{1t}^0$（Hsiao and Zhou，2019），即：

$$\hat{y}_{1t}^0 = \hat{\alpha}_1 + \hat{\beta}_1' y_t^0, t = T_1 + 1, \cdots, T \tag{7-3}$$

此时，低碳政策对碳生产率的处理效应估计值为：

$$\hat{\Delta}_{1t} = y_{1t} - \hat{y}_{1t}^0 = y_{1t} - \hat{\beta}_1' y_t^0 - \hat{\alpha}_1, t > T_1 \tag{7-4}$$

根据某一时刻的处理效应，可以进一步计算整个评估期［T_1+1，T］的平均处理效应（ATE）为 $\hat{\Delta}_1 = \sum_{t=T_1+1}^{T} \hat{\Delta}_{1t} / (T-T_1)$。在实际操作中，还可以加入额外的控制变量拟合式（7-3），为此本章采用 Lasso 回归进行参数估计，利用交叉验证均方误差（CVMSE）方法选择最优预测模型。

本章选择试点省份的碳生产率（*cp*）作为低碳政策效应的评估指标。参考相关文献，额外选择了经济发展（*yp*）、能源结构（*es*）、资本替代（*ke*）和劳动替代（*le*）作为控制变量，以进一步体现生产效率和要素替代的地区关联效应对碳生产率的影响。其中，碳生产率采用各省份碳当量排放与 GDP 之比来测度，经济发展采用人均 GDP 来衡量，能源结构为煤炭消费所占比重，资本替代为资本存量与能源消费之比，劳动替代为就业人数与能源消费之比。省级面板数据的时间跨度为 2000～2019 年，碳生产率、人均 GDP 和资本替代均调整为 2000 年可比价格，物质资本存量沿用前文的永续盘存法进行核算，上述变量指标的原始数据来源于

《中国统计年鉴》《中国能源统计年鉴》，以及各省份统计年鉴。

二　双重差分模型

为了考察低碳试点政策与碳生产率之间的因果关系，构建如下 DID 模型：

$$cp_{it} = \beta_0 + \beta_1 da_{it} + \beta_2 dm_{it} + \beta_3 x_{it} + \lambda_i + \mu_t + u_{it} \tag{7-5}$$

其中，i 表示省份，t 表示年份；cp_{it} 表示省份 i 在第 t 年的碳生产率；da_{it} 表示省份 i 在第 t 年是否实施了规划试点政策，实施了赋值为 1，否则赋值为 0；dm_{it} 表示省份 i 在第 t 年是否实施了交易试点政策，实施了赋值为 1，否则赋值为 0；x_{it} 表示一系列控制变量；λ_i 表示省份固定效应；μ_t 表示年份固定效应，u_{it} 表示随机扰动项；β_1、β_2 为本章关注的核心估计系数，反映了规划试点政策和交易试点政策对碳生产率的影响。

进一步，参考陈诗一和陈登科（2018）、邵帅和李兴（2022）的做法，构建如下 DID 模型进行试点政策的影响机制识别：

$$M_{it} = \alpha_0 + \alpha_1 da_{it} + \alpha_2 dm_{it} + \alpha_3 x_{it} + \eta_i + \gamma_t + \varepsilon_{it} \tag{7-6}$$

其中，M 为潜在的机制变量，η、γ、ε 分别为省份固定效应、年份固定效应和随机扰动项。本章关注的核心系数为 α_1 和 α_2，如果统计检验显著则表明低碳试点政策的实施能够通过相应机制变量影响碳生产率。

为了减小多重共线性对参数估计造成的影响，基准检验和机制识别的 DID 模型均统一采用经济发展（yp）作为控制变量，从而保证各个机制变量能够在同一尺度上被识别。参考现有相关文献对碳生产率影响因素的研究，以及之前章节的碳生产率增长核算框架，选择能源生产率（ee）、能源结构（es）、技术效率（te）、资本替代（ke）、劳动替代（le）、产业结构（st）、产业升级（up）、产业集聚（ag）、技术进步（rd）以及人力资本（hc）作为潜在机制变量。其中，碳生产率、经济发展、能源结构、资本替代和劳动替代的变量指标测度与回归控制模型相同。能源生产率采用各省份 GDP 与能源消费之比来测量，技术效率选择上一章基于 SBM 模型测算的低碳综合效率来衡量，产业结构为第二产业增加值在

GDP 中所占的比重，产业升级为第三产业与第二产业的增加值之比，产业集聚采用单位土地面积的非农产业增加值来衡量，技术进步采用每百名全时研发人员授权专利数来衡量，人力资本采用劳动力平均受教育年限来测度。为了减小异方差的影响，所有变量均取自然对数后纳入 DID 模型，碳生产率、能源生产率、人均 GDP、资本替代、单位面积非农产值等名义价格指标均调整为 2000 年可比价格。为排除 2005 年之后能源强度减排政策的影响，选择 2006~2019 年的省份面板数据为样本，原始数据来源于《中国统计年鉴》《中国能源统计年鉴》《中国科技统计年鉴》，以及各省份统计年鉴。

第三节 政策效果评估

一 回归控制结果

回归控制法的实验组为规划试点和交易试点省份，剩余省份全部设定为备选控制组。考虑到政策的滞后性，对规划试点年份做滞后一期处理，即天津、辽宁、湖北、广东、重庆、云南和陕西 7 个第一批试点省市的时间节点设定为 2011 年；由于公布北京、上海和海南 3 个第二批试点省市的时间为 2012 年底，因此滞后一年取 2014 年。北京、天津、上海、重庆、广东和湖北 6 个交易试点省市的启动时间均为 2013 年底或 2014 年初，因此统一设定政策效应的时间节点为 2014 年。总体来看，实施低碳试点政策的实验组共有 10 个省份，交易试点省份全部为最初或新近的规划试点省份，备选控制组共有 20 个省份。表 7-2 为碳生产率和控制变量的描述性统计结果。

表 7-2 回归控制模型变量的描述性统计结果

变量	含义	单位	最小值	最大值	均值	标准差	观测数
cp	碳生产率	万元/吨	0.282	7.087	1.607	0.994	600
yp	经济发展	万元/人	0.266	13.811	2.541	2.059	600

续表

变量	含义	单位	最小值	最大值	均值	标准差	观测数
es	能源结构	%	2.540	99.730	73.015	18.282	600
ke	资本替代	万元/吨	0.445	6.979	2.152	1.235	600
le	劳动替代	人/吨	0.050	0.964	0.258	0.157	600

在利用回归控制法进行评估时，需要对截面单位之间的关联性进行拟合，以便从备选省份中选择最优的控制组。为了避免放入过多控制组样本和变量而产生过度拟合问题，本章采用 Lasso-OLS 回归模型，将交叉验证均方误差作为最优模型的选择标准。图 7-1 和图 7-2 展示了各试点省市碳生产率真实值与预测值的拟合效果，实线代表真实值，虚线代表预测值。低碳试点政策实施以前，各省、直辖市的碳生产率真实值与预测值十分接近，这表明控制组省份可以很好地再现试点省份的碳生产率变动趋势，甚至在拐点部分也能实现较好的拟合。然而，在 2011 年和 2014 年低碳政策实施以后，各试点省份碳生产率的真实值与预测值开始逐渐背离。虽然各试点省份在节点年份之后的碳生产率大致呈现快速上升趋势，但除海南以外 9 个省市的“反事实”预测值上升幅度要小于真实值，这表明低碳政策确实促进了大多数试点省份的碳生产率提升。海南的“反事实”预测值上升幅度显著大于真实值，说明低碳试点政策在海南的实施效果并不理想。

具体而言，聚焦单项规划试点政策的实施效果可以看出，云南、陕西和辽宁在规划试点政策实施以后，2011 年的真实值便开始高于预测值，平均政策效应分别为 0.663、0.263 和 0.151，低碳规划政策对碳生产率的提升效果明显。海南于 2014 年实行低碳试点以来，碳生产率真实值持续低于预测值，2014~2019 年平均处理效应为-0.269，说明低碳规划试点政策在海南并未发挥应用的积极作用，反而引致反弹效应并阻碍了碳生产率的提升。从规划试点与交易试点的叠加效应可以看出，湖北、广东碳生产率的真实值自 2011 年开始便持续高于预测值，平均处理效应分别为 1.048 和 0.390，且 2014 年以后的处理效应明显高于之前年份，说明这两个省份的规划试点政策和交易试点政策对碳生产率的提升都发挥了积极的作用，而且交易试点政策具有进一步的增强效应。重庆 2011 年的碳生产率真实值小于预测值，2012 年开始才持续高于预测值，2011～2019 年平均处理效应为 0. 803，且 2014 年以后的处理效应显著提升，表明重庆的规划试点政策效果滞后 1 年，交易试点政策具有进一步的增强效应。与之相反，天津的真实碳生产率在 2011～2013 年均小于预测值，2014 年开始才持续高于预测值，规划试点在初期表现为反弹效应，交易试点政策实施后的叠加效应呈现递增趋势，平均处理效应为 0. 126。北京、上海均于 2014 年同时实施规划试点和交易试点，北京碳生产率的真实值从政策实施开始便持续高于预测值，低碳试点政策表现为叠加效应，平均处理效应为 0. 279；上海碳生产率的真实值在 2014 年高于预测值，2015～2016 年低于预测值，2017～2019 年又高于预测值，两者叠加的政策实施效果相对较差，平均处理效应仅为 0. 099。

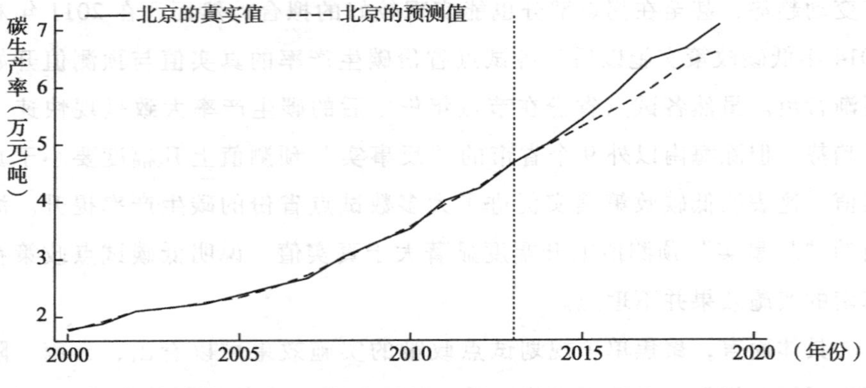

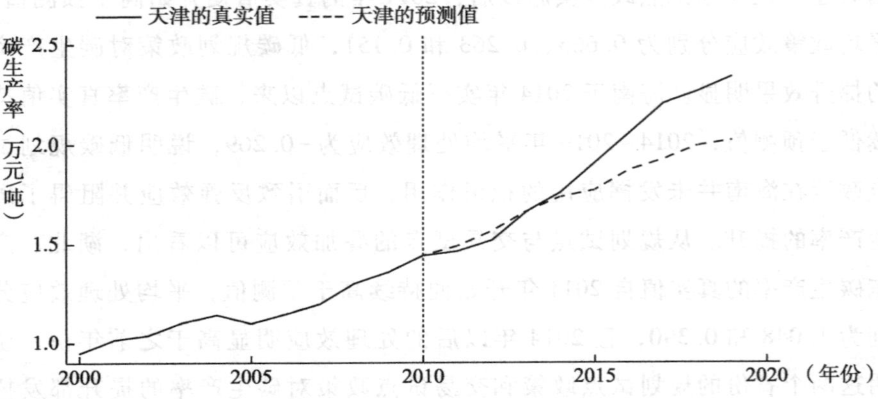

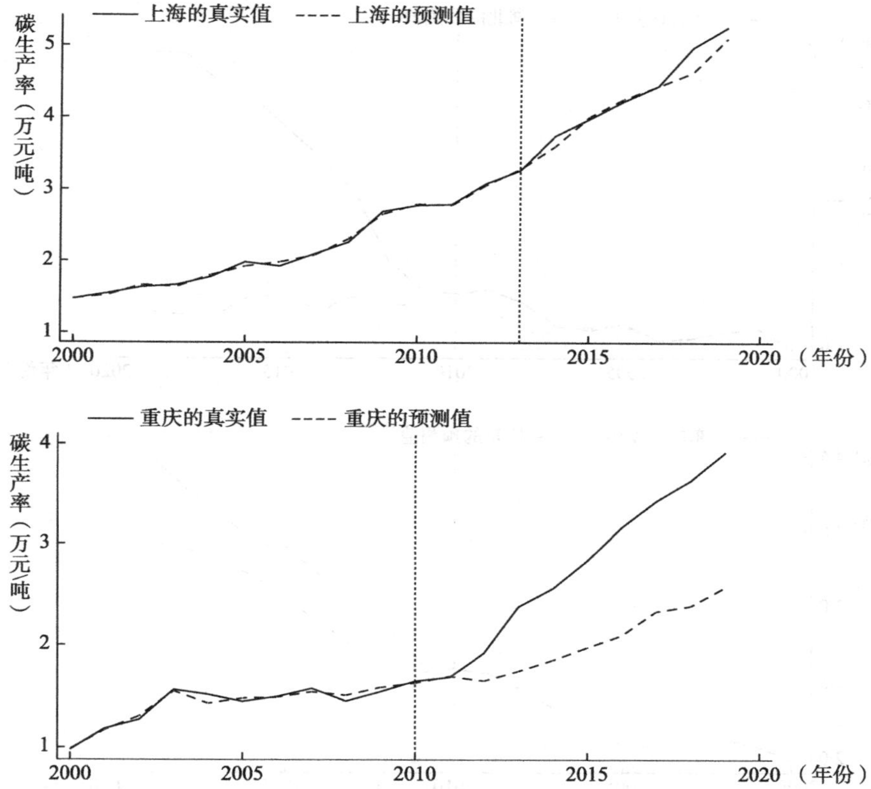

图 7-1　试点直辖市与回归控制直辖市的碳生产率

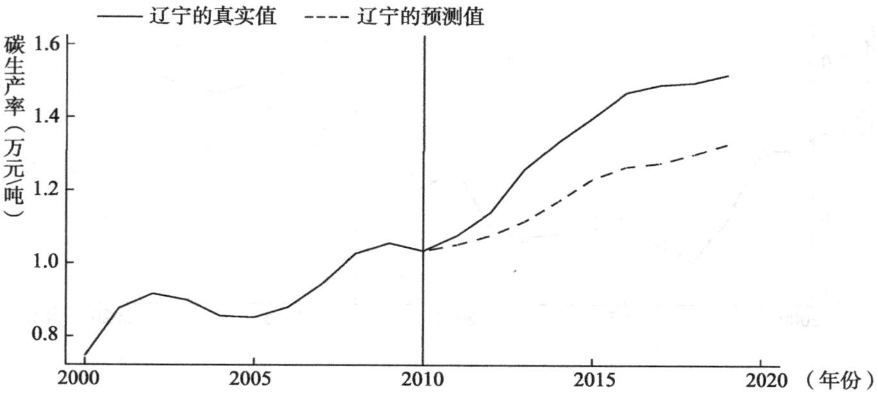

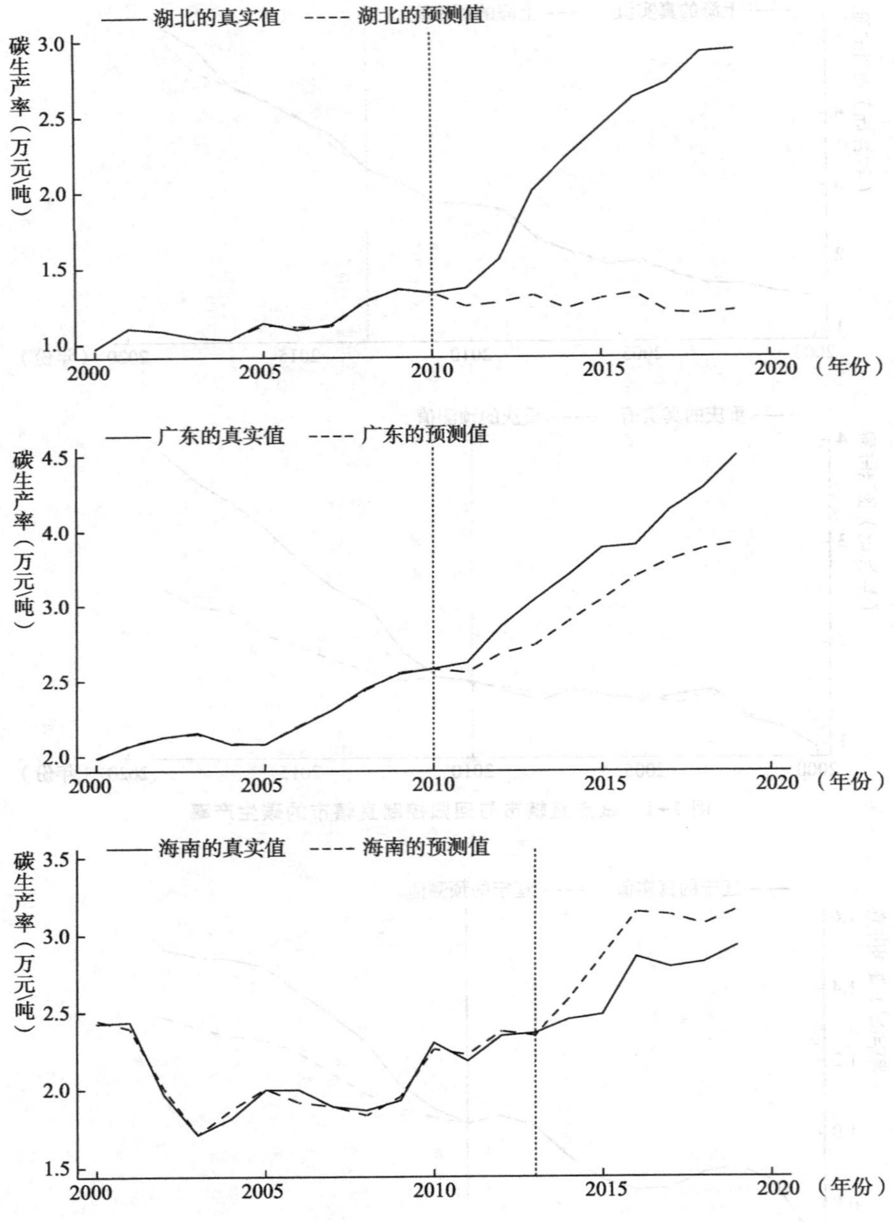

湖北的真实值
湖北的预测值
碳生产率（万元/吨）
3.0
2.5
2.0
1.5
1.0
2000
2005
2010
2015
2020
（年份）
广东的真实值
广东的预测值
碳生产率（万元/吨）
4.5
4.0
3.0
2.5
2.0
2000
2005
2010
2015
2020
（年份）
海南的真实值
海南的预测值
碳生产率（万元/吨）
3.5
3.0
2.5
2.0
1.5
2000
2005
2010
2015
2020
（年份）

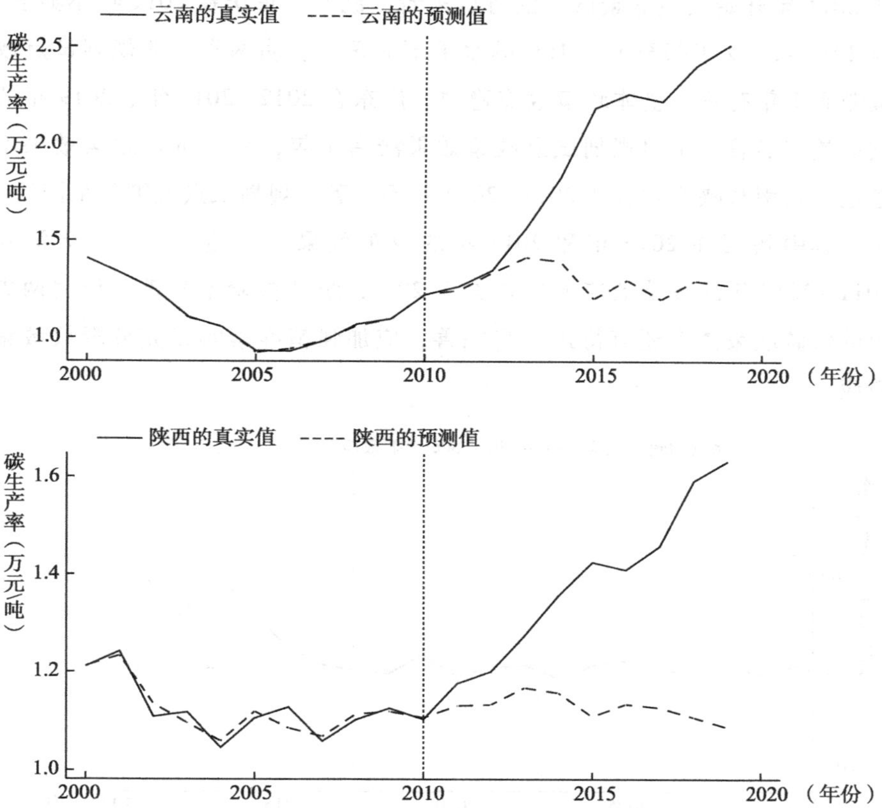

图 7-2 试点省份与回归控制省份的碳生产率

二 稳健性检验

回归控制法得到的非参数估计结果难以满足大样本推断技术的要求，宜采用排序检验来实现随机化推断。假设在控制组中随机选择任意一个省份接受低碳试点政策干预，利用回归控制法对其进行政策评估，如果实际的政策效果与假定的政策效果之间差异足够大，则认为统计上是可信的。由于本章的控制组样本仅有 20 个，很难满足常规统计量的显著性条件，所以根据实际情况调整为 20% 的置信水平作为统计检验的标准（董梅、李存芳，2020）。

图 7-3 和图 7-4 展示了实验组省份与控制组省份的处理效应差异，实线代表实验组省份的政策效应，虚线代表了控制组省份的安慰剂效应。

从2011年开始实施低碳试点的省份来看，湖北、重庆在2011年不显著，但2012~2019年都至少在10%的水平下显著，表明两省市的规划试点政策滞后1年有效，整体政策效应稳健。广东在2012~2015年、2019年的政策效应显著，说明规划试点政策效果滞后1年，交易试点政策效果不稳定。云南和陕西两省在2011~2014年不显著，规划试点政策效果滞后4年，其中陕西在2016年和2017年的政策效果不稳定。辽宁、天津在2011~2019年的政策效应p值均大于20%，统计检验不显著，说明两省市的低碳政策体系还有待进一步完善，应加强精准落实以充分释放政策效应。

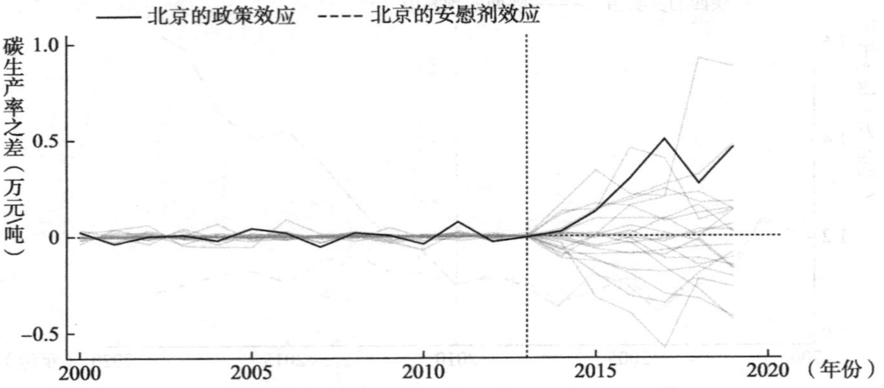

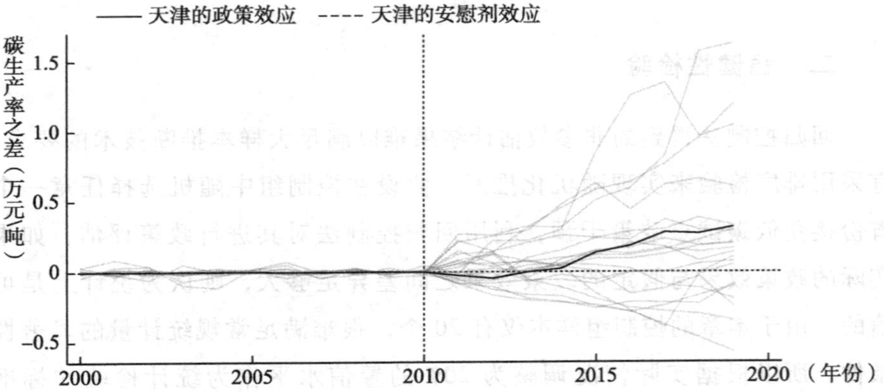

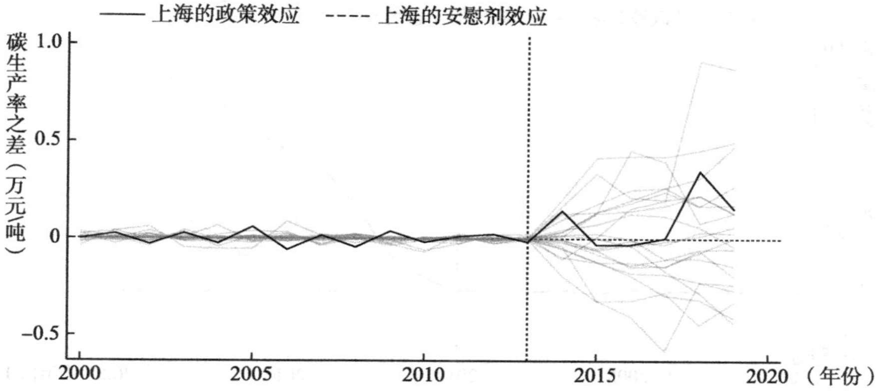

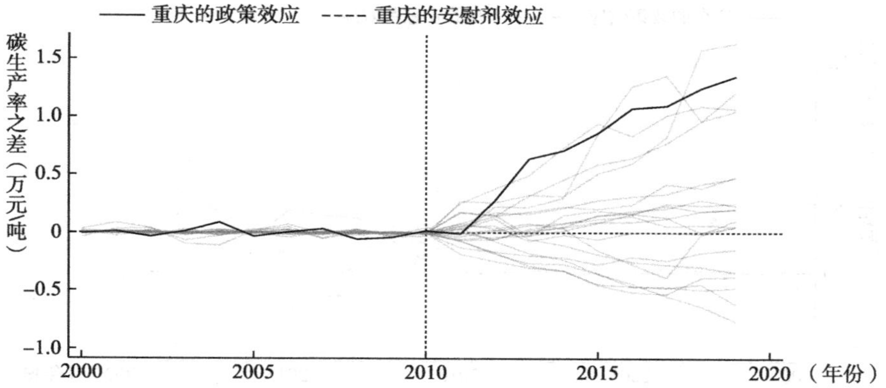

图 7-3 试点直辖市碳生产率的排序检验

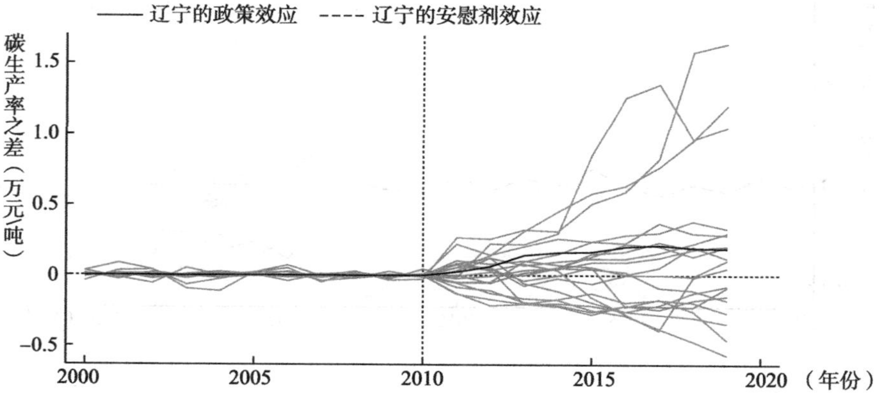

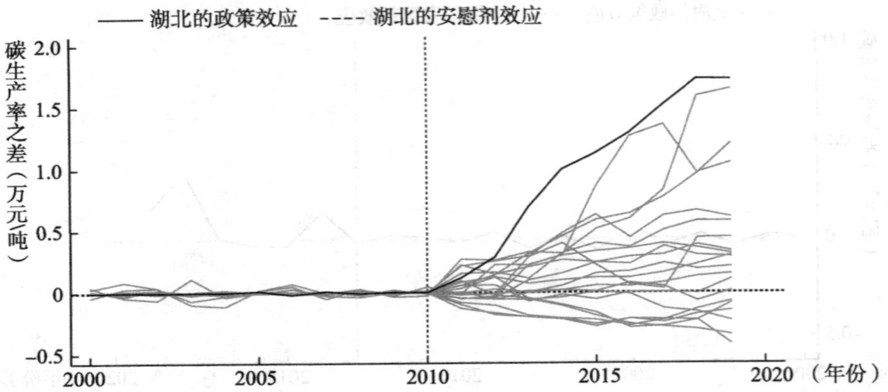
湖北的政策效应
湖北的安慰剂效应
碳生产率之差（万元/吨）
2.0
1.5
1.0
0.5
0
−0.5
2000
2005
2010
2015
2020
（年份）

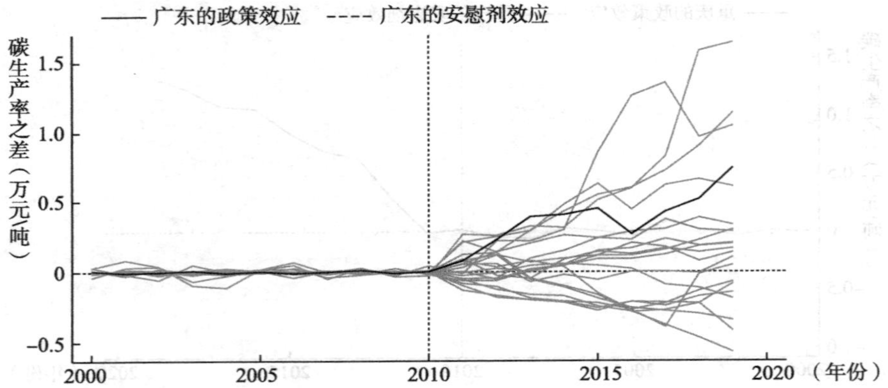
广东的政策效应
广东的安慰剂效应
碳生产率之差（万元/吨）
1.5
1.0
0.5
0
−0.5
2000
2005
2010
2015
2020
（年份）

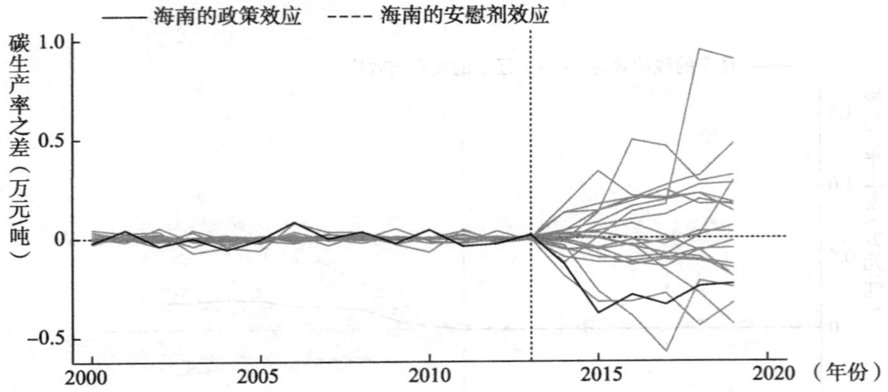
海南的政策效应
海南的安慰剂效应
碳生产率之差（万元/吨）
1.0
0.5
0
−0.5
2000
2005
2010
2015
2020
（年份）

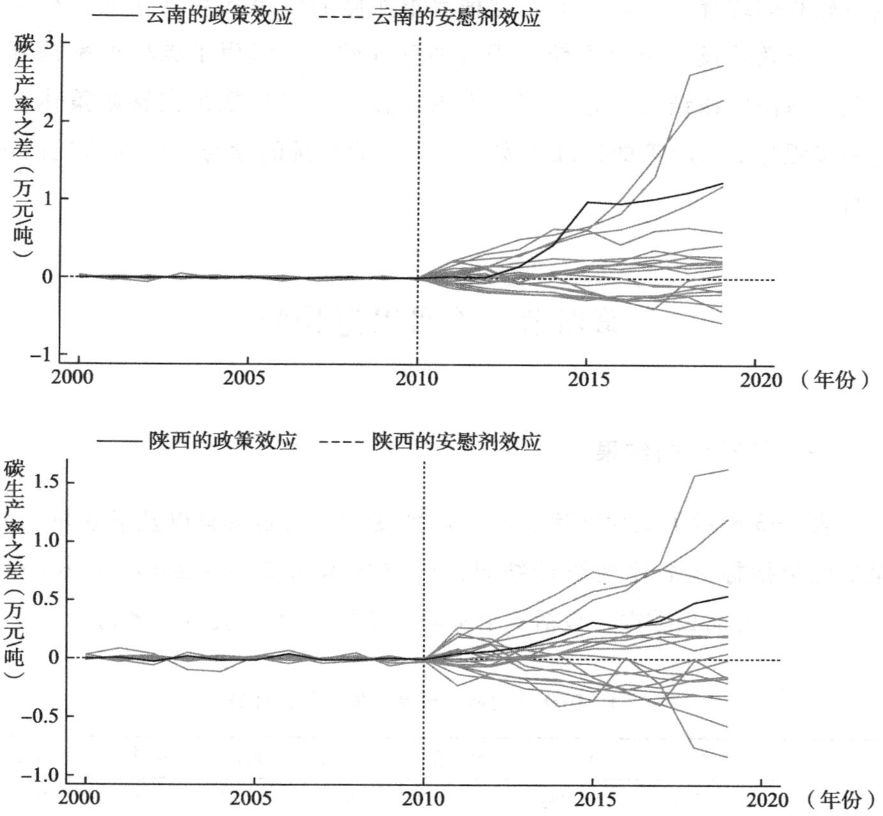

图 7-4 试点省份碳生产率的排序检验

从 2014 年开始实施低碳试点的省份来看，北京在 2016~2019 年显著，表明规划试点和交易试点的实施效果滞后 2 年，二者叠加的政策效应稳健，表现出对碳生产率的显著提升效应。上海的低碳政策于 2014 年开始就表现出对碳生产率的显著促进效应，虽然不存在时滞性，但是 2015 年之后政策效果的统计检验却持续不显著，直到 2018 年才又表现出显著的碳生产率提升效应。上海试点的低碳政策叠加对碳生产率的提升效果不明显且持续性较差，这可能与上海处于全国领先地位的低碳转型发展水平有关，较大的节能减排成本约束会限制碳生产率的进一步提升，可能还需要借助全国统一碳排放权交易市场的优化调节才能持续释放政策红利。海南自 2014 年实施低碳规划试点政策以来，历年的政策效应均具有较高的统计显著性，但是这种政策实施的效果却与预期大大相反，规划试点政策反而引致了较大程度的反弹效应，阻碍了碳生产率提升。因此，海南应该结合本地经济的发展阶段、发展特征来完善政策体系，进一步强化低碳政策的精准落实，严防节能减排的参与主体采取逆向选择行为。

第四节 作用渠道检验

一 基准回归结果

表 7-3 展示了碳生产率、政策虚拟变量、控制变量以及潜在机制变量的测量指标和描述性统计结果，研究样本为 2006～2019 年 26 个省（区、市）的面板数据，包括 6 个实验组省份和 20 个控制组省份。

表 7-3 DID 模型相关变量的描述性统计结果

变量	含义	单位	最小值	最大值	均值	标准差	观测数
ln*cp*	碳生产率	万元/吨	-1.097	1.958	0.387	0.650	364
ln*ee*	能源生产率	万元/吨	-1.655	0.917	-0.244	0.584	364
ln*es*	能源结构	%	0.932	4.601	4.246	0.366	364
ln*te*	技术效率	—	-2.048	0.000	-1.061	0.449	364
ln*ke*	资本替代	万元/吨	-0.598	1.943	0.795	0.514	364
ln*le*	劳动替代	人/吨	-2.996	-0.646	-1.727	0.491	364
ln*st*	产业结构	%	2.785	4.119	3.811	0.207	364
ln*up*	产业升级	—	0.405	1.817	0.689	0.224	364
ln*ag*	产业集聚	万元/公顷	-2.813	6.039	1.665	1.752	364
ln*rd*	技术进步	件/百人	1.300	4.216	3.144	0.675	364
ln*hc*	人力资本	年	1.876	2.625	2.253	0.129	364
ln*yp*	经济发展	万元/人	-0.783	2.625	0.977	0.633	364
da	规划政策	—	0.000	1.000	0.132	0.339	364
dm	交易政策	—	0.000	1.000	0.099	0.299	364

由于碳排放交易试点是在低碳规划试点基础上的再次开展，或是两者同时进行，所以利用回归控制法进行评估无法进一步区分两者的政策效应差异。为了降低样本过小和选择偏误对参数估计造成的影响，在DID框架内依然构造相同的基准控制组。实验组只保留同时是规划试点和交易试点的省市，删除辽宁、海南、云南和陕西，并且这4个省份在回归控制评估中的大多数年份不显著或表现为抑制效应，进入实验组会干扰机制变量的识别检验。试点政策时间节点采用与回归控制法一样的设定，规划试点政策变量为 da，交易试点政策变量为 dm，省份 i 于 t 年实施试点政策赋值为1，否则赋值为0。

表7-4展示了规划试点、交易试点的平均处理效应估计结果，列（1）和列（2）仅控制了省份固定效应和年份固定效应，列（3）和列（4）引入经济发展水平作为控制变量，列（5）进一步控制了两个政策的相互干扰。随着干扰因素逐渐得到控制，模型的拟合优度明显提高。五个模型的政策变量都至少在5%的水平下显著为正，相对于控制组省份样本而言，低碳试点政策的实施显著促进了碳生产率提升。从列（5）的估计结果来看，低碳规划试点政策的平均处理效应为0.0669且在5%的水平下显著，碳排放交易政策的平均处理效应达到了0.1502且在1%的水平下高度显著，交易试点的政策效应要大于规划试点。一方面，低碳规划试点政策通过绿色发展规划整合了多项节能减排举措，能够引导生产生活向节能、低碳方向发展，进而推动了碳生产率提升；另一方面，碳排放交易政策通过总量控制能够进一步对节能减排的成本进行优化调整，从而促进碳生产率获得更大改善。此外，实验组交易政策是在规划政策基础上的二次试点，因此不能厚此薄彼，应该注意两者的有机配合，从而进一步发挥正向叠加效应。

表7-4　DID基准回归结果

变量	(1)	(2)	(3)	(4)	(5)
da	0.1470*** (0.0520)		0.1770*** (0.0506)		0.0669** (0.0291)

续表

变量	(1)	(2)	(3)	(4)	(5)
dm		0.1673** (0.0607)		0.1996*** (0.0562)	0.1502*** (0.0486)
ln*py*			0.4852 (0.3266)	0.5070 (0.3144)	0.5196 (0.3151)
常数项	0.3675*** (0.0069)	0.3703*** (0.0060)	−0.1105 (0.3212)	−0.1281 (0.3086)	−0.1444 (0.3105)
N	364	364	364	364	364
R^2	0.9751	0.9757	0.9769	0.9777	0.9779
个体固定效应	Yes	Yes	Yes	Yes	Yes
时间固定效应	Yes	Yes	Yes	Yes	Yes

注：***、**、*分别表示在1%、5%、10%的水平下显著，括号内为稳健标准误。下同。

DID模型的前提条件是实验组与控制组在政策实施之前必须具有共同的变化趋势。本章评估的低碳试点政策具有两个时间节点，属于多期DID模型，因此采用事件研究法对共同趋势进行检验，具体构建如下检验模型：

$$\ln cp_{it} = \sum_{k=-8}^{8} \delta_k D_{i,t-k} + \beta x_{it} + \alpha_i + v_t + \mu_{it} \tag{7-7}$$

其中，D 为政策虚拟变量，如果省份 i 在 $t-k$ 时期实施了低碳试点政策便赋值为1，否则赋值为0。δ_0 衡量的是当期实施的政策效果，δ_{-8} 至 δ_{-1} 衡量的是实施之前8期的政策效果，δ_1 至 δ_8 衡量的是实施以后8期的政策效果。本章以滞后一期作为基准组，各期实施的政策效应变化趋势如图7-5所示。政策实施以前的各期系数估计值均在0线附近波动，系数不显著，表明实验组和控制组之间的变化趋势无明显差异。低碳试点政策实施以后，随着时间的演变，政策效应的系数估计值逐渐提高，自2013年开始显著为正。这说明低碳试点政策对碳生产率的影响具有明显滞后性，政策实施平均滞后2年才能发挥积极效果，而且政策效应还在不断增强。由于低碳规划试点要早于碳排放交易试点，这意味着政策效果的滞后性主要来自低碳规划试点，政策效果的逐年增强主要来自碳排放交易试点政策的叠加效应。总体来看，政策实施前各省份的碳生产率变化趋势比较一致，实施后实验组与控制组确实表现出明显差异，基本满足 DID 模型的适用性条件。

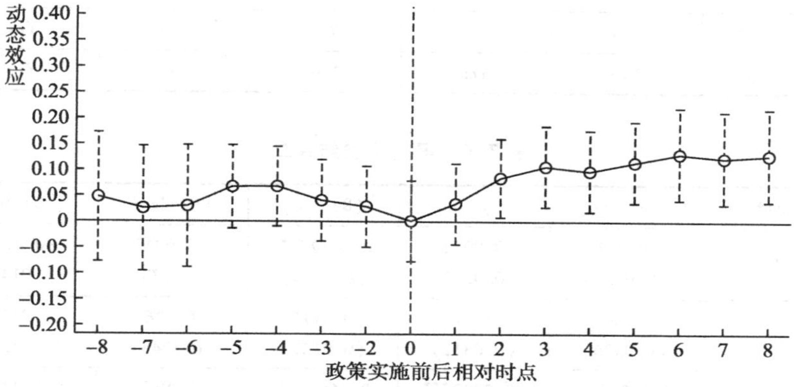

图 7-5　碳生产率的共同趋势检验结果

注：图中空心圆为系数估计值，短虚线为 95%的置信区间。

二　渠道检验结果

本部分进一步识别低碳试点政策对碳生产率的影响机制，表 7-5 和表 7-6 展示了潜在机制变量的检验结果，列（1）到列（10）对应的机制变量分别为能源生产率、能源结构、技术效率、资本替代、劳动替代、产业结构、产业升级、产业集聚、技术进步与人力资本。

表 7-5　渠道检验结果一

变量	（1）ln*ee*	（2）ln*es*	（3）ln*te*	（4）ln*ke*	（5）ln*le*
da	0.0477[*] (0.0266)	−0.1688 (0.1146)	0.1123[***] (0.0304)	−0.0360 (0.0498)	0.0492[**] (0.0236)
dm	0.1030[**] (0.0449)	−0.1600[**] (0.0722)	0.0661 (0.0823)	0.0628 (0.0381)	0.1065[**] (0.0392)
ln*yp*	0.5166[**] (0.2135)	0.5803 (0.5211)	0.0253 (0.3758)	0.7422[***] (0.2147)	−0.5043[***] (0.1435)
常数项	−0.7652[***] (0.2108)	3.7174[***] (0.4930)	−1.1071[***] (0.3667)	0.0681 (0.2124)	−1.2514[***] (0.1417)
N	364	364	364	364	364

续表

变量	(1) ln*ee*	(2) ln*es*	(3) ln*te*	(4) ln*ke*	(5) ln*le*
R^2	0.9816	0.7910	0.9558	0.9669	0.9734
个体固定效应	Yes	Yes	Yes	Yes	Yes
时间固定效应	Yes	Yes	Yes	Yes	Yes

表 7-6 渠道检验结果二

变量	(6) ln*st*	(7) ln*up*	(8) ln*ag*	(9) ln*rd*	(10) ln*hc*
da	-0.0033 (0.0233)	0.0012 (0.0222)	0.0412*** (0.0134)	-0.0942 (0.1278)	-0.0197 (0.0143)
dm	0.0060 (0.0336)	-0.0047 (0.0312)	0.0171 (0.0127)	-0.1262 (0.1345)	0.0125 (0.0121)
ln*yp*	0.6978*** (0.1092)	-0.5830*** (0.0940)	0.8661*** (0.0939)	0.2087 (0.5575)	0.1120** (0.0450)
常数项	3.1287*** (0.1083)	1.2591*** (0.0929)	0.8114*** (0.0928)	2.9650*** (0.5396)	2.1450*** (0.0447)
N	364	364	364	364	364
R^2	0.9158	0.9431	0.9996	0.8713	0.9636
个体固定效应	Yes	Yes	Yes	Yes	Yes
时间固定效应	Yes	Yes	Yes	Yes	Yes

机制检验结果显示，低碳试点政策对能源生产率具有显著促进效应，能够通过提高能源生产率来实现碳生产率的提高。其中，低碳规划试点对能源生产率的平均政策效应为 0.0477 且在 10%的水平下显著，碳排放交易政策的平均处理效应为 0.1030 且在 5%的水平下显著，交易试点对能源生产率的平均政策效应要大于规划试点政策。规划政策和交易政策在能源结构方程中的系数估计值均为负，碳排放交易政策的系数在 5%的水平下统计显著，说明低碳试点政策能够降低煤炭消费比重，实现能源结构优化，进而促进碳生产率提升，碳排放交易试点在这方面的政策效果更加突出。

劳动替代方程中试点政策变量均在 5%的水平下显著为正，规划政策和交易政策的系数估计值分别为 0.0492 和 0.1065，市场导向试点政策所引致的劳动对能源的替代效果更强。低碳试点政策引致的资本替代效果不显著，这从侧面说明当前资本投入对节能低碳技术应用的偏向性较弱，各地生产过程中的新增资本投资和重置资本投资未能实现对能源投入的有效替代。尽管如此，低碳试点政策却加速了要素流动性和空间集聚，从而推动了产业的集聚发展。低碳试点政策变量在产业集聚方程中的估计系数均为正，规划试点政策系数的统计显著性水平更是高达1%，说明低碳规划政策对产业发展的引导作用更为突出，能够通过促进产业集聚发展来实现碳生产率的显著提升。

技术效率方程中低碳试点政策变量的系数估计值均为正，规划试点政策的系数在1%的水平下高度显著，在全要素效率改善上的政策效果要大于市场导向政策。一方面，规划政策具有长期引导作用，企业的生产预期更加稳定，高耗能、高排放要素缩减的持续性更强，从而有助于整体技术效率的不断改善；另一方面，受配额分配和成本收益影响，节能减排的参与主体根据政策预期可能做出逆向调整，进而造成短期内的生产效率恶化。因此，通过改善技术效率提升碳生产率，还需要进一步完善碳排放交易的市场机制和配套政策的调控机制。

值得注意的是，低碳试点政策对产业转型升级和绿色技术创新的积极影响未能获得显著的统计证据，说明试点省份在绿色低碳的技术进步偏向上还有待提高。因此，应该进一步加强试点政策与产业政策的融合，强化政府和市场对低碳技术创新的引导作用，建立健全绿色低碳技术创新的体制机制。

第五节　本章小结

为了评估低碳省份试点政策对碳生产率的影响，本章利用2000~2019年的省级面板数据开展了深入的经验研究。首先采用回归控制法评估了低碳试点政策对碳生产率促进作用的省份差异，然后采用多期DID模型进一步识别了低碳试点政策的潜在影响机制。

第一，低碳试点工作可以区分为规划导向型试点和市场导向型试点，两者的主要政策工具和影响机制存在显著差异。为了探索低碳经济转型发展路径，我国自2010年以来先后出台了低碳省市试点政策、碳排放交易试点政策，前者以低碳规划引导为主，后者以市场交易引导为主。规划导向型试点主要通过编制低碳发展规划整合多项节能减排工作，并建立配套政策体系，进而推动经济的低碳转型发展。规划导向型试点的政策工具主要包括命令控制型、公众参与型和市场激励型，市场激励政策主要以减免税收和财政补贴等方式促进企业节能减排的成本内部化。相比于规划试点的政府调控，交易试点政策更加强调碳排放的总量控制，主要通过市场手段调节企业生产成本，从而进一步调动节能减排的积极性。规划试点政策的着力点集中在引导产业结构升级和能源结构优化，交易试点政策更加注重市场导向的成本收益激励和技术创新驱动。全国统一碳排放权市场尚处于起步阶段，总结试点经验对健全市场交易机制和完善配套政策体系具有重要意义。

第二，低碳试点省份的政策效应存在明显差异，但是对碳生产率的总体提升效应非常显著，而且随着时间变化呈现增强效应。回归控制法评估结果显示，大多数试点省份碳生产率的“反事实”预测值上升幅度要小于真实值，低碳试点政策的碳生产率提升效应明显。具体而言，湖北、重庆的低碳规划试点政策滞后1年有效，2014年之后的交易试点政策具有显著的增强效应。广东低碳规划试点的政策效果滞后1年，交易试点政策实施初期的增强效应不显著。云南和陕西两省的低碳规划试点政策效果滞后4年，之后的碳生产率提升效应波动较大。辽宁、天津在整个试点期间内的碳生产率提升效果不明显，低碳政策还有待持续完善和精准落实。北京低碳试点政策对碳生产率的提升效果滞后2年，规划政策与交易政策的叠加效应稳健。上海试点政策的碳生产率提升效应呈现较大波动性，节能减排的高成本约束可能是抑制碳生产率持续提升的主要障碍。海南自2014年开展低碳规划试点以来，政策的实施效果与预期大大相反，较大程度的反弹效应阻碍了碳生产率提升。DID模型评估结果显示，低碳试点政策促进碳生产率提升的平均处理效应显著，而且交易试点的政策效应要大于规划试点。事件研究法的共同趋势检验结果表明，低碳试点开展以前的各省份碳生产率变化趋势无明显差异，政策实施以后的试点省份碳生产率提升效应显著，且随时间变化明显增强。低碳规划试点的政策效果平均滞后 2 年，碳排放交易试点的叠加效应是政策效果逐年增强的主要原因，因此应注意两者的有机配合以进一步发挥叠加效应。

第三，提高能源生产率、优化能源结构、重置要素结构、促进产业集聚、改善技术效率是低碳试点政策推动碳生产率提升的主要途径；在产业转型升级和绿色技术创新方面，低碳试点政策并未发挥出理想效果。DID 机制检验结果显示，碳排放交易试点对能源生产率的平均政策效应要大于规划试点政策。低碳试点政策能够通过降低煤炭消费比重进而促进碳生产率提升，碳排放交易试点的能源结构优化机制更加突出。规划试点和交易试点通过劳动替代能源实现了碳生产率的提升，且市场导向的交易试点政策所引致的劳动替代效应更强。受资本投入偏向影响，试点政策引致的新增资本和重置资本未能实现对能源的有效替代。然而，低碳试点政策加速了要素的空间流动，推动了产业集聚发展，进而实现了碳生产率的显著提升，其中低碳规划政策的产业集聚效应更为突出。由于低碳规划的远景预期较为稳定，而碳排放交易在初期易受配额分配方式的影响，因此短期内前者的技术效率改善要大于后者，长期内应注意二者的紧密配合。产业转型升级和绿色技术创新的机制检验未获得显著统计证据，说明试点省份的政策体系在引导绿色低碳技术进步偏向上还有待进一步优化。

结论与启示

第一节 主要结论

实现低碳转型的绿色高质量发展已经成为中国经济的重要发展方向。碳生产率是低碳经济发展的主要内涵之一，也是控制温室气体排放背景下连接节能减排与经济增长的桥梁。碳排放无论是作为隐含投入要素还是作为非期望产出，都意味着存在要素替代与效率改善对碳生产率提高的机制。因此，把持续提升碳生产率作为加快低碳转型发展的重要着力点，对实现"碳达峰、碳中和"目标具有重要的理论意义和实践价值。本书首先编制了中国省级碳排放清单，然后深入研究了碳生产率的省级演变差异、增长动力机理、空间收敛机制、相对减排潜力以及配额分配效率，并重点分析了产业发展、技术进步以及低碳试点政策对碳生产率的影响和作用机制。本书的基本结论如下。

第一，采用部门法核算了中国各省份的碳排放清单，并运用泰尔指数、脱钩指数以及环境库兹涅茨曲线理论，对 1997~2019 年中国 30 个省（区、市）的碳生产率区域差异、脱钩趋势以及演变轨迹进行了详细考察。研究发现，进入 21 世纪以来，中国碳排放与经济发展同步经历了快速增长，工业部门的快速扩张、以煤为主的能源禀赋成为全国碳排放的重要驱动因素。中国碳排放的省级差异非常显著，大多数省份仍处于快速增长期，仅北京、天津、吉林等少数省市的碳排放增速显著趋缓甚至出现总量减排趋势。能源加工转换和工业在所有省份的部门排放中均占据主导地位，其次是交通运输仓储和邮政业。对碳生产率的探索性数据分析发现，中国省级碳生产率的区域差异显著，东部碳排放效率最高，中部接近全国平均水平，西部最低。省级碳生产率的泰尔指数大致呈先降后升的“U”形变化特征，总体差异主要由区域内差异造成，区域间差异的贡献相对较小。随着西部大开发、中部崛起和东北振兴等区域发展战略的进一步实施，2010年以来的碳生产率区间差异明显缩小，但区内差异在显著扩大。中国各省份的碳生产率整体处于弱脱钩状态，脱钩趋势的演变路径存在显著差异。1997~2019年，北京、天津、上海、吉林、黑龙江、河南、重庆和四川为弱脱钩→弱脱钩→强脱钩，河北、福建、山东、广西、海南和云南为负脱钩→弱脱钩→弱脱钩，山西、辽宁、江苏、浙江、安徽、江西、湖北、湖南、广东、贵州、陕西、甘肃和青海为弱脱钩→弱脱钩→弱脱钩，内蒙古和宁夏为负脱钩→弱脱钩→负脱钩，新疆为弱脱钩→负脱钩→弱脱钩。此外，中国省级碳排放与碳生产率随着经济发展水平的提高表现出非线性演变轨迹，其中碳生产率与人均GDP呈正“U”形关系，碳排放与人均GDP呈倒“U”形关系。前者估计的人均GDP拐点小于后者，碳生产率的谷值先出现，碳排放的峰值后出现，这意味着碳排放存在排放积累期、相对减排期和绝对减排期三个阶段性发展特征。目前，大多数省份仍处于相对减排阶段，仅北京、天津、吉林等少数省市处于碳排放峰值附近的波动期。

第二，运用全局共同前沿DEA分解框架对各省份1997~2019年的碳生产率进行了增长核算分析，并通过构建技术进步偏向指数测算分析了中国碳生产率增长动力的转换机理。研究发现，中国碳生产率整体呈正向增长态势，资本替代效应持续发挥了主导作用，累计贡献率高达122.62%，属于典型的资本替代型增长模式。中国“以煤为主”的能源禀赋制约着低碳化调整速度，因此能源结构的动力效应居于次要地位。劳动替代效应和全要素生产率表现为抑制作用，但二者的减量效应还不足以抵消资本替代和能源结构的增量效应。尤其是2008年国际金融危机以来，国内产能利用率持续走低，全要素生产率也显著回落甚至持续为负增长，这与资本替代效应的持续上升形成鲜明的反向角力态势。中国低碳经济增长动力转换的根本原因在于技术进步偏向的内生性影响。20 世纪 90 年代末以来，中国低碳经济以索洛中性技术进步为主，并通过持续提升资本替代的边际产出而引致其较快的积累速度，反过来又进一步强化资本替代偏向的技术进步。然而，强刺激政策的引导造成了资本积累速度持续高于产出增速，再加上外部市场的需求冲击，资本的过度累积效应进一步加剧，大量技术闲置和资源浪费致使全要素生产率的动力贡献不断下降乃至转向抑制作用。此外，中国碳生产率增长的地区差异非常显著，主要归因于资本替代效应和全要素生产率的地区分化，能源结构效应次之，劳动替代效应贡献不大。随着全国绿色低碳转型发展的稳步推进，中西部省份的后发优势得以显现，但只表现出要素结构调整的边际替代优势，全要素生产率依然远远滞后于大多数东部省份。因此，不仅资本替代效应的地区差异呈逐年扩大趋势，全要素生产率的分化程度也与资本替代效应相当，甚至两极分化更为严重。此外，宁夏、新疆等少数地区的能源结构低碳化调整显著滞后，乃至出现不同程度的恶化，由此也进一步加剧了碳生产率增长的地区差距。

第三，作为生产过程中的一种隐含投入要素，在新古典增长理论框架内分析了碳生产率的稳态增长，并进一步分析了两种技术进步的空间溢出形式对区域碳生产率收敛的影响，最后采用 1997~2019 年的中国省级面板数据测试了碳生产率的收敛假说。研究发现，引入碳要素的索洛模型具有稳态均衡解，碳生产率存在收敛趋势。如果各地区的要素增长率都是外生的，那么碳生产率存在绝对收敛趋势；如果各地区有着不一样的要素增长率，便会出现不同的均衡点，碳生产率存在条件收敛趋势。在空间索洛模型中，技术扩散会加速收敛，知识溢出则会减缓收敛，因为后者的溢出效应会导致边际产量下降的速度放缓，外部连通性较强或者与周边紧密相邻的地区从溢出效应中获益更多，对应的碳生产率增长效应也会更加明显。经验分析表明，中国省级碳生产率增长具有稳健的绝对收敛和条件收敛趋势，低碳生产率地区相对于高碳生产率地区存在追赶效应，空间溢出效应显著加快了区域收敛速度。此外，中国省级碳生产率还表现出阶段性收敛特征和俱乐部收敛特征。进入中低速增长阶段后的经济转型推动了低碳技术的传播扩散，进而对碳生产率收敛的加速效应更为突出。由于东部具有低碳技术优势、西部具有新能源禀赋优势，所以在考虑空间效应后两个区域的收敛速度明显快于中部地区，而中部地区收敛速度较慢的一个重要原因则是承接了较多东部转移的碳密集产业。结合碳生产率动力分解框架的收敛机制检验表明，能源结构、资本替代和全要素生产率在主导各省份碳生产率增长模式的同时，也决定了整体碳生产率的收敛趋势。中国省级碳生产率的收敛路径主要由能源结构效应、资本替代效应和全要素生产率的收敛机制决定，三大动力因素具有明显的空间集聚性特征。邻近地区提高碳生产率的示范效应会促进本地优化能源结构和改善生产效率。物质资本投资对能源结构、劳动替代和全要素生产率的直接效应表现为抑制作用，对资本替代表现为促进作用。人力资本投资能够显著促进全要素生产率提高，却在一定程度上挤压了资本替代空间。邻近地区加大物质资本投资会对本地资本替代形成示范效应，但是对其他动力因素的作用却不明显，人力资本投资的空间效应在考察期内未能获得显著经验证据。

第四，基于联合生产技术的方向距离函数分析了排放控制与经济增长的调整路径，并运用省级面板数据构造全局共同前沿对各省份的碳生产率增长潜力进行了经验分析，最后在同一框架内评估了相对减排目标下不同省份的分配效率。研究发现，中国各省份低碳发展的综合效率差异显著，大多数省份在“十三五”期间表现出明显的效率提升。从径向差异来看，NDDF 的综合效率要明显低于 DDF，能源投入、碳排放和产出在非径向调整下可以实现更大比例的缩放，避免了径向调整下“短板效应”造成的效率高估。从控制模式差异来看，节能减排“双控”模式下的低碳综合效率要高于减排“单控”模式，其中径向效率提升说明大多数省份面临的能源投入缩减困境具有相对一致性，非径向效率提升则说明大多数省份面临更为严重的产出扩张惩罚。碳生产率增长潜力由产出效率和排放效率共同决定，“单控”模式下的增长潜力要低于“双控”模式，碳排放距离函数在“双控”模式下出现明显分化，进而使得各省份的碳生产率增长潜力差异显著。“双控”模式下强化了节能减排的双重约束，更高比例的碳生产率提升意味着潜在GDP机会成本的更大损失。不同方案的分配效率测算结果显示，历史法和综合法下，山东、海南是能源排放配额分配比例最高和最低的两个省份，综合法下山东分到的配额比例有所降低，海南则有所提升。NDDF法下，上海、山西分别获得了最多和最少的排放配额，吉林、甘肃分别获得了最多和最少的能源配额。历史法延续了各省份的累积能源排放水平，高耗能、高排放的省份会分到更多的配额，因此更加倾向于维系现有的生产技术水平，整体技术效率水平最高。综合法考虑了各省份的更多发展特征和发展诉求，在一定程度上调整了历史法“多用多得”的分配格局，但是总体上缓解程度相对有限，整体技术效率水平略低于历史法。NDDF法更加倾向于排放效率和能源效率较高的省份，仅部分能源大省的效率有所提升，但是整体技术效率明显下降。为了兼顾历史公平和效率公平，提出“十四五”采用综合法、“十五五”采用零和法的两阶段分配方案，这样既照顾了落后省份的经济追赶，同时也能够为发达省份提供技术创新激励。由于高效率省份节能减排的成本较高，低效率省份节能减排的成本较低，零和方案的效率平衡大大降低了整体的节能减排成本。与综合方案相比，零和方案的能源排放效率获得了显著提升，但是产出效率的损失也更大，因此整体的综合技术效率水平反而下降。面对零和方案所造成的产出损失风险，需要完善的市场交易机制进行支撑，盈余省份可以通过卖出配额获得收益进而扩大产出或进行技术创新投资，而亏损省份可以买进配额以维持生产规模对能源和排放的要求。综合方案沿用了“十四五”的累积模式，生产率的地区差异较大；零和方案平衡了各省份的效率差异，碳生产率和能源生产率的地区差异显著缩小，更加体现了初始分配的效率公平原则。

第五，基于希克斯中性生产函数，利用2000~2019年中国30个省（区、市）的面板数据检验了产业升级、产业集聚和技术进步对碳生产率的影响，同时运用SBM模型测算分析了全要素生产率及其成因，并在中介效应框架内进一步考察了技术效率的传导机制。研究发现，技术进步、产业升级和产业集聚对碳生产率具有显著的促进作用。近年来各地区专利总量尤其是能源低碳等绿色专利所占比重的稳定增长，使得狭义技术进步对碳生产率表现出显著提升效应。产业结构由高耗能、高排放向低耗能、低排放的转型升级有助于节能减排，进而促进碳生产率提高。产业集聚发展能够通过共享机制、互补机制提高生产效率，进而带动碳生产率提升，以单位土地面积的非农产出表征的区域产业集聚变量与碳生产率之间呈现显著的正向相关关系。中国低碳经济转型发展具有空间依赖特征，碳生产率、技术进步、产业升级和产业集聚表现出不同的空间溢出效应。空间效应检验提供的经验证据表明，周边省份的碳生产率提高会通过空间关联对本地碳生产率产生促进作用，产业升级的空间关联则对本地碳生产率表现为负向溢出效应，技术进步和产业集聚对碳生产率的空间溢出效应不明显。在绿色 GDP 绩效考核驱动下，地方政府在节能减排的制度设计上易于形成策略性竞争效应和模仿效应，进而形成了有效的区域联动效应。在市场机制作用下，一个地区的产业升级容易带动周边关联地区进行产业互补调整，不利于承接产业转移地区的碳生产率提升，进而使得产业升级对碳生产率表现出空间负向溢出效应。产业集聚和技术进步对碳生产率的空间溢出效应不显著，表明产业集聚的溢出效应和虹吸效应、技术进步的低碳偏向和产出偏向存在相抵效应。SBM 测算结果显示，要素的过度使用弱化了技术效率对碳生产率的促进作用，这主要取决于资本投入的偏向性。以节能减排的技术应用为导向的物质资本投资有助于改善技术效率进而提高碳生产率，以简单扩大再生产为导向的物质资本投资会引致碳排放和能源消费增加，从而不利于技术效率改善。中介效应检验结果显示，技术进步、产业升级和产业集聚在中介变量方程中显著，在同时纳入核心变量和中介变量的总方程中不显著，但是技术效率对碳生产率的影响显著为正。因此，全要素生产率是技术进步、产业升级和产业集聚影响碳生产率的中介机制，而且发挥着完全中介效应的作用。

第六，利用 2000~2019 年的省级面板数据，采用回归控制法评估了低碳试点省份的碳生产率提升效应及其异质性，并进一步运用多期 DID 模型深入考察了低碳试点政策和碳排放交易政策的碳生产率效应差异及其潜在的作用机制。低碳试点工作可以区分为规划导向型试点和市场导向型试点，前者以低碳规划引导为主，后者以市场交易引导为主。通过编制低碳发展规划整合多项节能减排工作，同时建立配套政策体系，成为规划导向型试点的主要政策内容。相比于规划试点的政府调控，交易试点政策更加强调市场调节的碳排放总量控制。规划试点政策的着力点集中在引导产业结构升级和能源结构优化，交易试点政策更加注重市场导向的成本收益激励和技术创新驱动。回归控制法评估结果显示，低碳试点省份的政策效应存在明显差异，但是对碳生产率的总体提升效应非常显著，而且随着时间变化呈现增强效应。具体而言，湖北、重庆的低碳规划试点政策滞后1年有效，2014年之后的交易试点政策具有显著增强效应。广东低碳规划试点的政策效果滞后1年，交易试点政策实施初期的增强效应不显著。云南和陕西两省的低碳规划试点政策效果滞后4年，之后的碳生产率提升效应波动较大。辽宁、天津在整个试点期间内的碳生产率提升效果不明显，低碳政策还有待持续完善和精准落实。北京低碳试点政策对碳生产率的提升效果滞后2年，规划政策与交易政策的叠加效应稳健。上海试点政策的碳生产率提升效应呈现较大波动性，节能减排的高成本约束可能是抑制碳生产率持续提升的主要障碍。海南自2014年开展低碳规划试点以来，政策实施引致了较大程度的反弹效应，从而阻碍了碳生产率提升。DID模型评估结果显示，低碳试点政策促进碳生产率的提升效果显著并且随时间变化表现出增强效应，交易试点的政策效应大于规划试点；低碳规划试点的政策效果平均滞后2年，碳排放交易试点的叠加效应是政策效果逐年增强的主要原因。DID机制检验结果显示，碳排放交易试点对能源生产率的平均政策效应要大于规划试点政策。低碳试点政策能够通过降低煤炭消费比重进而促进碳生产率提升，碳排放交易试点的能源结构优化机制更加突出。规划试点和交易试点通过劳动替代能源实现了碳生产率的提升，且市场导向的交易试点政策所引致的劳动替代效应更强。受资本投入偏向影响，试点政策引致的新增资本和重置资本未能实现对能源的有效替代。然而，低碳试点政策加速了要素的空间流动，推动了产业集聚发展，进而实现了碳生产率的显著提升，其中低碳规划政策的产业集聚效应更为突出。由于低碳规划的远景预期较为稳定，而碳排放交易在初期易受配额分配方式的影响，因此短期内前者的技术效率改善要大于后者，长期内应注意二者的紧密配合。产业转型升级和绿色技术创新的机制检验未获得显著统计证据，说明试点省份的政策体系在引导绿色低碳技术进步偏向上还有待进一步优化。

第二节　政策启示

一　建立多尺度碳排放核算体系

科学设计低碳经济转型发展路径与实现“双碳”目标的基础性工作是对碳排放的精细准确核算。建设多尺度的碳排放核算体系包括两个方面。

一方面，不同空间尺度的碳排放具有不同的特征、影响因素和变化机制，同一类型的影响因素在不同尺度上会有不同的影响规律。相应的碳排放核算也有不同的精度，以满足碳排放不同的管理要求。因此，需要在不同的空间尺度上对碳排放进行测算，形成自上而下、分工明确、层级关系紧密、功能清晰的国家、省、市、县尺度核算体系，使碳排放的调查、评价、监测和监督形成全过程对接模式。其中，国家尺度的碳排放核算主要是为国家整体方向性的碳排放规划做基础支撑，更加注重全国层面的碳排放分析与评价。省级尺度的碳排放核算服务于省域碳减排和碳达峰需求。对于更为精细的研究尺度，目前我国开展的研究较少。市县尺度的碳排放核算服务于市县各项管理和应用需求，要求该尺度下的核算具有较高的精度和较强的可操作性。此外，应精细化城市管理需求，要求开展固定年度的网格化碳排放核算，进一步精准核算碳排放源。另一方面，碳排放时空变化存在依存规律，通常较大的空间尺度与较长的时间尺度相匹配，而较小空间尺度的核算则需要较短的时间尺度来体现其微观变化。需要建设不同的时间尺度碳排放核算体系，形成月度、季度、年度周期性核算。通过设置不同的时间节点或对不同时段的碳排放进行核算与对比，实际上实现了监测监管的功能。

此外，为了引导全民参与绿色低碳型社会建设，可以适时建立家庭消费视角的碳排放清单，逐步完善核算技术细节。引导居民在生活消费环节积极参与节能减排，同时也能够为将来家庭参与碳排放市场交易奠定数据核算基础。

二 优化低碳要素的存量和增量

围绕低碳要素存量优化和增量提质，政府与市场需发挥在资源配置中的各自优势，根据发展需求优化配置，提高碳生产率。推动以要素流动、要素重置为特征的产业升级和产业集聚发展。优化低碳要素存量就是通过完善市场退出机制、健全跨区流动机制，加快淘汰冗余要素、高碳要素。提升碳生产率增量就是通过政策调控和市场机制引导新增资本流向节能减排的技术应用部门，加快能源领域前沿技术、核心技术和关键装备攻关，推动绿色低碳技术重大突破，加快推进新能源技术的开发和应用，积极培育低碳绿色发展的新动能。调控投资规模和结构，引导投资更多转向技术研发等领域，避免低技术水平的重复建设，实现资本要素对能源要素替代的有序性和有效性。推动产业结构转型升级，进一步释放结构减排潜力，走绿色低碳发展道路。从三次产业能耗强度、碳排放强度来看，第一产业能源排放强度较低；第二产业能源排放强度最高，是产业结构调整的重点；第三产业能源排放强度高于第一产业，但低于第二产业，是产业结构优化升级的主攻方向。从三次产业结构来看，需要逐步降低第二产业占比，提高第三产业占比；从产业结构内部调整来看，在第二产业中严格控制高耗能、高排放行业增速的同时，提升低耗能、低排放行业的比重，同时加快发展现代服务业，提升服务业低碳发展水平；从产品结构来看，需降低产品单位能耗和碳排放。

三 加强对后进地区的低碳政策支持

从时间变化模式来看，中国进入绝对减排期的省份近年来依然处于碳排放达峰后的平台波动期，这些省份应该进一步夯实节能减排绩效、稳固转型发展成果。推动能源结构低碳化、提升能源利用效率。政府应大力实施“煤改油”“煤改气”“煤改电”等能源优化项目，加快推动生产生活方式的绿色转型发展。处于相对减排期的大多数省份近年来增长势头依然迅猛，应该充分发挥转型发展规划的引导作用，积极探索稳定可行的碳排放达峰路径，留有碳排放余地，逐步实现碳排放与经济脱钩发展。推动传统能源绿色转型，促进燃煤清洁高效开发和转化利用，加快存量煤电机组节能降碳改造。优化清洁能源支持政策，大力支持可再生能源高比例应用，推动构建新能源占比逐渐提高的新型电力系统。支持可再生能源逐步替代化石能源。完善支持政策，激励非常规天然气开采增产上量。鼓励有条件的地区先行先试，因地制宜地发展新型储能、抽水蓄能等，加快形成以储能和调峰能力为基础支撑的电力发展机制。优化低碳消费支持政策，扩大绿色产品消费规模。加大绿色采购力度，严格执行政府对节能环保产品的优先采购和强制采购制度，扩大政府绿色采购范围。引导居民采购低碳产品，采取低碳宣传、积分奖励等方式促进绿色消费。因地制宜地推进生活垃圾分类和减量化、资源化利用，形成社会绿色低碳生活方式。

四　健全低碳能源技术创新体系

碳排放降低程度在很大程度上取决于产业低碳化和能源清洁化所做出的努力程度。绿色低碳产业具有技术密集型的显著特征，其开发和市场应用有赖于持续不断的科技创新。因此，需要加快形成与绿色低碳优势产业高质量发展相匹配的低碳能源技术创新体系。首先，加强绿色低碳技术研发。实施绿色技术创新攻关行动，围绕节能环保、非常规天然气、煤炭高效清洁利用、新能源、新能源汽车等产业领域绿色技术创新需求，布局支持一批核心技术攻关项目。其次，完善以市场为导向的低碳能源技术创新体系，切实提高低碳能源的技术创新能力。政府应该加大对低碳能源技术创新活动的政策扶持力度，建立多种有效的低碳能源技术创新激励手段。进一步完善科技创新体制机制，加快建立健全以市场为导向的绿色技术创新体系，激发人才创新活力，鼓励绿色低碳技术研发，加速科技成果转化。推动绿色低碳产品的市场化应用，建设绿色低碳示范园区、绿色循环经济产业园区，促进重点领域示范带动私人资本，以扩大绿色产业规模。加强知识产权保护运用，在国家标准、行业标准基础上制定绿色低碳产品标准。最后，建立绿色基金、绿色信贷等绿色金融体系，为高耗能、高排放企业提供低碳能源技术升级改造的资金支持，加大对低碳能源技术创新活动的绿色金融支持力度。

五　建立低碳发展区域联动体系

建立节能减排的区域协同联动机制，形成低碳转型发展的区域合力。区域联动体系是指区域碳减排的多元主体与利益相关方为实现区域公共利益最大化，通过谈判、协商、合作对区域环境公共事务进行集体行动的过程。对加强地区间低碳管理合作，提升区域经济发展质量，促进两地经济社会健康低碳发展具有重要意义。由于存在区域间的竞争效应和示范效应，碳生产率和技术效率具有正向的空间溢出效应。发挥区域联合节能减排的合作作用，就需要政府积极探索建立地区间的长期交流互信机制，建立两地环境执法联动机制，加强跨区域环境执法合作交流，突破行政区域壁垒，深化两地交流合作。通过区域间共同规划和协同实施等方式，推动产业协同转型升级和集聚发展，加强低碳技术的交流合作与协同创新，促进区域间共享产业转型发展和低碳技术创新带来的效率红利，实现区域间低碳绿色转型的协同发展和共赢发展。在官员绩效考核中增加区域绿色低碳协同发展的权重，引导地方官员在节能减排的工作中注重与周边地区进行协同互补的联动，避免孤岛效应和虹吸效应。低碳发展区域联动体系的政策整合过程需要依靠公众参与的多部门和多层次合作。利益相关方都会影响低碳发展。这要求政府与所有利益相关方采取协调一致的行动，即构建利益相关方的联动合作关系。

六　完善碳交易的市场体系建设

碳排放交易平台不仅是中国控制碳排放的政策工具，也为促进全球碳定价机制形成发挥了重要作用，受到国际社会广泛关注。中国碳排放交易的市场体系初步形成了“配额分配—数据管理—交易监管—执法检查—支撑平台”的一体化管理框架。但是，中国碳排放交易市场仍处于发展初期，碳排放交易较为低迷，持续强化碳市场功能建设还有很多方面需要进一步改进。加快建立健全全国统一的碳排放交易市场制度体系建设，科学制定碳配额分配机制，完善碳排放交易市场管理层级，逐步扩大全国碳市场行业覆盖范围，丰富交易主体、交易品种和交易方式。持续强化全国碳排放交易市场的法律法规和政策体系，完善配套交易制度和相关技术规范。企业碳排放数据监控是碳排放交易市场公平运行的基础，应加大数据质量监管力度，提升运行管理水平，建立健全信息公开和征信惩戒管理机制，加大对违法违规行为的惩处力度。加强与国际碳排放交易平台的合作，放宽市场外资准入限制，鼓励外资以参股方式参与中国碳排放交易市场建设。加强技术标准等方面的国际合作，为中国碳排放交易市场的国际开放奠定基础。

参考文献

一　中文文献

[1] 蔡跃洲，付一夫．全要素生产率增长中的技术效应与结构效应——基于中国宏观和产业数据的测算及分解［J］．经济研究，2017，52（1）：72-88.

[2] 陈俊．技术进步偏向、要素累积与中国经济增长动力构成——基于一种新的非参数分解方法的实证研究［J］．华中科技大学学报（社会科学版），2018，32（2）：76-86.

[3] 陈楠，庄贵阳．中国低碳试点城市成效评估［J］．城市发展研究，2018，25（10）：88-95+156.

[4] 陈诗一，陈登科．雾霾污染、政府治理与经济高质量发展［J］．经济研究，2018，53（2）：20-34.

[5] 陈诗一．中国各地区低碳经济转型进程评估［J］．经济研究，2012，47（8）：32-44.

[6] 程开明，刘琦璐，庄燕杰．效率评价中处理非期望产出的非参数方法演进，比较及展望［J］．数量经济技术经济研究，2021，38（5）：154-171.

[7] 程琳琳，张俊飚，田云，周晓时．中国省域农业碳生产率的空间分异特征及依赖效应［J］．资源科学，2016，38（2）：276-289.

[8] 程钰，孙艺璇，王鑫静，尹建中．全球科技创新对碳生产率的影响与对策研究［J］．中国人口·资源与环境，2019，29（9）：30-40.

[9] 邓荣荣，詹晶．低碳试点促进了试点城市的碳减排绩效吗——基于

双重差分方法的实证 [J]. 系统工程, 2017, 35 (11): 68-73.

[10] 邓晓兰, 鄢哲明. 资源错配对中国工业低碳生产率影响的实证分析 [J]. 财经科学, 2014 (5): 74-83.

[11] 丁丁, 蔡蒙, 付琳, 杨秀. 基于指标体系的低碳试点城市评价 [J]. 中国人口·资源与环境, 2015, 25 (10): 1-10.

[12] 董梅, 李存芳. 低碳省区试点政策的净碳减排效应 [J]. 中国人口·资源与环境, 2020, 30 (11): 63-74.

[13] 杜克锐, 鄢哲明, 杨志明. 能源和环境绩效评价方法的最新研究进展 [J]. 环境经济研究, 2018, 3 (1): 113-138.

[14] 杜克锐, 邹楚沅. 我国碳排放效率地区差异、影响因素及收敛性分析——基于随机前沿模型和面板单位根的实证研究 [J]. 浙江社会科学, 2011 (11): 32-43.

[15] 付加锋, 庄贵阳, 高庆先. 低碳经济的概念辨识及评价指标体系构建 [J]. 中国人口·资源与环境, 2010, 20 (8): 38-43.

[16] 付允, 刘怡君, 汪云林. 低碳城市的评价方法与支撑体系研究 [J]. 中国人口·资源与环境, 2010, 20 (8): 44-47.

[17] 高文静, 任雪荻, 康旭华, 赵国浩. 工业碳生产率提升的资源优化配置路径分析 [J]. 宏观经济研究, 2018 (5): 166-175.

[18] 公维凤, 周德群, 王传会. 省际低碳经济增长路径优化及碳排放脱钩预测 [J]. 科研管理, 2013, 34 (5): 111-120.

[19] 龚梦琪, 刘海云, 姜旭. 中国低碳试点政策对外商直接投资的影响研究 [J]. 中国人口·资源与环境, 2019, 29 (6): 50-57.

[20] 郭劲光, 孙浩. 中国制造产业专业化集聚比多样化集聚更有利于提高能源效率吗? [J]. 南京审计大学学报, 2019, 16 (4): 93-102.

[21] 金培振, 张亚斌, 彭星. 技术进步在二氧化碳减排中的双刃效应——基于中国工业 35 个行业的经验证据 [J]. 科学学研究, 2014, 32 (5): 706-716.

[22] 李广瑜, 陆蒙华, 赵子健, 史占中. 深化要素价格改革对产业转型升级的影响研究 [J]. 价格理论与实践, 2016 (9): 93-96.

[23] 李佳佳，罗能生．城市规模对生态效率的影响及区域差异分析［J］．中国人口·资源与环境，2016，26（2）：129-136.
[24] 李荣杰，张磊，赵领娣．中国清洁能源使用、要素配置结构与碳生产率增长——基于引入能源和人力资本的生产函数［J］．资源科学，2016，38（4）：645-657.
[25] 李珊珊，罗良文．"十二五"时期中国碳生产率的因素分解与增长动力——基于LMDI-PDA分解法［J］．技术经济，2018，37（8）：77-86.
[26] 李涛．资源约束下中国碳减排与经济增长的双赢绩效研究——基于非径向DEA方法RAM模型的测度［J］．经济学（季刊），2013，12（2）：667-692.
[27] 李治国，王杰．中国碳排放权交易的空间减排效应：准自然实验与政策溢出［J］．中国人口·资源与环境，2021，31（1）：26-36.
[28] 林伯强，杜克锐．我国能源生产率增长的动力何在——基于距离函数的分解［J］．金融研究，2013（9）：84-96.
[29] 林善浪，张作雄，刘国平．技术创新、空间集聚与区域碳生产率［J］．中国人口·资源与环境，2013，23（5）：36-45.
[30] 林坦，宁俊飞．基于零和DEA模型的欧盟国家碳排放权分配效率研究［J］．数量经济技术经济研究，2011，28（3）：36-50.
[31] 刘晨跃，徐盈之．中国碳生产率演绎的驱动因素研究——基于细分行业的视角［J］．中国地质大学学报（社会科学版），2016，16（4）：45-54.
[32] 刘传江，胡威．外商直接投资提升了中国的碳生产率吗？——基于空间面板Durbin模型的经验分析［J］．世界经济研究，2016（1）：99-109.
[33] 刘传明，孙喆，张瑾．中国碳排放权交易试点的碳减排政策效应研究［J］．中国人口·资源与环境，2019，29（11）：49-58.
[34] 刘海英，王钰．基于历史法和零和DEA方法的用能权与碳排放权初始分配研究［J］．中国管理科学，2020，28（9）：209-220.

[35] 刘卫东，姜宛贝，唐志鹏，韩梦瑶．中国2030年前实现碳达峰的路径研究——基于GDP增速的组合分析［J］．中国科学：地球科学，2022，52（7）：1268-1282.

[36] 刘习平，盛三化，王珂英．经济空间集聚能提高碳生产率吗？［J］．经济评论，2017（6）：107-121.

[37] 刘竹，耿涌，薛冰，付加锋，唐笑飞．中国低碳试点省份经济增长与碳排放关系研究［J］．资源科学，2011，33（4）：620-625.

[38] 刘自敏，黄敏，申颢．中国碳交易试点政策与绿色技术进步偏向——基于城市层面数据的考察［J］．产业经济评论，2022（1）：201-219.

[39] 陆菁，鄢云，王韬璇．绿色信贷政策的微观效应研究——基于技术创新与资源再配置的视角［J］．中国工业经济，2021（1）：174-192.

[40] 陆铭，冯皓．集聚与减排：城市规模差距影响工业污染强度的经验研究［J］．世界经济，2014，37（7）：86-114.

[41] 陆贤伟．低碳试点政策实施效果研究——基于合成控制法的证据［J］．软科学，2017，31（11）：98-101.

[42] 逯进，王晓飞，刘璐．低碳城市政策的产业结构升级效应——基于低碳城市试点的准自然实验［J］．西安交通大学学报（社会科学版），2020，40（2）：104-115.

[43] 莫志宏，沈蕾．全要素生产率单要素生产率与经济增长［J］．北京工业大学学报（社会科学版），2005，5（4）：29-32.

[44] 潘家华，张丽峰．我国碳生产率区域差异性研究［J］．中国工业经济，2011（5）：47-57.

[45] 钱浩祺，吴力波，任飞州．从“鞭打快牛”到效率驱动：中国区域间碳排放权分配机制研究［J］．经济研究，2019，54（3）：86-102.

[46] 钱娟，李金叶．中国工业能源节约偏向型技术进步判别及其节能减排效应［J］．经济问题探索，2018（8）：148-159.

[47] 曲玥，赵鑫．中国制造业区域梯次升级及演进路径分析——基于区域产业集聚水平变动及其对全要素生产率的影响［J］．产业经济评论，2022（2）：37-58.

[48] 任亚运，程芳芳，傅京燕．中国低碳试点政策实施效果评估［J］．环境经济研究，2020，5（1）：21-35.
[49] 单豪杰．中国资本存量K的再估算：1952~2006年［J］．数量经济技术经济研究，2008，25（10）：17-31.
[50] 邵帅，范美婷，杨莉莉．经济结构调整、绿色技术进步与中国低碳转型发展——基于总体技术前沿和空间溢出效应视角的经验考察［J］．管理世界，2022，38（2）：46-69+4-10.
[51] 邵帅，李兴．市场导向型低碳政策能否推动经济高质量发展？——来自碳排放权交易试点的证据［J］．广东社会科学，2022（2）：33-45.
[52] 邵帅，张可，豆建民．经济集聚的节能减排效应：理论与中国经验［J］．管理世界，2019，35（1）：36-60.
[53] 申萌，李凯杰，曲如晓．技术进步、经济增长与二氧化碳排放：理论和经验研究［J］．世界经济，2012，35（7）：83-100.
[54] 宋德勇，李项佑，李超，岳鸿飞．中国低碳城市建设的创新驱动效应评估——兼论多重嵌套试点示范机制的完善［J］．科技进步与对策，2020，37（22）：28-37.
[55] 宋祺佼，王宇飞，齐晔．中国低碳试点城市的碳排放现状［J］．中国人口·资源与环境，2015，25（1）：78-82.
[56] 宋文飞．中国外商直接投资对碳生产率的双边效应［J］．大连理工大学学报（社会科学版），2021，42（5）：52-63.
[57] 孙雷刚，刘剑锋，徐全洪，王绍强，周蕾．环京津区域城市碳排放效应及时空格局分析［J］．地理与地理信息科学，2016，32（4）：113-118.
[58] 孙猛．要素替代、技术进步偏向与碳生产率增长［J］．环境经济研究，2021，6（2）：41-56.
[59] 唐志鹏，刘卫东，宋涛．基于混合地理加权回归的中国省域碳生产率影响因素分析［J］．资源科学，2017，39（12）：2223-2232.
[60] 滕泽伟，胡宗彪，蒋西艳．中国服务业碳生产率变动的差异及收敛性研究［J］．数量经济技术经济研究，2017，34（3）：78-94.

[61] 涂正革．中国的碳减排路径与战略选择——基于八大行业部门碳排放量的指数分解分析 [J]．中国社会科学，2012（3）：78-94.

[62] 王丽，张岩，高国伦．环境规制、技术创新与碳生产率 [J]．干旱区资源与环境，2020，34（3）：1-6.

[63] 王明星，张仁健，郑循华．温室气体的源与汇 [J]．气候与环境研究，2000，5（1）：75-79.

[64] 王巧，佘硕．城市异质性视角下中国低碳试点政策的绿色增长效应评估 [J]．软科学，2020，34（9）：1-8.

[65] 王淑英，卫朝蓉，寇晶晶．产业结构调整与碳生产率的空间溢出效应——基于金融发展的调节作用研究 [J]．工业技术经济，2021，40（2）：138-145.

[66] 王淑英，卫朝蓉．环境规制与工业碳生产率的空间溢出效应——基于中国省级面板数据的实证研究 [J]．地理与地理信息科学，2020，36（3）：83-89.

[67] 王文举，孔晓旭．基于2030年碳达峰目标的中国省域碳配额分配研究 [J]．数量经济技术经济研究，2022，39（7）：113-132.

[68] 王萱，宋德勇．碳排放阶段划分与国际经验启示 [J]．中国人口·资源与环境，2013，23（5）：46-51.

[69] 王亚飞，陶文清．低碳城市试点对城市绿色全要素生产率增长的影响及效应 [J]．中国人口·资源与环境，2021，31（6）：78-89.

[70] 王勇，程瑜，杨光春，董莹．2020和2030年碳强度目标约束下中国碳排放权的省区分解 [J]．中国环境科学，2018，38（8）：3180-3188.

[71] 王勇，王颖．中国实现碳减排双控目标的可行性及最优路径——能源结构优化的视角 [J]．中国环境科学，2019，39（10）：4444-4455.

[72] 王兆华，丰超．中国区域全要素能源效率及其影响因素分析——基于2003-2010年的省际面板数据 [J]．系统工程理论与实践，2015，35（6）：1361-1372.

[73] 魏丽莉，侯宇琦．专业化、多样化产业集聚对区域绿色发展的影响效应研究 [J]．管理评论，2021，33（10）：22-33.

[74] 魏梅，曹明福，江金荣．生产中碳排放效率长期决定及其收敛性分析［J］．数量经济技术经济研究，2010，27（9）：43-52.

[75] 魏玮，宋一弘．环境约束下城市全要素能源效率的变动分解——基于三阶段 DEA-malmquist 指数的实证分析［J］．统计与信息论坛，2012，27（9）：52-57.

[76] 温忠麟，叶宝娟．中介效应分析：方法和模型发展［J］．心理科学进展，2014，22（5）：731-745.

[77] 吴贤荣，张俊飚，程琳琳，田云．中国省域农业碳减排潜力及其空间关联特征——基于空间权重矩阵的空间 Durbin 模型［J］．中国人口·资源与环境，2015，25（6）：53-61.

[78] 夏炎，吴洁．中国碳生产率减排目标分配机制研究——基于不同环境责任界定视角［J］．管理评论，2018，30（5）：137-147.

[79] 谢荣辉，原毅军．产业集聚动态演化的污染减排效应研究——基于中国地级市面板数据的实证检验［J］．经济评论，2016（2）：18-28.

[80] 徐大丰．碳生产率的差异与低碳经济结构调整——基于沪陕投入产出表的比较研究［J］．上海经济研究，2012，24（11）：55-64.

[81] 徐佳，崔静波．低碳城市和企业绿色技术创新［J］．中国工业经济，2020（12）：178-196.

[82] 宣晓伟，张浩．碳排放权配额分配的国际经验及启示［J］．中国人口·资源与环境，2013，23（12）：10-15.

[83] 杨翱．不同碳配额分配方式的中国经济波动效应研究［J］．数量经济技术经济研究，2022，39（6）：81-99.

[84] 杨庆，江成涛，蒋旭东，蒋长流．高技术产业集聚能提升碳生产率吗［J］．宏观经济研究，2021（4）：141-159.

[85] 杨翔，李小平，周大川．中国制造业碳生产率的差异与收敛性研究［J］．数量经济技术经济研究，2015，32（12）：3-20.

[86] 杨秀汪，李江龙，郭小叶．中国碳交易试点政策的碳减排效应如何？——基于合成控制法的实证研究［J］．西安交通大学学报（社会科学版），2021，41（3）：93-104+122.

[87] 姚晔，夏炎，范英，蒋茂荣．基于空间比较路径选择模型的碳生产率区域差异性研究 [J]. 中国管理科学，2018，26 (7)：170-178.

[88] 姚战琪．生产率增长与要素再配置效应：中国的经验研究 [J]. 经济研究，2009，44 (11)：130-143.

[89] 于潇，孙猛．中国省际碳排放绩效及2020年减排目标分解 [J]. 吉林大学社会科学学报，2015，55 (1)：57-65+172.

[90] 于雪霞．区域碳生产率变化差异成因分析 [J]. 中国人口·资源与环境，2015，25 (S1)：344-349.

[91] 张兵兵，周君婷，闫志俊．低碳城市试点政策与全要素能源效率提升——来自三批次试点政策实施的准自然实验 [J]. 经济评论，2021 (5)：32-49.

[92] 张成，王建科，史文悦，李远．中国区域碳生产率波动的因素分解 [J]. 中国人口·资源与环境，2014，24 (10)：41-47.

[93] 张华．低碳城市试点政策能够降低碳排放吗？——来自准自然实验的证据 [J]. 经济管理，2020，42 (6)：25-41.

[94] 张丽峰．基于DEA模型的全要素碳生产率与影响因素研究 [J]. 工业技术经济，2013，32 (3)：142-149.

[95] 张巍钰．产业结构合理化对区域碳生产率的影响——基于DEA-Malmquist指数法的分析 [J]. 湘潭大学学报（哲学社会科学版），2014，38 (5)：74-78.

[96] 张永军．技术进步、结构变动与碳生产率增长 [J]. 中国科技论坛，2011 (5)：114-120.

[97] 张志新，刘名多．低碳试点城市政策对贸易依存度的影响——基于DID模型的实证研究 [J]. 生态经济，2019，35 (6)：33-38.

[98] 张治河，靳景，许嘉钰．新常态经济下技术创新对能源消耗的影响——以北京市为例 [J]. 科技进步与对策，2016，33 (7)：7-15.

[99] 赵国浩，高文静．基于前沿分析方法的中国工业部门广义碳生产率指数测算及变化分解 [J]. 中国管理科学，2013，21 (1)：31-36.

[100] 钟昌标，胡大猛，黄远浙．低碳试点政策的绿色创新效应评估——

来自中国上市公司数据的实证研究 [J]. 科技进步与对策，2020，37 (19)：113-122.

[101] 钟超，刘宇，汪明月，史巧玲. 中国碳强度减排目标实现的路径及可行性研究 [J]. 中国人口·资源与环境，2018，28 (10)：18-26.

[102] 周迪，周丰年，王雪芹. 低碳试点政策对城市碳排放绩效的影响评估及机制分析 [J]. 资源科学，2019，41 (3)：546-556.

[103] 周五七，聂鸣. 低碳转型视角的中国工业全要素生产率增长——基于1998-2010年行业数据的实证分析 [J]. 财经科学，2012 (10)：73-83.

[104] 周县华，范庆泉. 碳强度减排目标的实现机制与行业减排路径的优化设计 [J]. 世界经济，2016，39 (7)：168-192.

[105] 庄贵阳. 中国低碳城市试点的政策设计逻辑 [J]. 中国人口·资源与环境，2020，30 (3)：19-28.

二 英文文献

[1] Acemoglu, D., Aghion, P., Bursztyn, L., et al. The environment and directed technical change [J]. *American Economic Review*, 2012, 102 (1): 131-66.

[2] Adesina, A. Recent advances in the concrete industry to reduce its carbon dioxide emissions [J]. *Environmental Challenges*, 2020, 1: 100004.

[3] Ağazade, S. Energy productivity convergence in Eastern European Countries: A panel data approach [J]. *Eastern European Economics*, 2021, 59 (5): 407-422.

[4] Ang, B. W., Liu, F. L. A new energy decomposition method: Perfect in decomposition and consistent in aggregation [J]. *Energy*, 2001, 26 (6): 537-548.

[5] Ang, B. W. LMDI decomposition approach: A guide for implementation [J]. *Energy Policy*, 2015, 86: 233-238.

[6] Apergis, N., Payne, J. E. Per capita carbon dioxide emissions across US

states by sector and fossil fuel source: Evidence from club convergence tests [J]. *Energy Economics*, 2017, 63: 365-372.

[7] Barro, R. J., Sala-i-Martin, X. Convergence [J]. *Journal of Political Economy*, 1992, 100 (2): 223-251.

[8] Baumol, W. J. Productivity growth, convergence, and welfare: What the long-run data show [J]. *The American Economic Review*, 1986, 76 (5): 1072-1085.

[9] Beinhocker, E., Oppenheim, J., et al. The carbon productivity challenge: Curbing climate change and sustaining economic growth [R]. McKinsey Global Institute, June 2008.

[10] Ben-David, D., Kimhi, A. Trade and the rate of income convergence [J]. *The Journal of International Trade & Economic Development*, 2004, 13 (4): 419-441.

[11] Benjamin, N. I., Lin, B. Quantile analysis of carbon emissions in China metallurgy industry [J]. *Journal of Cleaner Production*, 2020, 243: 11 8534.

[12] Bernard, A. B., Durlauf, S. N. Convergence in international output [J]. *Journal of Applied Econometrics*, 1995, 10 (2): 97-108.

[13] Bloom, D. E., Canning, D., Sevilla, J. P. Technological diffusion, conditional convergence, and economic growth [R]. NBER Working Paper No. 8713, 2002.

[14] Bond, S. R. Dynamic panel data models: A guide to micro data methods and practice [J]. *Portuguese Economic Journal*, 2002, 1 (2): 141-162.

[15] Bruno, G. S. F. Approximating the bias of the LSDV estimator for dynamic unbalanced panel data models [J]. *Economics Letters*, 2005, 87 (3): 361-366.

[16] Camarero, M., Castillo, J., Picazo-Tadeo, A. J., et al. Eco-efficiency and convergence in OECD countries [J]. *Environmental and Resource*

Economics, 2013, 55 (1): 87-106.

[17] Chen, G., Hou, F., Chang, K., et al. Driving factors of electric carbon productivity change based on regional and sectoral dimensions in China [J]. *Journal of Cleaner Production*, 2018, 205: 477-487.

[18] Choi, Y., Zhang, N., Zhou, P. Efficiency and abatement costs of energy-related CO_2 emissions in China: A slacks-based efficiency measure [J]. *Applied Energy*, 2012, 98: 198-208.

[19] Chung, Y. H., Färe, R., Grosskopf, S. Productivity and undesirable outputs: A directional distance function approach [J]. *Journal of Environmental Management*, 1997, 51 (3): 229-240.

[20] Considine, T. J., Larson, D. F. The environment as a factor of production [J]. *Journal of Environmental Economics and Management*, 2006, 52 (3): 645-662.

[21] Duro, J. A., Alcántara, V., Padilla, E. International inequality in energy intensity levels and the role of production composition and energy efficiency: An analysis of OECD countries [J]. *Ecological Economics*, 2010, 69 (12): 2468-2474.

[22] Egger, P., Pfaffermayr, M. Spatial convergence [J]. *Papers in Regional Science*, 2006, 85 (2): 199-215.

[23] Elhorst, J. P. Matlab software for spatial panels [J]. *International Regional Science Review*, 2014, 37 (3): 389-405.

[24] Färe, R., Grosskopf, S., Norris, M., et al. Productivity growth, technical progress, and efficiency change in industrialized countries [J]. *The American Economic Review*, 1994, 87: 66-83.

[25] Färe, R., Grosskopf, S. Directional distance functions and slacks-based measures of efficiency [J]. *European Journal of Operational Research*, 2010, 200 (1): 320-322.

[26] Farrell, M. J. The measurement of productive efficiency [J]. *Journal of the Royal Statistical Society: Series A (General)*, 1957, 120 (3): 253-

281.

[27] Fernando, Y., Hor, W. L. Impacts of energy management practices on energy efficiency and carbon emissions reduction: A survey of Malaysian manufacturing firms [J]. *Resources, Conservation and Recycling*, 2017, 126: 62-73.

[28] Feulner, G. Global challenges: Climate change [J]. *Global Challenges*, 2017, 1 (1): 5-6.

[29] Furuoka, F. The CO_2 emissions-development nexus revisited [J]. *Renewable and Sustainable Energy Reviews*, 2015, 51: 1256-1275.

[30] Ghali, K. H., El-Sakka, M. I. T. Energy use and output growth in Canada: A multivariate cointegration analysis [J]. *Energy Economics*, 2004, 26 (2): 225-238.

[31] Gomes, E. G., Lins, M. P. E. Modelling undesirable outputs with zero-sum gains data envelopment analysis models [J]. *Journal of the Operational Research Society*, 2008, 59 (5): 616-623.

[32] Grossman, G. M., Krueger, A. B. Environmental impacts of a North American free trade agreement [R]. NBER Working Paper, 1991.

[33] Guo, X. D., Zhu, L., Fan, Y., et al. Evaluation of potential reductions in carbon emissions in Chinese provinces based on environmental DEA [J]. *Energy Policy*, 2011, 39 (5): 2352-2360.

[34] Hao, Y., Liao, H., Wei, Y. M. Is China's carbon reduction target allocation reasonable? An analysis based on carbon intensity convergence [J]. *Applied Energy*, 2015, 142: 229-239.

[35] He, J., Deng, J., Su, M. CO_2 emission from China's energy sector and strategy for its control [J]. *Energy*, 2010, 35 (11): 4494-4498.

[36] Herrerias, M. J. The environmental convergence hypothesis: Carbon dioxide emissions according to the source of energy [J]. *Energy Policy*, 2013, 61: 1140-1150.

[37] Hsiao, C., Ching, H. S., Wan, S. K. A panel data approach for pro-

gram evaluation: Measuring the benefits of political and economic integration of Hong Kong with mainland China [J]. *Journal of Applied Econometrics*, 2012, 27 (5): 705-740.

[38] Hsiao, C., Zhou, Q. Panel parametric, semiparametric, and nonparametric construction of counterfactuals [J]. *Journal of Applied Econometrics*, 2019, 34 (4): 463-481.

[39] IPCC. 2006 *IPCC Guidelines for National Greenhouse Gas Inventories* [M]. Institute for Global Environmental Strategies, Hayama, Kanagawa, Japan, 2006.

[40] IPCC. *Climate Change* 2022: *Impacts*, *Adaptation and Vulnerability* [M]. Cambridge: Cambridge University Press, 2022.

[41] Jaffe, A. B., Newell, R. G., Stavins, R. N. Environmental policy and technological change [J]. *Environmental and Resource Economics*, 2002, 22 (1): 41-70.

[42] Jotzo, F., Karplus, V., Grubb, M., et al. China's emissions trading takes steps towards big ambitions [J]. *Nature Climate Change*, 2018, 8 (4): 265-267.

[43] Kaya, Y. Impact of carbon dioxide emission on GNP growth: Interpretation of proposed scenarios [R]. Paris: IPCC Energy and Industry Subgroup, 1989.

[44] Kaya, Y., Yokobori, K. *Environment*, *Energy and Economy*: *Strategies for Sustainability* [M]. Washington, DC: Aspen Inst, 1998.

[45] Kumar, S., Jain, R. K. Carbon-sensitive meta-productivity growth and technological gap: An empirical analysis of Indian thermal power sector [J]. *Energy Economics*, 2019, 81: 104-116.

[46] Lawson, L. A., Martino, R., Nguyen-Van, P. Environmental convergence and environmental Kuznets curve: A unified empirical framework [J]. *Ecological Modelling*, 2020, 437: 109289.

[47] Lee, L., Yu, J. Estimation of spatial autoregressive panel data models

with fixed effects [J]. *Journal of Econometrics*, 2010, 154 (2): 165-185.

[48] Lins, M. P. E., Gomes, E. G., De Mello, J. C. C. B. S., et al. Olympic ranking based on a zero-sum gains DEA model [J]. *European Journal of Operational Research*, 2003, 148 (2): 312-322.

[49] Liu, Z., Guan, D., Wei, W., et al. Reduced carbon emission estimates from fossil fuel combustion and cement production in China [J]. *Nature*, 2015, 524 (7565): 335-338.

[50] Lucas, Jr. R. E. On the mechanics of economic development [J]. *Journal of Monetary Economics*, 1988, 22 (1): 3-42.

[51] Mankiw, N. G., Romer, D., Weil, D. N. A contribution to the empirics of economic growth [J]. *The Quarterly Journal of Economics*, 1992, 107 (2): 407-437.

[52] Martínez-Zarzoso, I., Maruotti, A. The impact of urbanization on CO_2 emissions: Evidence from developing countries [J]. *Ecological Economics*, 2011, 70 (7): 1344-1353.

[53] Mauro, L., Podrecca, E. The case of Italian regions: Convergence or dualism? [J]. *Economic Notes*, 1994, 23 (3): 447-472.

[54] Miketa, A., Mulder, P. Energy productivity across developed and developing countries in 10 manufacturing sectors: Patterns of growth and convergence [J]. *Energy Economics*, 2005, 27 (3): 429-453.

[55] Mulder, P., De Groot, H. L. F. Structural change and convergence of energy intensity across OECD countries, 1970-2005 [J]. *Energy Economics*, 2012, 34 (6): 1910-1921.

[56] Nakamura, R. Agglomeration economies in urban manufacturing industries: A case of Japanese cities [J]. *Journal of Urban Economics*, 1985, 17 (1): 108-124.

[57] Nakano, M., Managi, S. Productivity analysis with CO_2 emissions in Japan [J]. *Pacific Economic Review*, 2010, 15 (5): 708-718.

[58] Niu, M., Tan, X., Guo, J., et al. Driving factors and growth potential of provincial carbon productivity in China [J]. *Sustainability*, 2021, 13 (17): 9759.

[59] Oh, D. A metafrontier approach for measuring an environmentally sensitive productivity growth index [J]. *Energy Economics*, 2010, 32 (1): 146–157.

[60] Pagano, P. On productivity convergence in the European Community countries: 1950–1988 [J]. *Giornale degli Economisti e Annali di Economia*, 1993, 52 (7/9): 389–401.

[61] Pastor, J. T., Lovell, C. A. K. A global Malmquist productivity index [J]. *Economics Letters*, 2005, 88 (2): 266–271.

[62] Peneder, M. Industrial structure and aggregate growth [J]. *Structural Change and Economic Dynamics*, 2003, 14 (4): 427–448.

[63] Ramanathan, R. An analysis of energy consumption and carbon dioxide emissions in countries of the middle east and north Africa [J]. *Energy*, 2005, 30 (15): 2831–2842.

[64] Romer, P. M. Increasing returns and long-run growth [J]. *Journal of Political Economy*, 1986, 94 (5): 1002–1037.

[65] Sare, Y. A., Opoku, E. E. O., Ibrahim, M., et al. Financial sector development convergence in Africa: Evidence from bank-and market-based measures [J]. *Economics and Business Letters*, 2019, 8 (4): 166–175.

[66] Shan, Y., Guan, D., Zheng, H., et al. China CO_2 emission accounts 1997–2015 [J]. *Scientific Data*, 2018, 5 (1): 1–14.

[67] Shen, N., Peng, H., Wang, Q. Spatial dependence, agglomeration externalities and the convergence of carbon productivity [J]. *Socio-Economic Planning Sciences*, 2021: 101060.

[68] Solow, R. M. A contribution to the theory of economic growth [J]. *The Quarterly Journal of Economics*, 1956, 70 (1): 65–94.

[69] Su, H. N., Moaniba, I. M. Does innovation respond to climate change? Empirical evidence from patents and greenhouse gas emissions [J]. *Technological Forecasting and Social Change*, 2017, 122: 49-62.

[70] Sueyoshi, T., Goto, M., Wang, D. Malmquist index measurement for sustainability enhancement in Chinese municipalities and provinces [J]. *Energy Economics*, 2017, 67: 554-571.

[71] Sun, H., Edziah, B. K., Kporsu, A. K., et al. Energy efficiency: The role of technological innovation and knowledge spillover [J]. *Technological Forecasting and Social Change*, 2021, 167: 120659.

[72] Sun, J. W. The decrease of CO_2 emission intensity is decarbonization at national and global levels [J]. *Energy Policy*, 2005, 33 (8): 975-978.

[73] Sun, J., Su, C. W., Shao, G. Is carbon dioxide emission convergence in the ten largest economies? [J]. *International Journal of Green Energy*, 2016, 13 (5): 454-461.

[74] Tapio, P. Towards a theory of decoupling: Degrees of decoupling in the EU and the case of road traffic in Finland between 1970 and 2001 [J]. *Transport Policy*, 2005, 12 (2): 137-151.

[75] Theil, H., Uribe, P. The information approach to the aggregation of input-output tables [J]. *The Review of Economics and Statistics*, 1967: 451-462.

[76] Tone, K. A slacks-based measure of efficiency in data envelopment analysis [J]. *European Journal of Operational Research*, 2001, 130 (3): 498-509.

[77] Tone, K. Dealing with undesirable outputs in DEA: A slacks-based measure (SBM) approach [R]. Presentation at NAPW III, Toronto, 2004, pp. 44-45.

[78] Tsionas, E. G. Regional growth and convergence: Evidence from the United States [J]. *Regional Studies*, 2000, 34 (3): 231-238.

[79] Tu, P. N. V. *Dynamical Systems: An Introduction with Applications in Economics and Biology* [M]. Springer Science & Business Media, 2012.

[80] Wang, S., Gao, S., Huang, Y., et al. Spatiotemporal evolution of urban carbon emission performance in China and prediction of future trends [J]. *Journal of Geographical Sciences*, 2020, 30 (5): 757-774.

[81] Wen, L., Li, Z. Provincial-level industrial CO_2 emission drivers and emission reduction strategies in China: Combining two-layer LMDI method with spectral clustering [J]. *Science of the Total Environment*, 2020, 700: 134374.

[82] Wu, J., Wu, Y., Guo, X., et al. Convergence of carbon dioxide emissions in Chinese cities: A continuous dynamic distribution approach [J]. *Energy Policy*, 2016, 91: 207-219.

[83] Wu, Y., Zheng, H., Li, Y., et al. Carbon productivity and mitigation: Evidence from industrial development and urbanization in the central and western regions of China [J]. *Sustainability*, 2021, 13 (16): 9014.

[84] Wurlod, J. D., Noailly, J. The impact of green innovation on energy intensity: An empirical analysis for 14 industrial sectors in OECD countries [J]. *Energy Economics*, 2018, 71: 47-61.

[85] Xue, L. M., Meng, S., Wang, J. X., et al. Influential factors regarding carbon emission intensity in China: A spatial econometric analysis from a provincial perspective [J]. *Sustainability*, 2020, 12 (19): 8097.

[86] Yu, J., Lee, L. Convergence: A spatial dynamic panel data approach [J]. *Global Journal of Economics*, 2012, 1 (1): 1-36.

[87] Zang, Z., Zou, X., Song, Q., et al. Analysis of the global carbon dioxide emissions from 2003 to 2015: Convergence trends and regional contributions [J]. *Carbon Management*, 2018, 9 (1): 45-55.

[88] Zhang, D., Karplus, V. J., Cassisa, C., et al. Emissions trading in China: Progress and prospects [J]. *Energy Policy*, 2014a, 75: 9-16.

[89] Zhang, N., Kong, F., Yu, Y. Measuring ecological total-factor energy efficiency incorporating regional heterogeneities in China [J]. *Ecological Indicators*, 2015, 51: 165-172.

[90] Zhang, Y. J., Liu, Z., Zhang, H., et al. The impact of economic growth, industrial structure and urbanization on carbon emission intensity in China [J]. *Natural Hazards*, 2014b, 73 (2): 579-595.

[91] Zhao, X., Burnett, J. W., Lacombe, D. J. Province-level convergence of China's carbon dioxide emissions [J]. *Applied Energy*, 2015, 150: 286-295.

[92] Zhou, P., Ang, B. W., Han, J. Y. Total factor carbon emission performance: A Malmquist index analysis [J]. *Energy Economics*, 2010, 32 (1): 194-201.

[93] Zhou, P., Ang, B. W., Poh, K. L. A survey of data envelopment analysis in energy and environmental studies [J]. *European Journal of Operational Research*, 2008, 189 (1): 1-18.

[94] Zhou, P., Ang, B. W., Wang, H. Energy and CO_2 emission performance in electricity generation: A non-radial directional distance function approach [J]. *European Journal of Operational Research*, 2012, 221 (3): 625-635.

[95] Zhou, P., Wang, M. Carbon dioxide emissions allocation: A review [J]. *Ecological Economics*, 2016, 125: 47-59.

[96] Zhou, Z., Cao, L., Zhao, K., et al. Spatio-temporal effects of multi-dimensional urbanization on carbon emission efficiency: Analysis based on panel data of 283 cities in China [J]. *International Journal of Environmental Research and Public Health*, 2021, 18 (23): 12712.

[97] Zhu, B., Zhang, T. The impact of cross-region industrial structure optimization on economy, carbon emissions and energy consumption: A case of the Yangtze River Delta [J]. *Science of the Total Environment*, 2021, 778: 146089.

图书在版编目(CIP)数据

中国省域碳生产率增长潜力研究 / 孙猛著. -- 北京：社会科学文献出版社，2024.2（2025.9 重印）
（东北亚研究丛书）
ISBN 978-7-5228-2753-7

Ⅰ.①中… Ⅱ.①孙… Ⅲ.①中国经济-低碳经济-研究 Ⅳ.①F124.5

中国国家版本馆 CIP 数据核字(2023)第 219199 号

东北亚研究丛书
中国省域碳生产率增长潜力研究

著　　者 / 孙　猛

出 版 人 / 冀祥德
组稿编辑 / 高明秀
责任编辑 / 叶　娟
文稿编辑 / 陈丽丽
责任印制 / 岳　阳

出　　版 / 社会科学文献出版社 · 区域国别学分社（010）59367078
地址：北京市北三环中路甲 29 号院华龙大厦　邮编：100029
网址：www. ssap. com. cn
发　　行 / 社会科学文献出版社（010）59367028
印　　装 / 北京盛通印刷股份有限公司
规　　格 / 开 本：787mm × 1092mm　1/16
印 张：13.25　字 数：198 千字
版　　次 / 2024 年 2 月第 1 版　2025 年 9 月第 2 次印刷
书　　号 / ISBN 978-7-5228-2753-7
定　　价 / 98.00 元

读者服务电话：4008918866